UTILISER UN SCANNER POUR LES NULS

UTILISER UN SCANNER POUR LES NULS

Mark L. Chambers

First Interactive

Utiliser un scanner pour les Nuls

Publié par
Wiley Publishing, Inc.
909 Third Avenue
New York, NY 10022

Pour les Nuls est une marque déposée de Wiley Publishing, Inc.
For Dummies est une marque déposée de Wiley Publishing, Inc.
Collection dirigée par Jean-Pierre Cano
Edition : Pierre Chauvot
Maquette et mise en page : Edouard Chauvot
Traduction : Daniel Rougé

Edition française publiée en accord avec Wiley Publishing, Inc.
© 2003 par Éditions First Interactive
27, rue Cassette
75006 Paris - France
Tél. 01 45 49 60 00
Fax 01 45 49 60 01
E-mail : firstinfo@efirst.com
Web : www.efirst.com
ISBN : 2-84427-463-3
Dépôt légal : 2e trimestre 2003

Imprimé en Italie

Sommaire

Introduction

Quand vous pensez à un système informatique, qu'est-ce qui vous vient immédiatement à l'esprit ? Vous avez bien sûr le boîtier lui-même, ainsi que l'écran, le clavier et la souris. Quels sont les autres périphériques que la plupart des gens ajoutent à leur ordinateur ? Il y a encore trois ou quatre ans, la réponse aurait probablement été : une imprimante, un lecteur de CD-ROM, des haut-parleurs, voire un joystick. Puis est venu le graveur de CD-R. Mais aujourd'hui, de plus en plus d'utilisateurs considèrent qu'ils *doivent* avoir un scanner.

D'abord, les prix ont considérablement chuté. Vous pouvez trouver un bon modèle dans la boutique du coin ou sur Internet pour moins de 100 euros. C'est une première raison. Ensuite, grâce au port USB, l'installation du scanner est devenue d'une grande simplicité. C'est une deuxième raison.

Mais les véritables motivations sont autres. La popularité croissante des scanners est simplement due au fait que de plus en plus d'utilisateurs comprennent l'intérêt et l'utilité de cet appareil. Beaucoup de logiciels savent aujourd'hui s'en servir, et la généralisation de l'Internet (qu'il s'agisse du Web ou de courrier électronique) augmente le besoin de partager des images et des documents. Sans parler des cartes de visite (ou de vœux) personnalisées, des bulletins associatifs, des photos de famille et autres !

J'ai écrit ce livre spécialement pour les actuels ou futurs possesseurs de scanner souhaitant comprendre tout ce que leur merveilleuse petite machine est capable de faire. Vous pouvez partir de notions de base et progresser pour découvrir les astuces, les trucs et les techniques dont se servent les experts en numérisation.

Ce livre, comme tous les autres ouvrages de la même collection, s'efforce de parler la langue que vous avez apprise à l'école, en évitant au maximum tout jargon ou sigle sans intérêt. Et un peu d'humour de temps à autre n'a jamais fait de mal à personne !

L'utile, l'inutile et l'indispensable

Avez-vous besoin d'un diplôme d'études supérieures pour utiliser un scanner ? Allez-vous dépenser des fortunes en logiciels ? Non, non et non. Mais voyons d'abord ce qui n'est *pas* demandé pour aborder ce livre :

- Je suis loin d'imaginer que vous disposez d'une quelconque connaissance informatique ou graphique, que vous maîtrisez les fonctions avancées de vos logiciels et de votre système d'exploitation… ou de la cuisine japonaise.
- Vous n'avez pas encore acheté de scanner ? Ce livre est fait pour vous ! Je vais en effet vous expliquer comment trouver le scanner dont vous avez besoin et comment installer aussi bien le matériel que le logiciel.
- Certains semblent croire que créer une bonne image numérisée, la modifier et l'utiliser dans un projet réclame soit une vie entière consacrée aux arts graphiques, soit un programme de plusieurs milliers d'euros. Pour ma part, j'affirme que tout ce qui est expliqué dans ce livre peut être réalisé sans expérience préalable et simplement à l'aide des programmes fournis avec votre scanner.

Finalement, de quoi avez-vous vraiment besoin ? D'un scanner, du logiciel qui permet de le faire fonctionner (il est livré avec l'appareil) et du désir d'apprendre et de progresser. Plus un caractère curieux par nature et une furieuse envie de faire de nouvelles expériences. Mais n'est-ce pas votre portrait ?

A propos de ce livre

Chaque chapitre a été écrit de façon à traiter une question spécifique concernant votre scanner. Vous pouvez donc commencer par le bout qui vous plaît. En revanche, si vous n'avez pas encore acheté ni installé de scanner, je vous conseille de lire les chapitres dans l'ordre (après tout, il n'a pas été choisi au hasard). En cas de doute sur un point, vous trouverez à la fin un glossaire qui devrait vous aider à mieux comprendre quelques termes obscurs (choses horribles, que j'évite le plus possible).

Même si le principe même de cette collection est d'aller à l'essentiel en évitant tout jargon inutile, il faut bien que je vous demande de temps à autre un minimum d'efforts. Mais rassurez-vous : les menus à ouvrir, les commandes à activer ou les entrées que vous devez faire seront décrits avec suffisamment de détails pour vous éviter toute panique inutile !

Il n'y a pas grand chose dans ce livre qui réclame des explications un tant soit peu techniques. Après tout, les scanners sont des créatures bien élevées et cultivées. Mais les esprits curieux ne sont pas oubliés. Lorsque des détails plus poussés vous seront dévoilés, il vous suffira de prendre une pose shakespearienne et de déclamer : "Lire ou ne pas lire, telle est la question !".

Comment ce livre est organisé

Après y avoir mûrement réfléchi, et pour mieux vous aider dans votre lecture, j'ai divisé le livre en plusieurs grandes parties. Comme il se doit, vous trouverez à la fin un index qui n'a comme ambition que de vous faire voyager au hasard des pages.

Première partie : L'art de passer au scanner

Sous ce titre à double sens, cette première partie vous explique ce que fait un scanner et comment il est fabriqué. Je vous présenterai les différents types de scanners disponibles sur le marché et vous ferai découvrir plusieurs concepts importants, comme la profondeur de couleurs et la résolution. De plus, j'aiderai les futurs acheteurs à évaluer leurs besoins et à trouver (dans le commerce direct ou par correspondance) le matériel le mieux adapté.

Deuxième partie : Survivre à l'installation

Rassurez-vous : vous survivrez ! Ces chapitres couvrent l'installation des différents types de scanners (USB, SCSI ou parallèle) ainsi celle du logiciel qui les accompagne. Nous verrons aussi comment tester votre nouveau scanner. Sans oublier tout ce qui peut aller avec (imprimante, disque dur, mémoire ou encore graveur de CD-R).

Troisième partie : La numérisation à portée de tous

Impossible de monter des murs sans fondation solide. Vous découvrirez ici les techniques de base concernant l'utilisation des scanners, qu'il s'agisse de la numérisation proprement dite, de la configuration de votre logiciel ou encore du traitement de différents types d'originaux. Je vous présenterai également un de mes éditeurs graphiques préférés : Adobe Photoshop Elements (j'espère qu'il est fourni avec votre scanner !).

Quatrième partie : Numérisation avancée pour expert paresseux

En fait, c'est de moi que parle ce titre ! Vous découvrirez dans cette partie des informations et des techniques plus avancées qu'au cours des trois précédentes : formats d'images, trucs et astuces pour le Web, méthodes plus avancées pour l'édition graphique, entretien du scanner ou encore résolution des problèmes. Vous découvrirez par exemple comment créer un T-shirt personnalisé, pour ne prendre que ce seul exemple.

Cinquième partie : Les dix commandements

Voici quatre chapitres qui présentent chacun une dizaine d'astuces ou de conseils sur différents sujets (liés au scanner, évidemment). Je vous recommande en particulier le Chapitre 17 où je vous propose une visite guidée de mes dix effets spéciaux favoris. Juste pour vous aider à mieux comprendre le côté magique de la manipulation des images numérisées ! Un peu d'inspiration ne saurait nuire, même chez le grand débutant que vous êtes certainement !

Annexe

Vous trouverez dans cette annexe quelques sigles et mots qui pourraient vous rebuter lors de votre lecture. Eviter le jargon, oui, mais il faut tout de même bien disposer d'un vocabulaire de base pour se comprendre !

Icônes utilisées dans ce livre

J'aime bien mettre en valeur certaines remarques ou astuces. Et, pour être sûr que vous les lirez, ces paragraphes sont signalés par une icône en marge :

Vous trouverez ici des conseils et des astuces ou encore des informations qui vous feront gagner du temps (peut-être même de l'argent).

Il s'agit de quelque chose qui pourrait endommager votre scanner, votre logiciel, ou les deux. A lire systématiquement avant de tenter l'expérience !

Quand il est temps de faire un nœud à votre mouchoir. C'est utile et c'est sans douleur !

Par où commencer ?

Mes recommandations ?

- Si vous n'avez pas encore acheté de scanner, si le carton est encore dans le coffre de votre voiture, ou si l'installation vous déprime, commencez par la première partie.
- Si vous possédez déjà un scanner et que vous avez besoin d'aide pour l'utilisez, passez directement à la seconde partie.
- Pour tout le reste, regardez le sommaire (ou l'index) et ouvrez le chapitre qui vous intéresse. Vous pourrez toujours lire le reste plus tard !

Prenez tout votre temps. N'oubliez jamais que votre scanner est bien plus qu'une machine à reproduire des documents et des images !

Première partie

L'art de passer au scanner

"Non, ce n'est pas un graphique. C'est juste une chips qui a été scannée avec le document."

Dans cette partie...

Votre voyage débute par une introduction au scanner lui-même : ce qu'il fait, ce qu'il contient et ce qui se passe quand vous numérisez un document. Vous apprendrez ce que sont la résolution et la profondeur de couleurs, et pourquoi c'est si important dans un scanner. Je présenterai les caractéristiques et les limites de chaque type de scanner et vous aiderai à évaluer vos besoins et à choisir votre mode d'achat. Si vous avez vraiment envie d'un scanner, bien sûr. Mais sinon, pourquoi lire ce livre ?

Chapitre 1

Devenez numérique !

Dans ce chapitre :

- Comprendre ce que fait un scanner.
- Qu'allez-vous numériser ?
- Reconnaître les différentes espèces de scanners.
- Comprendre ce qu'ils ont tous en commun.
- La résolution expliquée.
- Comprendre la profondeur de couleurs.

Au Moyen Age, des magiciens que l'on appelait "alchimistes" racontaient des histoires à propos d'une boîte merveilleuse. Ils disaient que si l'on plaçait un objet quelconque dans cette boîte (par exemple, un œuf), il se transformait en or pur. De nombreux alchimistes ont passé leur vie à tenter de construire cette boîte. Certains même ont prétendu y être arrivé. Ce sont leurs descendants que l'on appelle aujourd'hui "magiciens" (certains hommes politiques et autres vendeurs de voitures doivent aussi appartenir à ce groupe).

Et si je vous disais que cette boîte existe vraiment ? Ou du moins une boîte capable de transformer du papier ordinaire en œuvre d'art ? Imaginez donc une machine capable d'ajouter un sourire sur le visage de vos proches, de raviver vos souvenirs et peut-être même de vous aider à vendre votre vieille Peugeot de 1979 ?

Grâce au numérique et aux appareils que l'on nomme "scanners", tout cela est à votre portée. Et vous n'avez besoin d'aucun diplôme de magicien (ou d'informaticien) pour vous transformer en artiste en herbe. Autre bonne nouvelle : le scanner idéal pour la plupart des besoins personnels ne coûte que quelques petites centaines d'euros. Et vous pouvez le brancher et produire votre première image numérique en moins de cinq minutes. Plus vite vous enverrez la photo de votre Peugeot 1979, plus vite vous la vendrez !

Dans ce chapitre, nous allons découvrir l'équivalent informatique de la boîte magique des alchimistes : ce que l'on peut faire avec un scanner, quelles en sont les grandes familles ou encore l'importance de la résolution et de la couleur.

Mais c'est quoi, un scanner ?

Même s'il existe différentes espèces de scanners (à plat, à défilement, couleur, noir et blanc – pour s'en tenir là), ils font tous la même chose. C'est pourquoi il est facile de définir exactement ce qu'est un scanner :

- Un **scanner** est une machine qui reproduit une image à partir d'un objet source. Il fournit une image numérisée (on dit aussi *digitalisée*) qui peut être affichée et modifiée.

Voilà qui explique tout – du moins pour les technophiles. En français courant, le scanner "lit" une image (généralement sur une feuille de papier) et en créée ensuite une copie sous forme de fichier enregistré sur votre disque dur. Point.

Bien sûr, il y a des exceptions. Comme toujours.

- Vous pouvez numériser autre chose qu'une feuille de papier : objet imprimé, négatif photo, etc.
- Un scanner ne produit pas toujours un fichier d'image sur votre ordinateur. Après tout, un fax ou une photocopieuse sont aussi des scanners. Dans ce cas, la copie est simplement envoyée ailleurs (via le téléphone pour un fax, vers une imprimante pour le copieur).
- L'original peut parfois servir à autre chose qu'à produire une image. Grâce à un scanner et à un logiciel spécial, dit de *reconnaissance optique de caractères* (ou OCR, pour ceux qui aiment les sigles), il est possible de lire des caractères imprimés pour les transférer vers votre traitement de texte habituel.

Mais l'essentiel de l'utilisation d'un scanner correspond à la définition donnée ci-dessus. Vous voulez repiquer une image dans un magazine pour l'insérer dans un document créé avec Microsoft Word. Vous avez envie d'envoyer par e-mail la photo de votre petit dernier. Vous avez donc besoin d'un scanner !

Je scanne quoi, Mr. Spock ?

Vous n'allez pas scanner la surface d'une planète Klingon depuis le pont de l'Enterprise. Nous autres, humains de la planète Terre, avons plutôt l'habitude de numériser des objets comme ceux-ci :

- des livres ;
- des photographies ;
- des magazines ;
- des documents professionnels ;
- du texte imprimé ;
- des objets plats ;
- des objets manufacturés, un peu moins plats ;
- des négatifs photographiques ;
- des dessins ou des croquis ;
- des emballages de céréales ou de pizzas.

Voilà l'idée générale : si c'est raisonnablement plat et qu'il y a une image dessus, c'est un client potentiel pour le scanner. Ceux-ci peuvent également enregistrer des détails sur la surface d'un objet, mais le résultat varie fortement selon le matériau concerné : plus celui-ci est foncé et plus le scanner a du mal à donner une image claire. Vous pouviez vous en douter.

Il y a différentes espèces de scanners

Ces dernières années, différents types de scanners ont évolué pour répondre à des besoins particuliers. Darwin a encore frappé ! Certains offrent une image plus détaillée, d'autres sont plus petits, et il en existe même qui sont adaptés à des matériaux spécifiques. J'y reviendrai dans le Chapitre 2. Pour l'instant, restons-en au hors-d'œuvre. Asseyez-vous tranquillement pour suivre la visite guidée.

- **A plat :** vous prenez le haut d'un photocopieur, vous coupez le bas, et vous avez un scanner à plat (comme l'illustre la Figure 1.1). Celui-ci peut vous offrir une très bonne résolution avec un minimum de distorsion et il est capable de digérer une page de revue ou de livre.

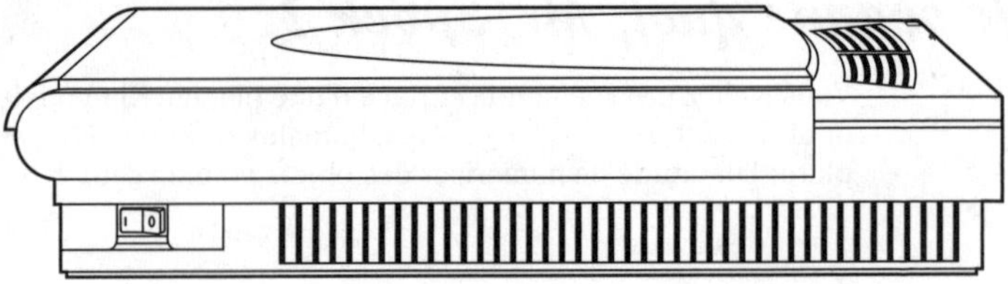

Figure 1.1 : Un scanner à plat. N'est-ce pas qu'il est beau ?

- **A défilement :** vous manquez de place ? Le scanner à défilement peut être la solution (voir la Figure 2). Certains modèles ont la taille d'un rouleau de papier d'aluminium, et d'autres ressemblent étrangement à un fax (qui n'est après tout qu'une sorte de scanner).

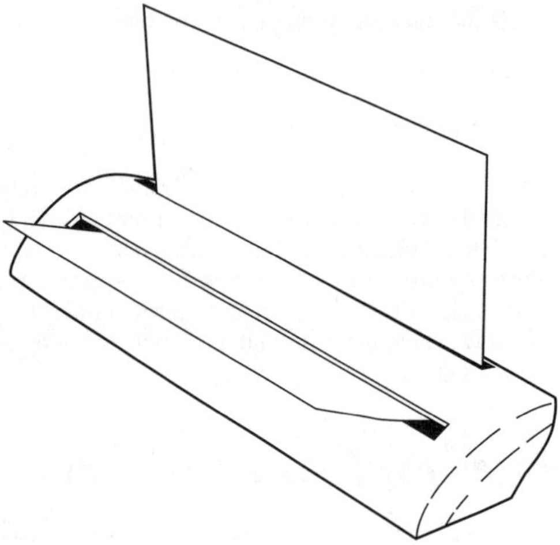

Figure 1.2 : Un scanner à défilement ressemble beaucoup à un fax.

- **Photo :** la plupart des scanners pour photos sont des dispositifs venant s'installer dans le boîtier d'un ordinateur, ce qu'illustre la Figure 1.3. Ils sont conçus pour lire des images individuelles prises avec un appareil photo (ou encore de petits objets imprimés, comme une carte de visite ou un permis de conduire).
- **A main :** ce type de scanner peut prendre différentes formes. Il y a les modèles à main, qui lisent une bande d'environ 10 cm à la fois, ou encore les stylos, qui numérisent du texte ligne par ligne

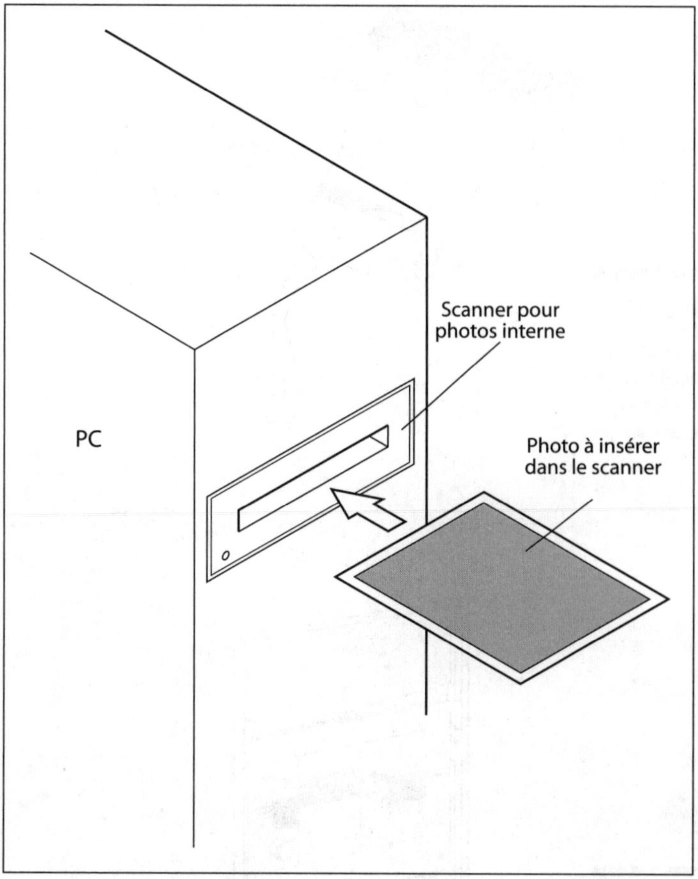

Figure 1.3 : Un scanner photo s'installe dans l'ordinateur.

(voir la Figure 1.4). Si ces modèles peuvent tenir dans une sacoche ou même dans une poche (pour les forçats de la route), ils n'offrent évidemment ni les mêmes possibilités ni la même qualité qu'un scanner à plat.

- **De diapositives :** nous entrons ici dans le haut de gamme. Ces scanners sont conçus exclusivement pour numériser des négatifs et des diapositives. Résultat de très haute qualité garanti, et prix en proportion. Vous devrez sans doute vous contenter de l'illustration de la Figure 1.5.

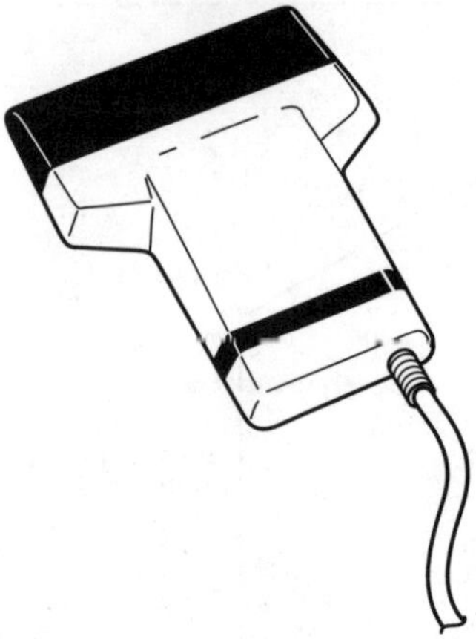

Figure 1.4 : Le scanner à main est idéal pour les voyageurs.

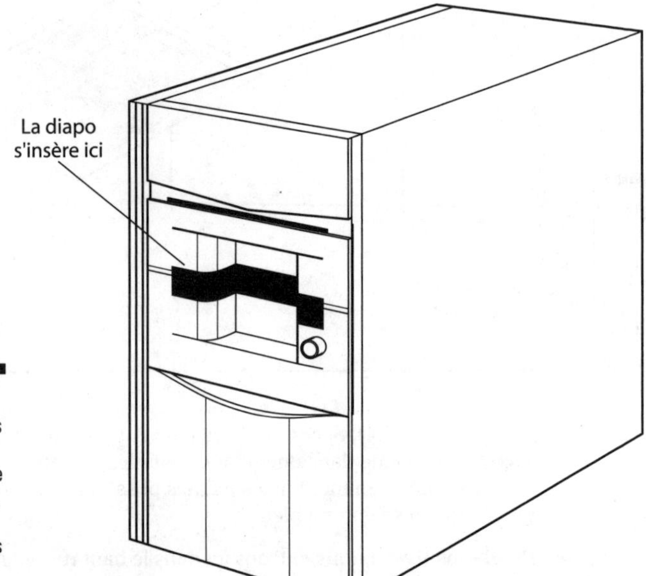

Figure 1.5 : Les scanners de diapositives font une seule chose, mais ils le font très, très bien.

Voyage au centre du scanner

Je sais bien ce que vous pensez. "Est-ce qu'il fait *vraiment* lire tout cela ?". A question franche, réponse claire : c'est non ! Rien dans cette section n'est essentiel. Si vous voulez juste brancher le premier câble dans l'ordinateur et le second dans la prise de courant, n'hésitez pas à sauter ce qui suit.

En fait, si vous lisez cette ligne, c'est que la mécanique vous intéresse (tout comme moi). Je parie que vous avez démonté des réveils quand vous étiez enfant. Juste pour voir ce qu'il y avait dedans. Bien. Voyons ce que l'on trouve dans tous les scanners.

Gare aux cellules

Et voici le clou du spectacle. Le "senseur" du scanner est composé d'un réseau de cellules photosensibles. Attendez, ne me quittez pas encore, car il y a mieux ! Chacune de ces cellules renvoie une certaine quantité de tension électrique au cerveau du scanner. Cette tension est déterminée par le taux de lumière réfléchie qui est renvoyé à la cellule par l'image d'origine. Ce processus est illustré sur la Figure 1.6.

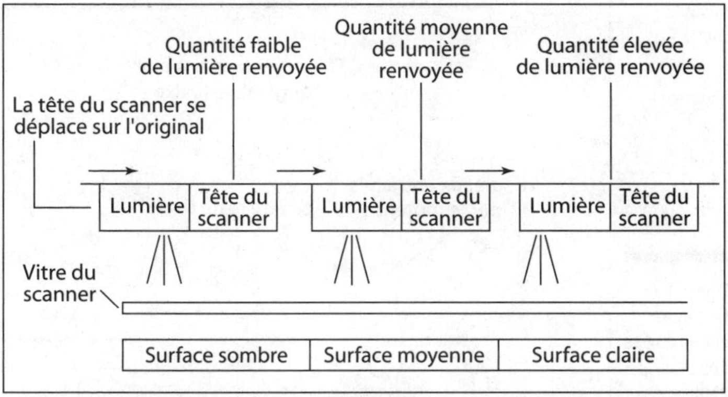

Figure 1.6 : Les cellules du scanner travaillent dur pour détecter la lumière réfléchie.

Chaque cellule a en charge un seul point de l'image. Et ce petit bloc de base constitue une unité de mesure, appelée *pixel*, sur laquelle je reviendrai de temps en temps. Vous retrouvez ces pixels sur votre écran comme dans votre appareil photo (ou votre caméra) numérique. D'ailleurs, toutes les images numériques sont composées de pixels individuels. Vos yeux et votre cerveau les combinent pour former l'image que vous voyez.

Le moteur

Bien sûr, toute cette batterie de cellules ne servirait pas à grand-chose si elle restait toujours à la même place. Vous n'obtiendriez qu'une seule ligne de pixels ! Ceux qui ont inventé le scanner ont bien compris le problème. Et c'est pourquoi ils lui ont ajouté un moteur.

La Figure 1.7 illustre les deux types de moteurs que l'on trouve dans les scanners actuels. Les uns déplacent la tête du scanner le long de l'original (qui ne bouge pas), tandis que les autres font exactement l'inverse : c'est le document qui avance tandis que la tête reste fixe. Les deux méthodes ont leur intérêt. Nous y reviendrons plus loin.

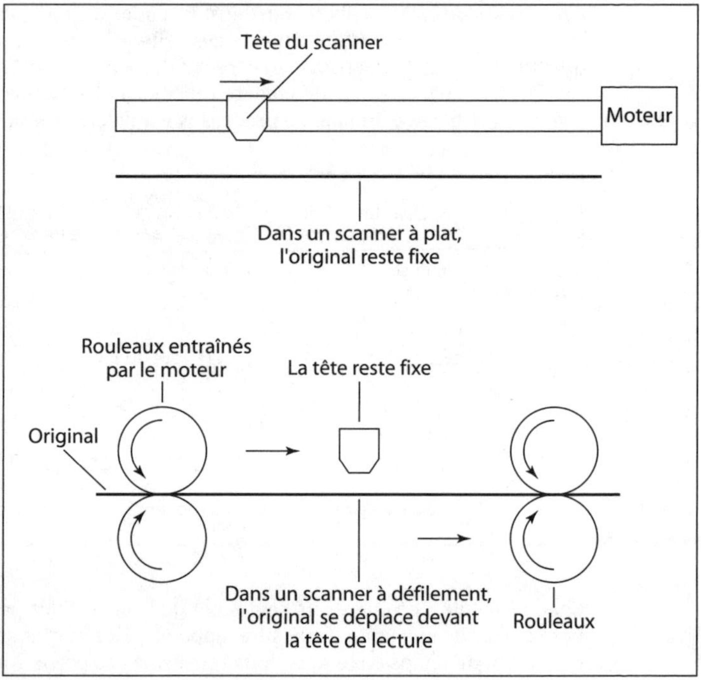

Figure 1.7 : Quelque chose doit se déplacer dans le scanner – la rangée de cellules ou l'original.

La lumière

Evidemment, une cellule photosensible a besoin d'être illuminée pour produire quelque chose. C'est pourquoi votre scanner contient une rampe d'éclairage, qui fournit la lumière réfléchie par le document vers les cellules. Dans la plupart des cas, cette rampe se trouve juste à côté de la tête du scanner.

Le cerveau

Comme il se doit, votre scanner contient un cerveau électronique chargé de traiter les données numérisées. Rapporté à celui de votre ordinateur (le fameux CPU), ce cerveau n'a rien de sophistiqué. Je vais y revenir dans la section suivante.

L'interface

Un scanner a besoin d'être relié à votre ordinateur d'une façon ou d'une autre. Pour des motifs sans grand intérêt ici, les concepteurs de scanners n'ont pas voulu employer le mot *connexion*. Ils ont choisi à la place *interface*. Pas de problème. Même si, de nos jours, pratiquement tous les scanners utilisent le bus série universel (tout le monde dit maintenant *USB*), nous verrons dans le Chapitre 2 les autres types de connexion (pardon, d'interface) qui existent. Je vous aiderai à définir ce dont vous avez vraiment besoin.

La numérisation expliquée (aux gens normaux)

Mais comment fonctionne la boîte magique de l'alchimiste ? Si le sujet ne vous intéresse pas et que vous préférez passer à la section suivante, ne comptez pas sur moi pour vous donner tort. Mais si vous êtes comme moi et que la curiosité vous dévore devant le moindre gadget électronique, continuez à lire !

Voici comment votre scanner s'y prend pour produire de superbes images numériques (la Figure 1.8 résume tout cela) :

1. La lumière du scanner est allumée.
2. La tête du scanner (la batterie de cellules) se déplace doucement devant l'original – à moins que ce ne soit le contraire (de toute façon, il faut un moteur et un mouvement).

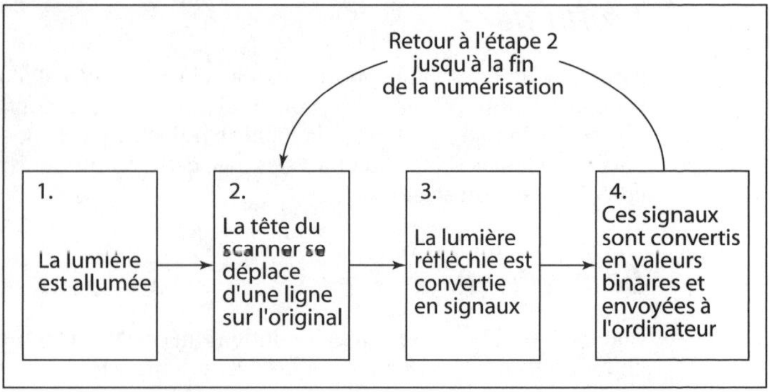

Figure 1.8 : Le travail du scanner enfin dévoilé.

3. Le "senseur" lit la quantité de lumière réfléchie par l'original vers chaque pixel de la ligne courante. Ces signaux sont transmis au cerveau du scanner.

4. Les signaux sont convertis en données binaires (numériques), elles-mêmes transmises à votre ordinateur via l'interface du scanner.

5. La tête se déplace vers la ligne de pixels suivante, et on reprend tout à l'étape 3.

Ce travail est répété jusqu'à ce que toutes les lignes de pixels de l'image originale soient lues. Selon le type de scanner utilisé, une image complète en couleur peut être capturée en une seule fois, ou bien en trois passes. C'est un sujet sur lequel nous reviendrons plus tard.

Tout ce processus peut sembler bien long, mais n'oublions pas que tout cela se déroule à une vitesse informatique. Par exemple, la plupart des scanners sont capables de lire une page de texte en moins de 15 secondes, et une photographie entière en moins de 30 secondes.

La résolution résolue

Si vous avez lu la section Voyage au centre du scanner, vous vous rappelez que j'ai mentionné l'existence d'une rampe de cellules photosensibles (et dans le cas contraire, rassurez-vous : il n'y a pas d'examen à la sortie).

Cette rampe contient généralement des centaines et des centaines de cellules individuelles. La densité de ces cellules conduit à une notion qui est probablement la plus importante lors du choix d'un scanner : celle de *résolution*.

La résolution d'un scanner est habituellement mesurée en *points par pouce* (ou dpi, pour *dot per inch*, dans la langue de Bill Gates). Il s'agit du nombre de points de l'image originale numérisés par longueur d'un pouce (désolé pour ceux qui ont arrêté l'apprentissage de l'anglais au collège : un pouce vaut 2,54 cm).

Cette valeur en points par pouce est mesurée dans deux directions : horizontalement (ce qui correspond au nombre de cellules sur la rampe) et verticalement (la distance de déplacement de la tête entre deux lignes). Exemple : 600x1200. Il s'agit de la définition que j'appelle "courante", car la plupart des fabricants de scanners ont coutume d'utiliser des spécifications personnelles. De ce point de vue, certains constructeurs ne fournissent qu'une mesure (le "vrai" dpi) indiquant le nombre de pixels dans le sens horizontal. C'est d'ailleurs ce qui intéresse avant tout les graphistes et autres professionnels.

TRUC

Si vous voyez deux scanners dont l'un indique "600x1200 dpi", tandis que l'autre mentionne uniquement "600 dpi", ne paniquez pas ! Ils possèdent en fait tous les deux exactement la même résolution horizontale.

Certains puristes refusent l'appellation dpi sous prétexte qu'elle vient du monde des imprimantes. Ils lui préfèrent le sigle *spi* (pour *samples per inch*). Comme il s'agit de la même méthode, et que tout le monde l'utilise, je m'en tiendrais donc à la dénomination habituelle : dpi.

Comme l'a dit quelqu'un de célèbre (mais qui ?) : une image vaut mieux que mille mots. Les deux figures qui suivent vont vous aider à mieux comprendre cette affaire de résolution. Sur la Figure 1.9, vous voyez la même photographie imprimée en 300x300 dpi, puis en 600x600 dpi. Un agrandissement d'une partie de cette image apparaît sur la Figure 1.10. Vous voyez immédiatement que, dans le second cas, les bords sont plus nets et qu'il y a davantage de détails.

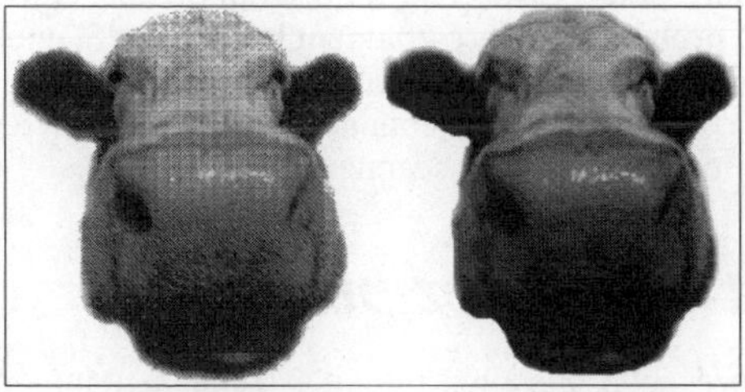

Figure 1.9 : Laquelle est la plus appétissante ?

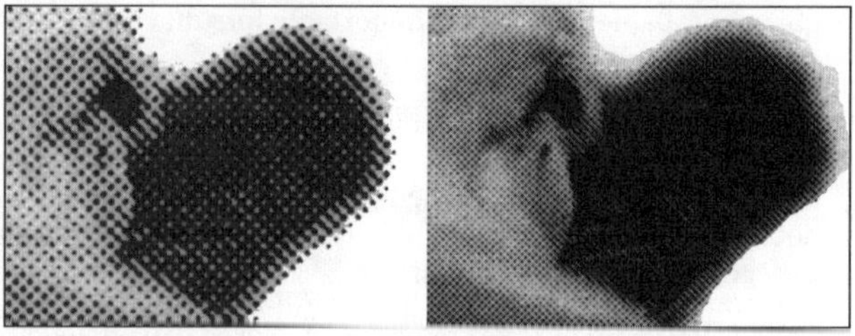

Figure 1.10 : Les points qui font la différence.

Déduction logique de ce qui précède : plus la résolution est élevée, plus la qualité et la quantité de détails de l'image numérique augmentent. Mais il faut émettre un bémol à ce qui ressemble à une solution miracle. Une résolution plus élevée augmente aussi la taille des fichiers, et tous les originaux ne profitent pas d'une résolution astronomique. Pourquoi dépenser une fortune alors qu'un scanner 600x1200 dpi peut donner satisfaction à la plupart des utilisateurs ? Je reviendrai en détail sur ce sujet dans le Chapitre 2.

Mais je voudrais tout de même vous proposer deux autres définitions importantes :

- La résolution *optique* est celle dont nous venons de discuter. Autrement dit, il s'agit du nombre réel de pixels que le scanner analyse.
- La résolution interpolée donne une image censée être améliorée. Dans ce cas, le logiciel associé au scanner ajouter une multitude de points à l'image numérisée en faisant appel à des formules mathématiques (donc, sans les lire sur l'image originale). Et c'est pourquoi les constructeurs basent souvent leur publicité sur cette valeur, évidemment bien supérieure à la résolution optique (alors que tous ces points supplémentaires ne sont que des fantômes !).

Un bon conseil : fiez-vous uniquement à la résolution optique. Oubliez la résolution interpolée. Celle-ci n'est que supposition, et je n'ai jamais trouvé que ce procédé améliore vraiment les images. Si une documentation parle simplement de résolution sans préciser laquelle, allez voir sur le site du constructeur pour connaître la vérité. Ce facteur est important pour comparer deux scanners.

La couleur est-elle assez profonde ?

Je dois vous présenter une autre notion extrêmement importante à propos des scanners : celle de profondeur de couleurs. C'est vrai, ce n'est pas un sujet de conversation courant autour de la table familiale (du moins, pas chez moi). Mais cette profondeur peut tout changer dans l'apparence de vos images numérisées, et c'est l'autre critère à prendre en compte dans le choix d'un scanner.

Dans le monde des ordinateurs, on appelle *profondeur de couleurs* le nombre de couleurs d'une image (qu'elle soit affichée par l'écran, reproduite avec un scanner ou encore capturée par un appareil photo numérique). En fait, tout cela recouvre deux idées différentes :

- Il y a d'une part le nombre maximum de couleurs individuelles dans l'image (par exemple, 256 couleurs ou 16 millions de couleurs).
- Et il y a d'autre part le nombre d'éléments d'information (les fameux *bits*) servant à mémoriser la couleur d'un pixel donné (comme dans 8 bits ou 24 bits).

La plupart des constructeurs de scanners se servent de la seconde variante pour décrire leurs produits. Nouvelle règle générale : plus la profondeur de couleurs est élevée et plus votre scanner sera à même de capturer de subtiles différences de teintes ou d'ombres.

Une image pour le Web ou pour l'imprimante ?

C'est toujours comme cela avec les règles générales. "Plus c'est profond, meilleur c'est" ne vaut rien pour le Web ! Si vous voulez enregistrer des images en couleur pour une page Web, il vaut mieux vous limiter à 256 couleurs, soit 8 bits. La raison est toute simple : moins il y a de couleurs et moins il faut de temps pour charger l'image sur Internet (puisque le fichier est plus petit). D'autre part, de nombreux utilisateurs persistent à configurer leur ordinateur en 256 couleurs. C'est dommage, mais c'est ainsi. Tant que tout le monde ne disposera pas d'une connexion Internet ultra-rapide, il vaudra mieux se limiter à 256 couleurs.

D'un autre côté, tout ce qui n'atteint pas 24 bits est proprement inacceptable si vous voulez imprimer vos images. Moins celle-ci contient de couleurs (et moins votre imprimante est capable d'en reproduire), pire sera le résultat. Pourquoi passer du temps à fabriquer une superbe photographie numérique haute résolution si c'est pour ne pas faire mieux qu'un petit journal ?

Le bon choix dépend de votre matériel (qu'il s'agisse de l'écran ou de l'imprimante) et de vos yeux. Personne ne peut décider à votre place de la qualité de vos images (du moins tant que vous les gardez pour vous). Entraînez-vous à créer des images pour le Web et pour l'impression !

Votre choix doit porter sur un scanner qui offre au moins des couleurs sur 24 bits (bien des scanners actuels proposent jusqu'à 48 bits). Le résultat sera plus fin, plus précis, même si vous imprimez ensuite votre image sur un matériel moins performant. Et c'est tout : pas de sigles, pas d'exceptions, pas de langue de bois. Voilà qui est rafraîchissant !

Dans le Chapitre 2, je vais décrire d'autres spécifications et caractéristiques qui vous aideront à choisir le scanner qui vous convient.

Chapitre 2

La joie d'acheter un scanner

Dans ce chapitre :

- Evaluer vos besoins.
- Choisir une interface.
- Comprendre le support TWAIN.
- Et les autres fonctions ?
- Juger le logiciel fourni.
- Achat en ligne ou en boutique ?

C'est comme d'habitude à l'ère du consumérisme. Il y a deux façons d'acheter un scanner :

> **Méthode 1 :** vous sautez dans votre voiture, vous vous rendez directement à la boutique ou à l'hypermarché d'à côté, vous trouvez un vendeur et vous lui demandez quel est le scanner qu'il préfère. Et vous partez avec le colis sous le bras.
>
> **Méthode 2 :** vous recherchez des modèles qui correspondent à ce que vous souhaitez (que ce soit sur le Web ou dans des revues d'informatique), vous les comparez, et une fois fixé, hop, vous achetez.

D'accord. La première méthode est la plus simple. Mais quelle est l'approche qui vous assure que vous en aurez vraiment pour votre argent ? Que vous serez satisfait ? Evidemment la seconde ! En tout cas, c'est ma préférée. Vous vous en doutiez, sinon vous ne liriez pas ce chapitre.

Nous allons donc nous pencher sur cette double question : quel le type de scanner qui correspond le mieux à vos besoins et comment trouver le meilleur rapport qualité/prix possible. Prenez un papier, un crayon et notez ce qui vous intéresse.

Le jeu des trois questions

Choisir un scanner est plus facile qu'acheter un ordinateur complet, mais plus compliqué que de choisir un disque dur (c'est juste une question de prix et de capacité). Notre scanner se situe quelque part entre ces deux extrêmes. Vous devez *absolument* vous poser les trois questions suivantes avant de passer à la suite.

Voyant ou caché ?

La première décision concerne la taille de la machine. Avez-vous assez de place sur votre bureau pour poser un scanner à plat (qui peut demander plus de place que l'ordinateur) ? Un modèle à défilement n'est-il pas mieux adapté ? J'ai brièvement évoqué ce dilemme dans le Chapitre 1. Mais, puisqu'on en arrive à l'heure de vérité, voyons les avantages des deux solutions !

Des raisons de choisir un scanner à plat

Soyons franc : en toute neutralité, je *veux* que vous achetiez un scanner à plat. Pourquoi cet enthousiasme ? Voici mes motifs :

- **Un scanner à plat est plus universel.** Il vous permet de numériser non seulement du papier, mais aussi des objets en 3 dimensions (pourquoi pas votre nouveau tatouage ?). Disons que tout ce que vous pouvez faire avec un photocopieur est possible avec un scanner à plat.
- **Il ne cannibalise pas vos documents.** Avec un scanner à défilement, il faut arracher les pages des revues ou des livres pour les numériser. Et oubliez votre nouveau tatouage. Pour un scanner à plat, rien n'est trop rigide (comme votre carte d'identité) ou trop petit (comme votre carte d'identité). Un modèle comme celui présenté sur la Figure 2.1 est capable de reproduire n'importe quel document d'une épaisseur raisonnable sans craindre d'en arracher des morceaux au passage !
- **Un scanner à plat produit des images de meilleure qualité.** Ici, c'est la tête qui passe sous le document, et cette technique est

en soi plus stable que l'inverse. C'est pourquoi la résolution (et souvent même la profondeur de couleurs) est plus élevée qu'avec un scanner à défilement.

Figure 2.1 : Un scanner à plat, c'est plat.

Une raison en faveur du scanner à défilement

Vous allez me dire qu'il existe forcément un argument en faveur du scanner à défilement. Et vous avez vu juste.

- **Le scanner à défilement prend moins de place.** Il ne monopolise pas votre bureau et certains modèles peuvent même vous accompagner en voyage. En fait, la plupart des combinés scanner-imprimante-copieur-fax actuels se servent de cette technique (illustrée sur la Figure 2.2).

A moins d'un motif sérieux (ou si mes explications ne vous ont pas convaincu), achetez un scanner à plat. Et soyez heureux ensemble.

Combien de points suffisent ?

J'ai expliqué dans le Chapitre 1 que plus il y a de dpi, mieux c'est. Mais combien de points conviennent *vraiment* à un utilisateur normal ? Mes recommandations sont résumées dans le Tableau 2.1. Rappelez-vous qu'il y a une façon "courante" d'exprimer la résolution (horizontalement et verticalement) et une façon "vraie" (horizontalement). De plus, vous ne devez vous intéresser qu'à la résolution réelle, optique, et non à des valeurs interpolées par le logiciel.

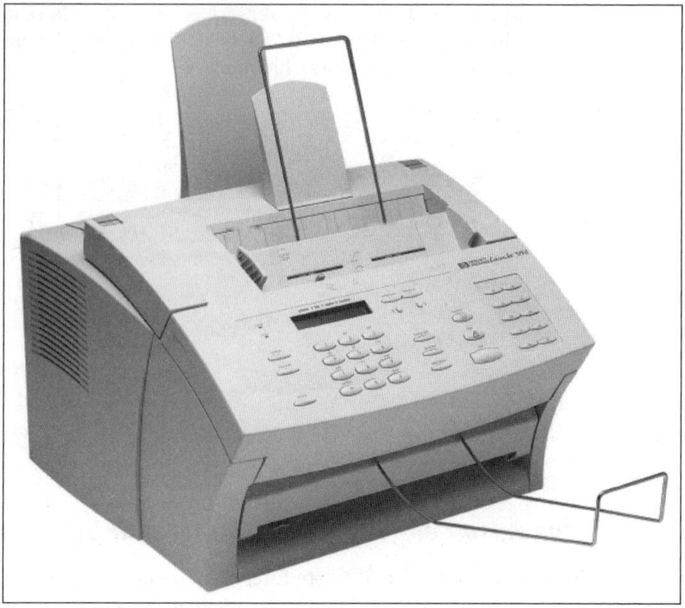

Figure 2.2 : Le tout en un de la reproduction.

Tableau 2.1 : Pour choisir le bon dpi.

DPI "Courant"	DPI "Vrai"	Applications courantes	Convient pour
300x600	300	Projets scolaires	Enfants, brouillons
600x600	600	Photographies, dessin	La plupart des utilisateurs
600x1200	600	Presque tout	Utilisateurs professionnels et avancés
1200x2400	1200	Arts graphiques	Photographes, artistes, créateurs

En fait, la résolution optique des scanners que vous trouvez aujourd'hui est au moins de 600, si ce n'est de 1200 dpi. De quoi se prendre pour un artiste !

Naturellement, un modèle possédant une résolution élevée peut faire tout ce dont un scanner moins puissant est capable. De plus, si vous trouvez deux machines offrant ce que vous recherchez, la seconde proposant une résolution doublée pour 50 ¤ de plus, je comprendrais très bien que vous vouliez dépenser un peu plus.

Retour sur la profondeur de couleurs

Plus les couleurs sont profondes, meilleur est le scanner. Est-ce qu'un scanner proposant une profondeur de 42 ou 48 bits mérite vraiment un petit effort financier ? Regardez donc le Tableau 2.2.

Tableau 2.2 : Pour choisir une profondeur de couleurs.

Profondeur de couleurs	Applications courantes	Convient pour
24 ou 30 bits	Travaux de base en couleurs	Enfants, brouillons
36 bits	Pratiquement tout	La plupart des utilisateurs
42 ou 48 bits	Arts graphiques	Photographes, artistes,
créateurs		

D'un point de vue technique, les scanners 24 bits produisent des images pouvant contenir plus de 16 millions de couleurs. Seul problème : on ne les trouve même plus dans le commerce ! Une profondeur de 36 bits est largement suffisante pour n'importe quel utilisateur normal. Et comme, de toute façon, la mode est au 48 bits, pourquoi s'en priver ?

Je vous ai trouvé une interface !

Seuls les technogourous adorent discuter pendant des heures des avantages et des inconvénients des interfaces matérielles. Il existe tellement de câbles, de ports, de connexions qu'on pourrait en remplir des catalogues entiers. Et comme nombre de vendeurs masquent leur incompétence par l'usage de sigles ésotériques, cela n'arrange rien. Promis, juré, je vais réduire toute cette confusion au minimum et m'interdire les sigles de plus de quatre lettres ! Quatre, c'est justement le nombre de types de connexions possibles pour un scanner. Voyons donc celle qui va vous convenir.

Déplacement parallèle

Même les plus vieux ordinateurs possèdent un *port parallèle* (ou *port imprimante*). Même si cette connexion a été conçue pour y brancher une imprimante, elle peut servir à connecter d'autres périphériques, y compris des scanners (voir la Figure 2.3).

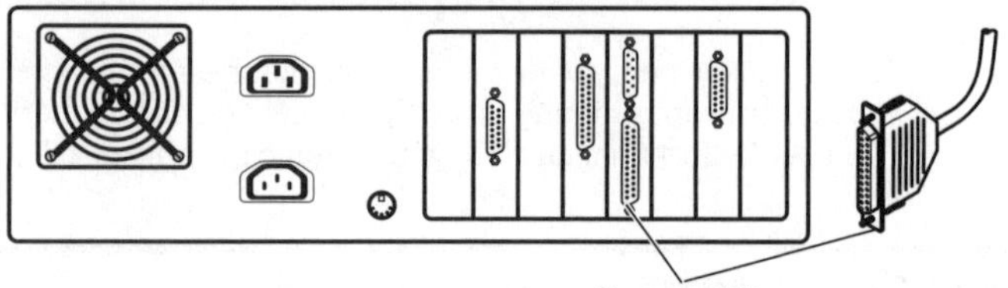

Figure 2.3 : Ce bon vieux port parallèle peut servir à tout.

Si votre ordinateur a moins de 6 ans, vous pouvez probablement utiliser un scanner sur le port parallèle. Sinon, vérifiez dans le manuel de la machine que le port parallèle est *bidirectionnel* (si vous voyez ECP ou encore EPP, c'est la même chose). Dans le cas contraire, passez à la section suivante.

- **Pour :** le port parallèle a une vocation universelle. Un scanner possédant ce type d'interface peut donc s'adapter à pratiquement tous les ordinateurs, y compris des portables. Autre avantage possible : le prix.
- **Contre :** comparé aux autres interfaces, le port parallèle est très lent. Et si vous branchez plusieurs appareils en chaîne (par exemple un scanner à la suite d'un disque Zip), vous risquez d'avoir des problèmes.

Ce choix peut s'imposer pour un ordinateur portable ou si votre bonne vieille machine ne possède que ce genre de connexion. Oubliez ce choix si vous pouvez utiliser un port USB.

Un Super Branchement

Voilà un sigle que j'aime : USB. C'est le raccourci de Universal Serial Bus (bus série universel dirait Molière). Le port USB est le Saint Graal de l'informatique. Rapide, facile à brancher, il peut recevoir toutes sortes de périphériques.

Un port USB accepte jusqu'à 127 appareils. D'accord : personne n'a jamais essayé d'aller jusque là. Mais c'est un chiffre qui rassure. La dernière version de l'USB (2.0) peut transférer plusieurs dizaines de méga-octets à la seconde du scanner vers l'ordinateur. Et ce n'est pas tout ! Tous les bons systèmes d'exploitation modernes sont capables de reconnaître et d'installer automatiquement un périphérique USB.

Vous pouvez même brancher et débrancher un scanner USB sans relancer votre ordinateur, ce qu'illustre la Figure 2.4.

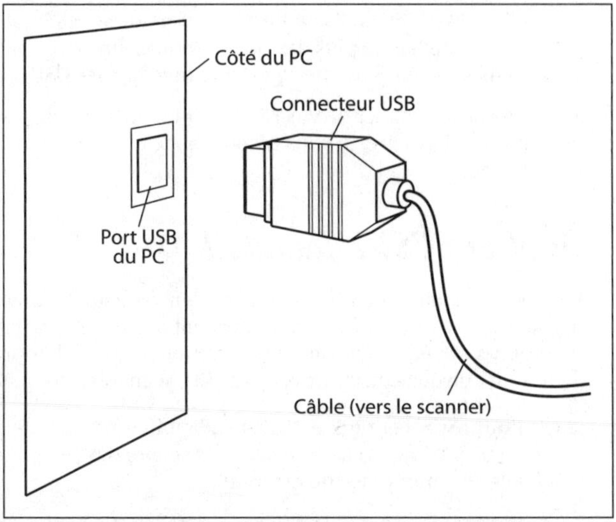

Figure 2.4 : Dans le port USB, tout est bon.

- **Pour :** les scanners USB ne coûtent pas plus cher et sont bien plus rapides que leurs cousins parallèles. Ils sont si simples à utiliser que même ma belle-mère y arriverait !
- **Contre :** je ne vois qu'un seul problème. Celui des ordinateurs âgés qui ne possèdent pas de port USB. Mais il existe des extensions qui réparent ce manque.

C'est bon marché, simple et puissant. Bref, un choix très hautement recommandable.

Les chariots de feu

Si vous voulez vous lancer dans le haut de gamme, intéressez-vous au port dernier cri : le *FireWire* (que les technogourous appellent IEEE-1394 High Performance Serial Bus). En gros, un port FireWire fonctionne à peu près comme l'USB, si ce n'est qu'il accepte (seulement ?) 63 périphériques et qu'il n'est pas plus rapide que la version 2.0 du port USB.

- **Pour :** il est aussi facile à utiliser que le port USB et il est plus rapide que la première version de celui-ci.
- **Contre :** il n'y a pas tellement d'ordinateurs équipés d'un port FireWire (bien qu'il soit possible d'ajouter un adaptateur à l'ordinateur). De plus, les périphériques FireWire coûtent sensiblement plus cher que leurs homologues USB.

A moins que le scanner de vos rêves soit uniquement disponible avec une interface FireWire, je vous recommande fortement de choisir un modèle USB.

Oublier SCSI ? Jamais !

Le dernier candidat dans ce concours a été pendant longtemps la star des interfaces. Le port SCSI (qui se traduit à peu près par interface pour petits systèmes informatiques) permet de brancher pratiquement tout : disques durs, graveurs de CD, scanners, etc.

- **Pour :** SCSI est rapide. Un seul adaptateur permet de brancher jusqu'à 15 appareils en chaîne. Il accepte des périphériques aussi bien internes qu'externes.
- **Contre :** SCSI est plus difficile à installer et à configurer que les autres interfaces présentées ici. De plus, les scanners SCSI sont plus chers que leurs homologues USB.

Si votre ordinateur est déjà équipé d'un port SCSI, cette solution peut vous intéresser. Rendez-vous au Chapitre 4.

TWAIN (Rien à voir avec Mark)

Ne rêvez pas des aventures de Tom Sawyer ! C'est juste un sigle de plus. Enfin, presque, parce qu'il ne veut rien dire de spécial. Amusant, non ? Le standard TWAIN a été développé pour s'assurer que votre scanner, le système de capture d'images et votre logiciel de retouche photo parlent tous le même langage. Dès lors que chacun est compatible TWAIN, vous savez que tout le monde reconnaîtra tout le monde. Autre intérêt : le standard TWAIN est supporté aussi bien par Windows que par Mac OS.

N'OUBLIEZ PAS

Vérifiez que les matériels et les logiciels graphiques que vous achetez sont compatibles TWAIN. Vous vous éviterez ainsi bien des soucis. De toute façon, c'est une norme quasi universelle. Et si vous voyez écrit à la place "Extension WIA", pas de panique : votre scanner marchera aussi.

Les bonnes fonctionnalités

Voyons un peu les autres fonctionnalités qui peuvent faire la différence entre un bon scanner et un excellent. Rien de ce qui suit n'est indispensable, mais tout est intéressant.

Une passe suffit

Boulevard Scanner, on appelle *passe* un déplacement de la tête de lecture le long du document. Un scanner une-passe numérise donc la totalité de l'image originale en un seul passage. Mais il y a aussi des scanners (certes, en voie d'extinction) qui ont besoin de trois passes pour faire le même travail. On imagine que le moindre écart dans le déplacement va provoquer une distorsion de l'image (en particulier si vous numérisez un objet un peu épais). Et en plus, il faut attendre trois fois plus longtemps ! Bref, oubliez les trois passes.

Un bouton pour tout faire

Certains scanners sont contrôlés entièrement par l'ordinateur. Autrement dit, vous devez lancer le programme de capture avant de faire quoi que ce soit d'autre. Par contre, nombre de modèles actuels possèdent un bouton (au moins) attrape-tout : vous appuyez, le scanner s'allume, le programme de capture se lance et la numérisation démarre ! Autant de temps de gagné. C'est tellement tentant que même les modèles à tout faire s'y sont mis : un bouton je numérise, un bouton je copie, un bouton je faxe. Pourquoi s'en passer ?

Au magasin

Vous imaginez une imprimante qui vous obligerait à insérer les feuilles une par une ? Certaines personnes veulent un scanner pourvu d'un magasin (ou chargeur). Personnellement, je m'en passe. Mais l'idée est bonne si votre travail vous appelle à reproduire des dizaines de pages tous les jours. Certains modèles haut de gamme sont déjà équipés. Le plus souvent, ce magasin est proposé en option. C'est un point à vérifier dans un article de revue ou sur le site Web du constructeur.

Soyons transparents

Nous avons vu dans le Chapitre 1 qu'il existe des scanners dédiés aux négatifs et aux diapositives. De plus, les modèles haut de gamme savent généralement travailler avec des documents transparents. Il s'agit normalement d'appareils équipés d'un système de rétroéclairage qui permet d'interpréter correctement les couleurs. Si le scanner que vous convoitez peut être complété par un adaptateur pour transparents (certainement en option), vous pourrez reproduire des films et des diapos, notamment. Le conseil est donc le même que dans le paragraphe précédent.

Et la garantie ?

La plupart des scanners actuels sont garantis un an. Mais plus, c'est bien. Est-ce que vous pouvez disposez d'une assistance téléphonique gratuite ? Le site du constructeur est-il régulièrement mis à jour (avec des corrections et de nouveaux pilotes) ? Est-ce que le site propose un support par messagerie électronique ? Autant de bonnes questions.

Tant qu'à visiter le site d'un constructeur, pensez à consulter la page des Questions et réponses (la fameuse *FAQ* ou Foire Aux Questions). On y trouve généralement des informations utiles, des conseils, des solutions, voire la liste des griefs des acheteurs.

Pas de matériel sans logiciel

Vous commencez à vous familiariser avec le matériel. Mais le logiciel fourni avec le scanner est tout aussi important. Même un modèle réputé haut de gamme peut donner de mauvais résultats s'il n'est pas livré avec les bons programmes. De plus, de nombreuses applications réclament un logiciel spécialisé, qu'il s'agisse d'OCR, de copie ou de télécopie. Sans cela, votre scanner sera incapable de réaliser ces tâches.

Certains scanners proposent toutes ces applications en une seule suite logicielle. Cela peut être un argument de poids lorsque vous comparez deux modèles semblables sur le plan technique.

L'éditeur graphique

Pour la plupart d'entre nous, l'éditeur graphique (ou le programme de retouche d'images) est l'application essentielle, celle dont on se sert tous les jours. Cet éditeur est non seulement capable de contrôler le scanner pendant la numérisation, mais il a aussi pour vocation d'améliorer l'image une fois celle-ci enregistrée dans votre ordinateur (et même de vous transformer en artiste). En résumé, c'est l'équivalent du traitement de texte pour les documents imprimés.

Il existe de nombreux logiciels d'édition graphique. Dans ce livre, nous en prendrons quelques exemples classiques, en particulier Adobe Photoshop Elements 2 (voir la Figure 2.5). Ce petit frère de Photoshop est fourni avec certains scanners, et il offre une bonne dose de puissance tout en proposant des méthodes simples pour la plupart des manipulations courantes.

Figure 2.5 : Dans la famille des couteaux suisses de l'édition graphique, je voudrais Adobe Photoshop Elements.

Que peut-on faire avec un éditeur graphique ? Nous étudierons cette question plus en détail dans les Chapitres 9 et 11, mais on peut tout de suite dévoiler le TOP 10 des fonctions les plus utiles :

- recadrer ;
- tourner ;
- changer les couleurs ;
- ajouter des effets spéciaux ;
- ajouter du texte ;
- redimensionner ;
- modifier la luminosité et le contraste ;

- retoucher des pixels ;
- convertir vers d'autres formats graphiques ;
- convertir la couleur en niveaux de gris ou en noir et blanc.

Un bon éditeur graphique fera la différence !

Le programme d'OCR

Comme nous l'avons déjà noté, un programme d'OCR (la reconnaissance optique de caractères) sert à "lire" des caractères à partir d'un document imprimé pour les insérer (par exemple) dans votre traitement de texte, exactement comme si vous les aviez tapés sur le clavier. La plupart des logiciels de ce type sont aussi capables de reconnaître la présence des images et des dessins, ce qui vous permet de créer une copie virtuelle de l'original dans Microsoft Word ou dans Corel WordPerfect.

Tout cela semble alléchant, et c'est parfois vrai. Mais il est important de se rappeler qu'un programme d'OCR n'est *jamais parfait*. La précision de la reconnaissance dépend pour une part du logiciel, mais aussi d'autres facteurs :

- la police de caractères utilisée dans le document original ;
- la qualité de celui-ci (une belle revue vaut mieux qu'un journal de petites annonces) ;
- la résolution choisie pour la numérisation ;
- la couleur du texte sur la page, et celle du document lui-même.

Cela explique pourquoi une page de livre est souvent reconnue à 98 % alors qu'une brochure en couleur ou un texte sur papier journal pourra totalement dérouter le programme d'OCR. Bien entendu, vous pouvez toujours corriger les erreurs manuellement, mais ce travail peut devenir tellement fastidieux qu'il devient préférable de tout retaper !

Le programme de télécopie

Question : pourquoi un modem-fax est-il différent d'un télécopieur de bureau ? Réponse : parce qu'il ne peut envoyer que des documents électroniques. Question : comment envoyer à tante Henriette la recette du jour ? Réponse : avec un scanner et un logiciel de télécopie, tel celui qui est illustré sur la Figure 2.6. Voilà de quoi transformer votre ordinateur en un fax aussi performant qu'une machine de bureau.

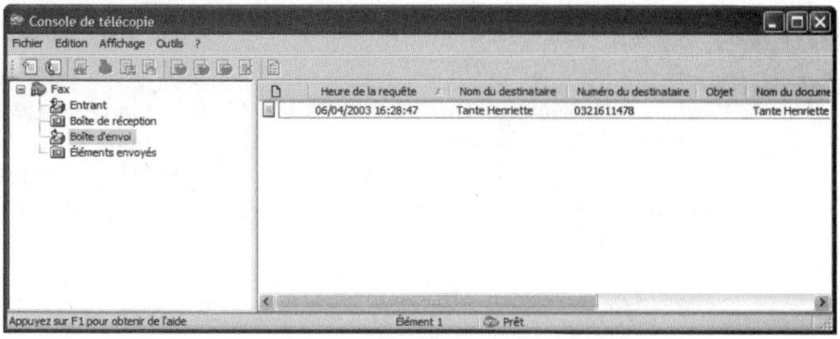

Figure 2.6 : Votre scanner peut servir à faxer des documents.

Le programme de copie

Vous avez besoin d'un copieur chez vous ou au bureau ? Pour être honnête, ce livre ne vous donnera pas la réponse. Même si un scanner peut servir à réaliser des copies, il n'a pas la puissance et la souplesse d'un gros photocopieur.

Par contre, il est capable de vous rendre service si vos besoins de reproduction sont très limités. Si le scanner est fourni avec une petite application pour la copie, celle-ci ne permet pas toujours de redimensionner les documents. Mais votre éditeur graphique pourra vous aider dans cette tâche !

Et le vainqueur est...

Celui que vous voulez ! Jetez un œil aux notes prises en lisant ce chapitre. Vous devriez avoir le profil idéal du scanner que vous recherchez.

Supposons par exemple que vous ayez écrit : à plat, 600x1200, 36 bits, TWAIN, une passe, un bouton, éditeur graphique, OCR.

Avec ces spécifications, vous pouvez commencer à comparer les modèles (sur le Web ou dans une boutique) en sachant exactement ce que vous voulez. Et en sachant aussi que ces caractéristiques sont un minimum pour les modèles actuels.

TRUC

N'hésitez pas à consulter les versions en ligne de revues d'informatique ou des sites spécialisés. A partir de la plupart des moteurs de recherche, vous pouvez facilement trouver une promotion ou le vendeur qui offre le meilleur prix pour un modèle donné.

Où acheter ?

Avez-vous déjà effectué un achat sur le Web ? Si la réponse est non, je parie que l'idée de donner votre numéro de carte de crédit en ligne vous rend nerveux et que vous vous demandez pourquoi tant de gens font leurs courses depuis leur ordinateur. Voyons un peu les avantages de l'achat en ligne.

- **Les prix sont plus bas.** C'est souvent vrai et c'est certainement la motivation principale.
- **C'est plus rapide.** En une ou deux heures, vous pouvez trouver divers modèles, les comparer, trouver les prix les plus bas et commander. Et en plus, vous économisez le carburant.
- **C'est en stock.** Vous pouvez non seulement trouver le scanner de vos rêves, mais aussi détecter le fournisseur qui a ce modèle en stock et qui vous l'expédie demain matin.

Lorsque vous achetez en ligne, il y a une règle d'or à observer :

Ne donnez jamais votre numéro de carte de crédit sur un site non sécurisé !

Les bons vendeurs en ligne cryptent les données pour éviter que des informations personnelles sensibles soient piratées. Sous Microsoft Internet Explorer et sous Netscape Communicator (les deux armes lourdes de la navigation sur Internet), une icône représentant une sorte de clé apparaît en bas de la fenêtre lorsque la connexion est sécurisée.

Vous devez disposer d'une version 3 ou plus de ces navigateurs. Les dernières versions d'Internet Explorer proposent une fonction appelée Rapport de confidentialité qui vous en dit plus sur la sécurité d'un site. Il est vrai qu'on n'est jamais trop prudent ces temps-ci.

N'oubliez de vérifier le montant facturé pour l'expédition. Il y a toujours une surcharge pour les envois en express. Si vous pouvez patienter quelques jours avant de recevoir votre nouveau jouet, vous gagnerez aussi de l'argent.

Bien entendu, l'achat dans un commerce spécialisé conserve ses atouts traditionnels :

- **C'est sur place.** Le choix est évidemment moins vaste, mais au moins vous pouvez voir le scanner qui vous tente et vérifier le logiciel qui l'accompagne (du moins sur la boîte).
- **Les retours sont plus faciles.** Avec les achats en ligne, le retour éventuel de la marchandise (et plus généralement tout le service après-vente) peut devenir un vrai parcours du combattant. En boutique, tout est généralement plus simple. Mais il n'empêche qu'il faut bien se renseigner avant d'acheter ! Même chose en ce qui concerne la garantie.
- **Les conseils en prime.** Si vous avez de la chance, vous pourrez discuter avec un vendeur compétent, capable de répondre à vos questions. Mais peut-être n'avez-vous jamais de chance...

En résumé, à vous d'être un consommateur avisé et averti. Et cela ne concerne pas que l'achat d'un scanner...

C'est fait. Vous avez acheté votre scanner. Vous êtes prêt à l'installer. Passons donc au Chapitre 3.

Deuxième partie

Survivre à l'installation

"Bien sûr que les images sont importantes pour ton projet... Mais il aurait mieux valu scanner une photographie de ta collection de vers, non ?"

Dans cette partie...

Je vais vous montrer dans cette partie comment connecter plusieurs types de scanners. Je vous aiderai aussi à tester votre nouveau matériel. Vous trouverez également des informations sur l'installation du logiciel et du matériel supplémentaire dont vous pourriez avoir besoin.

Chapitre 3

Parallèle, USB ou FireWire ?

Dans ce chapitre :

- Comprendre le Plug and Play.
- Ouvrir dans les règles de l'art.
- Connecter un scanner au port parallèle.
- Connecter un scanner USB ou FireWire.
- Installer les pilotes.

Même si le concept de bricolage vous fait horreur, gardez votre sang-froid. En effet, les scanners font partie d'un groupe d'élite dans l'univers des périphériques externes pour ordinateurs : ils sont pratiquement tous *réellement* faciles à installer (on ne peut en dire autant des imprimantes et des modems externes).

Comme le montre la relative brièveté de ce chapitre, installer un scanner avec une interface USB, FireWire ou parallèle est si simple que cinq minutes devraient vous suffire. Le problème des scanners SCSI, en revanche, est totalement différent. C'est d'ailleurs pourquoi je leur consacre le Chapitre 4. A vous de prendre la bonne direction !

Branchez, c'est gagné

Les interfaces USB et FireWire sont des connexions dites *Plug and Play* (branchez et jouez !). Cela signifie que vous branchez simplement l'appareil sur votre PC (ou sur votre Macintosh), et l'ordinateur le reconnaît automatiquement. Pas de soucis ! Si vous manquez de ports USB, il vous suffit de débrancher le scanner une fois votre travail terminé et de connecter un autre périphérique USB à la place.

Le port parallèle n'est pas Plug and Play. En d'autres termes, si vous déconnectez un scanner parallèle pour remettre à la place votre imprimante, vous devrez relancer l'ordinateur pour que cette dernière soit reconnue.

Si vous avez seulement deux ports mais quatre appareils USB dont vous voulez vous servir en permanence, il faut que vous achetiez ce que l'on appelle un *hub USB*. C'est exactement comme une prise multiple : vous branchez la sortie sur l'ordinateur et vous disposez de plusieurs entrées (généralement quatre) dans lesquelles vous connectez vos appareils USB.

Par bonheur, tout se passe parfaitement bien pour la plupart d'entre nous. Mais si votre système refuse de reconnaître votre scanner USB ou FireWire, vous devrez vos intéresser de près à quelques questions techniques (désolé pour vous !).

- **Votre ordinateur est-il Plug and Play ?** La plupart des PC datant de moins de six ans prennent en charge le Plug and Play. Dans ce cas, le problème est sans doute bénin. Lisez ce qu'en dit la documentation de votre ordinateur. Dans le cas d'un Macintosh ancien, il existe des convertisseurs SCSI vers USB. Mais le prix n'en vaut pas la chandelle. Autant acheter un scanner SCSI.

- **Est-ce que votre BIOS est correctement configuré ?** Le BIOS contient des paramètres importants pour votre PC. Et l'un d'entre eux concerne l'activation des fonctions Plug and Play. Normalement, ce réglage est activé par défaut. Comment le vérifier ? En appuyant sur la bonne touche lorsque vous allumez le PC (généralement, il s'agit de Suppr ou de F1, et cette information doit apparaître sur l'écran lors de la mise en route). En appuyant sur cette touche magique, vous demandez au PC d'afficher le menu de configuration du BIOS. A vous de trouver la marche à suivre. Et n'oubliez pas de sauvegarder le BIOS si vous devez modifier un paramètre ! En fait, je pense qu'il vaut mieux demander gentiment à un technogourou de votre connaissance de faire ce travail désagréable à votre place.

- **Quel est votre système d'exploitation ?** Les choses évoluent si vite dans le monde de l'informatique que l'on est vite dépassé. Qu'il s'agisse de Plug and Play, d'USB ou de FireWire, point de salut en dehors de Windows 98 sur PC (au moins !) et de Mac OS 8 (ou plus) sur Macintosh. Vous en étiez resté à Windows 95 ? Il est grand temps de vous moderniser !

Avant de commencer...

Vous êtes à côté de votre bureau, prêt à ouvrir l'emballage du scanner et pressé de numériser votre première image... Stop ! Laissez-moi vous rappeler les trois étapes importantes à respecter avant de déballer la machine.

La boîte est votre meilleure garantie !

Tout d'abord, l'emballage pourra vous servir si vous déménagez. Mais il y a plus important encore :

- Si vous vendez plus tard votre scanner, sa valeur sera plus grande si vous pouvez le proposer dans sa boîte d'origine.
- Si vous constatez que le scanner a un défaut de fabrication, vous devrez le rendre ou le renvoyer dans sa boîte d'origine. Sinon, il vous sera certainement refusé.
- Si vous devez le faire réparer, cette boîte vaut son pesant d'or.

Combien de temps faut-il conserver un emballage ? Par expérience, je répondrai au moins un an. En fait, ne le jetez que si manquez vraiment de place.

Enregistrement immédiat !

Je sais combien il est pénible de remplir une carte d'enregistrement (même si c'est moins difficile qu'une déclaration d'impôts). Personnellement, je remplis toujours ces formulaires et en plus je les envoie. Croyez-moi sur parole.

Sans cela, l'accès au support technique pourra vous être refusé. Sans parler de la garantie ou du service après-vente. Et comme cela ne prend que quelques petites minutes, pourquoi hésiter ?

Contrôlez le matériel !

N'oubliez pas de lire le manuel du scanner pour déterminer s'il y a quelque chose de particulier à faire avant de mettre l'appareil en marche. Par exemple, de nombreux scanners ont un mécanisme de verrouillage (une sorte de clé en plastique) qui sert à bloquer la tête de lecture pendant le transport. Si vous oubliez cette étape, vous risquez d'endommager sérieusement le mécanisme en allumant le scanner. Et adieu la garantie !

Accostage au port parallèle

Vous avez choisi une interface parallèle pour votre nouveau scanner ? Voici les étapes à suivre pour le connecter à votre PC :

1. **Trouvez le port parallèle (avec 25 broches) qui se trouve à l'arrière de l'ordinateur. Si une petite étiquette signale la présence d'un port imprimante, vous avez déjà gagné.**
2. **Votre imprimante est déjà branchée sur cette prise ? Retirez le câble et attendez quelques instants.**
3. **Alignez l'extrémité du câble du scanner sur l'entrée du connecteur (attention au sens). Appuyez doucement mais fermement.**
4. **N'oubliez pas de serrer les petits boutons (ou les vis) qui se trouvent de chaque côté du connecteur.**

   TRUC

   Ne négligez pas l'étape 4. Un câble mal fixé a tendance à se décrocher. Et après, vous passez des heures à réinstaller tous vos logiciels sans comprendre pourquoi le scanner ne marche plus. Il était simplement débranché !

5. **Si nécessaire, connectez maintenant votre imprimante sur le port parallèle qui se trouve à l'arrière du scanner. C'est cela, le travail à la chaîne !**
6. **Branchez le cordon d'alimentation sur le scanner d'un côté et dans une prise de courant de l'autre. Allumez le scanner.**
7. **Remettez votre PC en route.**

USB dans le bus

Les scanners USB et FireWire s'installent exactement de la même manière. De plus, la procédure est identique sur PC et sur Macintosh. Sympathique, non ? Voici donc les étapes à suivre :

1. **Dans certains scanners, le câble USB est fixe. D'autres acceptent un cordon standard (qui doit bien sûr se trouver dans la boîte). Dans ce cas, il vous suffit de brancher le câble sur l'appareil.**

2. **Branchez le scanner sur une prise de courant et appuyez sur le bouton de mise en marche (à moins qu'il ne s'allume tout seul).**

3. **Allumez normalement votre ordinateur et attendez que la fenêtre du bureau apparaisse.**

4. **Branchez le câble du scanner sur une prise USB libre de l'ordinateur (ou sur le hub si vous en avez un).**

   Votre ordinateur devrait s'apercevoir de la présence du nouveau venu et saluer l'arrivée du scanner dans la famille.

5. **Lors de cette première prise de contact, le système d'exploitation va vous demander d'insérer le CD-ROM du fabricant pour installer les bons pilotes. Windows peut également avoir besoin de son propre CD-ROM. Dans certains cas, il faut lancer le programme d'installation fourni par le constructeur avant de connecter le scanner, et c'est ce programme qui copie les pilotes voulus. Comme quoi il faut toujours regarder le manuel avant de se lancer dans l'aventure !**

Pas de bonne conduite sans pilote

Non, je ne parle pas ici de Formule 1. En informatique, un *pilote* est un programme (écrit par le constructeur) qui permet au système d'exploitation d'utiliser un périphérique (en l'occurrence, votre nouveau scanner).

Ce pilote doit se trouver sur un CD-ROM (fini le temps des disquettes !) présent dans la boîte du scanner. Il est copié sur le disque dur de l'ordinateur soit à la demande de Windows, soit via un programme d'installation spécifique (reportez-vous à la section précédente). Lorsque tout fonctionne comme prévu, vous n'avez plus qu'à ranger le CD-ROM. Et pour beaucoup d'utilisateurs, l'histoire s'arrête là. Mais ce n'est pas un bon principe.

Si vous voulez réellement devenir un utilisateur chevronné (et satisfait), *mettez vos pilotes à jour* ! La plupart des constructeurs proposent régulièrement de nouvelles versions de leurs pilotes. Et il y a pour cela de solides raisons :

- correction d'erreurs (et oui, cela arrive !) ;
- amélioration des performances ;
- ajout de nouvelles fonctionnalités ;

- compatibilité avec une nouvelle version du système d'exploitation

Jetez donc de temps à autre un œil sur le site du fabricant. Et si votre appareil est ancien et que le fabricant n'en assure plus le suivi, je vous recommande quelques sites bien utiles (mais en anglais, *of course*) :

```
www.driverzone.com
www.windrivers com
www.drivershq.com
```

Il existe également des revues spécialisées qui peuvent vous aider dans vos recherches. En tout état de cause, il n'est pas inutile de se préoccuper de cette question une fois par mois (tant que vous y êtes, faites de même pour votre carte vidéo).

ATTENTION !

Windows XP est capable de reconnaître directement la plupart des scanners USB sans avoir besoin de pilote supplémentaire. C'est un gros avantage. En revanche, il se contente dans ce cas d'une interface un peu minimaliste. C'est un véritable inconvénient.

Les trois bataillons qui viennent d'installer leur scanner peuvent passer directement au Chapitre 5. La troupe des SCSI, direction le Chapitre 4. En avant !

Chapitre 4

SCSI, nous voici !

Dans ce chapitre :

- Comprendre les connexions SCSI.
- Trouver la bonne terminaison.
- Sélection d'un identificateur SCSI.
- Installer un adaptateur SCSI.
- Connecter le scanner.
- Et si ça ne marche pas ?

Soyons honnêtes. Du temps du DOS et de Windows 3.1, l'installation d'un périphérique SCSI à un PC, c'était le procès de Jeanne d'Arc et le bûcher réunis. Depuis l'arrivée de Windows 95, les choses se sont bien améliorées et la procédure est *presque* automatique. Mais il reste une grande part d'intervention manuelle et toute erreur de configuration empêche le matériel de fonctionner. Décidément, le monde SCSI n'est pas Plug and Play !

Le plus simple, c'est évidemment de faire réaliser ce travail par un vrai pro (pendant que vous allez siroter un verre à la terrasse du coin). Mais si vous décidez de vous lancer dans l'aventure, je suis là pour vous aider.

Autrefois, les possesseurs de Macintosh ricanaient en regardant les utilisateurs de PC transpirer devant leurs périphériques SCSI. Mais depuis l'introduction du iMac et du G4, Apple s'est détourné de cette technologie pour se rallier au fanion de l'USB et du FireWire. Résultat : tout le monde est aujourd'hui embarqué dans la même galère. Désolé !

Dans ce chapitre, nous allons nous atteler ensemble à cette tâche (pas si) terrifiante (que cela) : installer un scanner SCSI.

C'est ainsi que les choses devraient marcher

Avant de vous expliquer comment configurer votre scanner SCSI, je vais vous donner un (bref) aperçu de la façon dont les choses sont supposées fonctionner. Car si votre chaîne de périphériques SCSI ne marche pas comme il faut, inutile de commencer à ajouter le scanner !

Si vous installez une carte d'adaptation SCSI rien que pour votre scanner, celui-ci va venir se brancher sur le connecteur extérieur de cette carte. Si vous ajoutez également un disque dur ou encore un graveur de CD-ROM, ils se connecteront à l'intérieur du boîtier à l'aide d'un câble distinct. Jusqu'à maintenant, rien de grave.

C'est maintenant que la situation empire. Pour que tout le monde fonctionne de concert (je ne parle ici que de l'adaptateur et des appareils SCSI), il y a deux conditions importantes à réunir :

- Chaque périphérique connecté sur le ou les câble(s) SCSI doit être avoir son propre nom. En l'occurrence, il s'agit d'un numéro (ou *ID SCSI*) unique, affecté aussi bien aux divers appareils qu'à la carte SCSI elle-même. Si vous donnez par exemple le même *ID* à la carte et au scanner, l'ordinateur sera incapable de savoir qui est qui et il plantera à coup sûr.
- L'ensemble formé par l'adaptateur et tous les périphériques (internes ou externes) qui lui sont attachés s'appelle une *chaîne*. L'adaptateur, lui, ne connaît pas la longueur de la chaîne. Il faut pour cela placer un panneau Stop (ou *terminaison*) qui indique : "Il n'y a plus personne de connecté derrière moi." A défaut, la carte va continuer à rechercher d'autres dispositifs. Et l'ordinateur va encore planter (ou du moins il refusera de reconnaître votre nouveau scanner).

Vous l'avez remarqué : le verbe *planter* est employé deux fois. C'est bien pourquoi l'installation d'un dispositif SCSI peut être très frustrante pour les débutants. Mais tout devrait se passer comme sur des roulettes si les numéros d'identification sont choisis comme il faut, et si la terminaison se trouve au bon endroit.

Terminator, l'ultime retour

Rien d'effrayant dans notre film. Encore faut-il associer correctement le scanner à la carte SCSI.

La chose du bout du monde

Si vous installez uniquement un adaptateur SCSI et un scanner, la chance est avec vous. Cette chaîne est la plus simple, puisqu'il n'y a seul appareil externe en fin de course. Du fait que votre carte et votre scanner se trouvent aux extrémités de cette chaîne, il faut les "terminer" tous les deux. Ce qu'illustre la Figure 4.1.

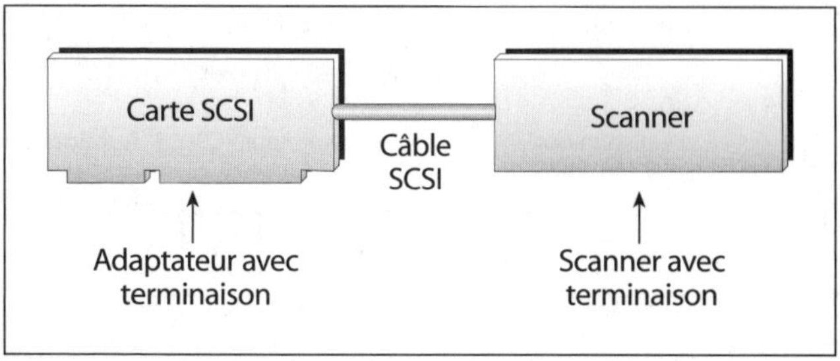

Figure 4.1 : Un adaptateur SCSI et un scanner, une vie de couple.

Mais comment faire si vous ajoutez un second périphérique SCSI, par exemple un disque dur ? C'était la question que je craignais. Je plaisante. Rien d'insurmontable ici. La Figure 4.2 montre comment se présente une chaîne convenablement terminée. Vous remarquerez que le disque dur est interne et donc que l'adaptateur se trouve au milieu de la chaîne.

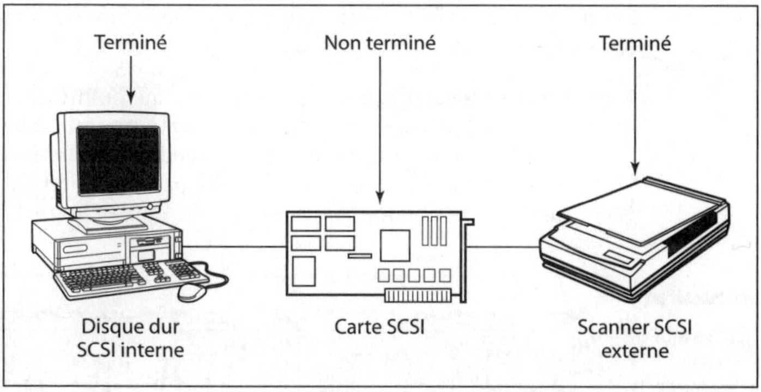

Figure 4.2 : Un disque interne, une carte et un scanner, main dans la main.

Hypothèse : vous oubliez de désactiver la terminaison sur la carte d'adaptation. N'essayez pas ! Ce n'est qu'une hypothèse. Le problème est illustré sur la Figure 4.3. Comme la carte SCSI est configurée, elle croit qu'elle est en bout de chaîne et elle n'essaie même pas de trouver le scanner. Ce dernier est donc purement et simplement ignoré par l'ordinateur. En résumé : si votre scanner SCSI n'est pas reconnu, la terminaison est probablement coupable et il vous faut la reconfigurer correctement.

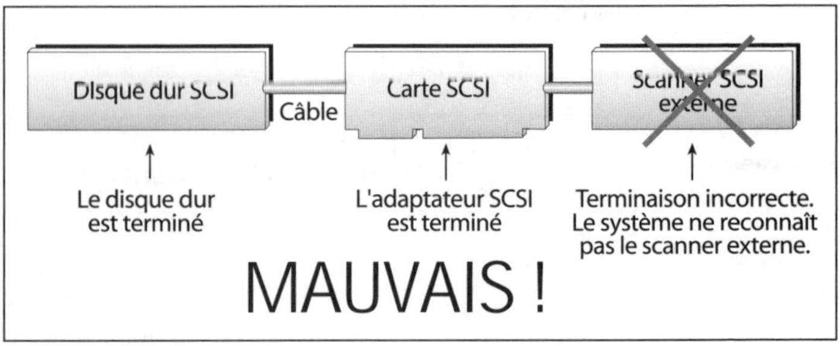

Figure 4.3 : La chaîne se termine trop tôt et le scanner est transformé en objet de décoration.

Si votre chaîne SCSI comporte plus de quatre ou cinq éléments, vous devriez noter sur un papier l'identificateur de chacun, ainsi que l'emplacement des terminaisons. En fait, si vous êtes capable de configurer une telle chaîne, vous pouvez aussi bien écrire ce chapitre à ma place. Passons.

Terminer sans souci (ou presque)

Sur un matériel SCSI, il existe à peu près trois méthodes pour activer (ou désactiver) une terminaison :

- **Pousser les petits boutons.** A l'aide d'une pointe de stylo, faites glisser ou poussez les petits commutateurs (ou *DIP*) pour obtenir la bonne combinaison. Pas celle du coffre-fort. Celle qui est expliquée dans le manuel de l'appareil. Le mot *On* indique de quel côté le commutateur est activé (voir la Figure 4.4).

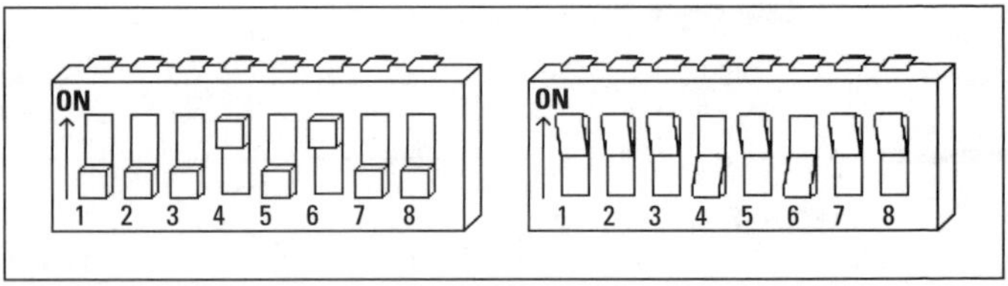

Figure 4.4 : Deux types différents de commutateurs DIP.

- **Installer le "resistor".** Les anciens périphériques SCSI utilisent généralement une sorte de clé (comme celle qui est illustrée sur la Figure 4.5) qu'on insère pour activer la terminaison ou qu'on retire pour la désactiver. Consultez le manuel pour connaître le sens du branchement. Si vous enlevez cette clé, traitez-la comme s'il s'agissait d'un lingot d'or : il est pratiquement impossible d'en trouver de nos jours !

Figure 4.5 : Le "resistor", un objet précieux.

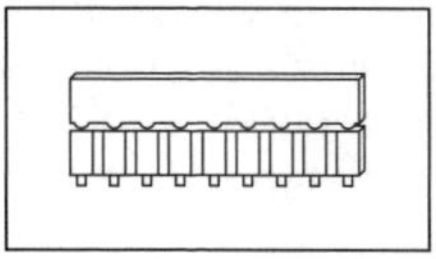

- **Changer le cavalier.** Pour modifier le numéro d'ordre d'un périphérique qui utilise un cavalier en plastique, servez-vous d'une pince à épiler pour retirer le petit objet, puis pour l'insérer dans le bon emplacement (voir la Figure 4.6). Là encore, c'est dans le manuel que vous trouverez la réponse.

Figure 4.6 : On en pince pour le cavalier.

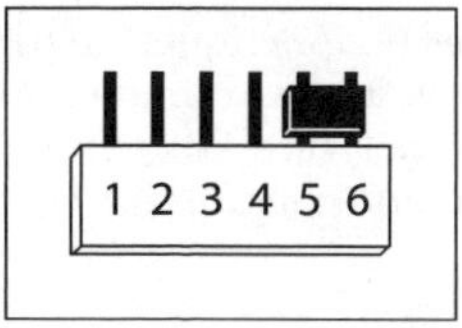

Vous avez une idée de l'ID ?

Comment définir un identificateur unique pour votre scanner, votre adaptateur, votre disque SCSI, etc. ? La plupart des cartes SCSI utilisent un numéro d'ordre situé entre 0 et 7 ou entre 0 et 14 selon le cas. Le dernier chiffre (7 ou 14) est habituellement affecté par défaut à la carte d'adaptation elle-même. Tout le reste est disponible, y compris donc pour votre scanner. Pour plus d'informations sur les réservations effectuées par le fabricant, reportez-vous au manuel de votre carte.

La Figure 4.7 illustre une chaîne SCSI typique, avec trois valeurs d'identification uniques. Pas de problème ici.

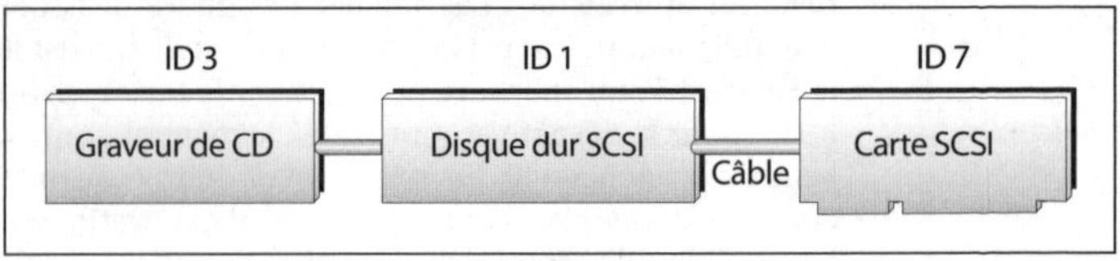

Figure 4.7 : Chaîne SCSI simple avec trois ID différents.

Si la configuration par défaut correspond déjà à ce schéma, il y a de la fête dans l'air. Sinon, vous allez devoir ajuster vos identificateurs jusqu'à ce qu'ils soient tous différents. Evitez si possible de toucher quoi que ce soit sur la carte elle-même (ce qui vous obligerait sans doute à exécuter un logiciel de configuration spécifique).

Je dois à la vérité de dire que de nombreux adaptateurs SCSI peuvent définir automatiquement leur propre identificateur. Si vous êtes dans ce cas et si votre scanner prend en charge cette fonctionnalité, laissez faire le matériel ! Cette autoconfiguration devrait être signalée dans vos manuels par la présence du sigle SCAM (pour SCSI Configured Automatically).

Dans le pire des cas, deux méthodes peuvent s'offrir à vous pour définir le numéro d'ordre d'un périphérique :

- **Tourner la roue.** La plupart des périphériques externes proposent une petite roue que vous devez tourner pour faire apparaître le chiffre voulu (voir la Figure 4.8). Cette roue peut aussi être remplacée par un bouton-poussoir qui fait avancer le numéro.

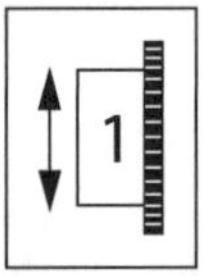

Figure 4.8 : N'oubliez pas l'innocente petite roue.

- **Déplacer le cavalier.** Si votre dispositif SCSI ne propose qu'un cavalier pour définir l'ID de l'appareil, insérez-le au bon emplacement (celui qui est décrit dans le manuel).

Installer la carte SCSI

Parfait ! Si vous me suivez toujours, cela signifie que vous êtes sorti indemne des pages précédentes. Vous êtes maintenant prêt à saisir le tournevis pour installer votre carte d'adaptation SCSI.

Vérifiez vos numéros d'identification et votre terminaison avant d'installer la carte ! Après, ce sera beaucoup plus difficile. Souvenez-vous du conseil : laissez l'identificateur de la carte à sa valeur par défaut.

Allons-y. Voici les étapes à suivre :

1. **Arrêtez l'ordinateur. Débranchez le câble d'alimentation.**

2. **Retirez le capot de l'ordinateur.**

   N'ayez pas honte de consulter le manuel de l'ordinateur pour savoir comment vous y prendre. Généralement, les boîtiers s'ouvrent par l'arrière. Il peut y avoir des vis à retirer (posez-les soigneusement sur le bureau), des poussoirs à enfoncer ou des boutons à tourner.

3. **Repérez un connecteur d'extension libre pour y installer votre carte.**

   Ces connecteurs (qui sont des fentes étroites que l'on appelle aussi *slots*) se trouvent au fond du boîtier, côté ouverture. La plupart des cartes-mères offrent une sélection de connecteurs dits PCI ou ISA. Les deux sont suffisamment différents pour qu'on ne les confonde pas. N'importe quel connecteur du type voulu fera l'affaire.

4. **Touchez la surface métallique du châssis de l'ordinateur avant de prendre la carte en main.**

   Cette étape vous permet d'éliminer de votre corps l'électricité statique qui pourrait détruire la carte. Pire que l'épée de Dark Vador !

5. **Retirez la vis qui se trouve au bout du connecteur choisi, ainsi que le cache métallique correspondant (voir la Figure 4.9).**

6. **Prenez la carte (dans le bon sens). Alignez-la avec la fente du connecteur, comme sur la Figure 4.10.**

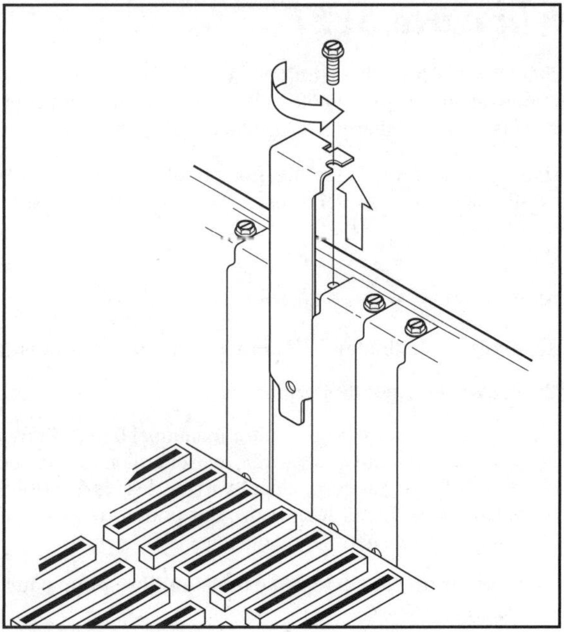

Figure 4.9 : Retirer le cache d'un connecteur.

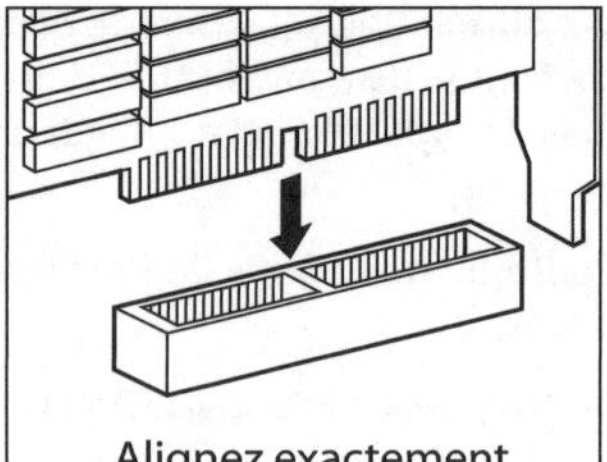

Figure 4.10 : Il faut aligner exactement le côté mâle et la partie femelle.

Le connecteur externe devrait être visible sur l'arrière de l'ordinateur, comme sur la Figure 4.11.

7. **Appuyez délicatement mais fermement sur le haut de la carte et poussez-la dans le connecteur jusqu'à la butée.**

   En appliquant si nécessaire de tous petits mouvement de la main, l'insertion devrait se faire en quelques instants.

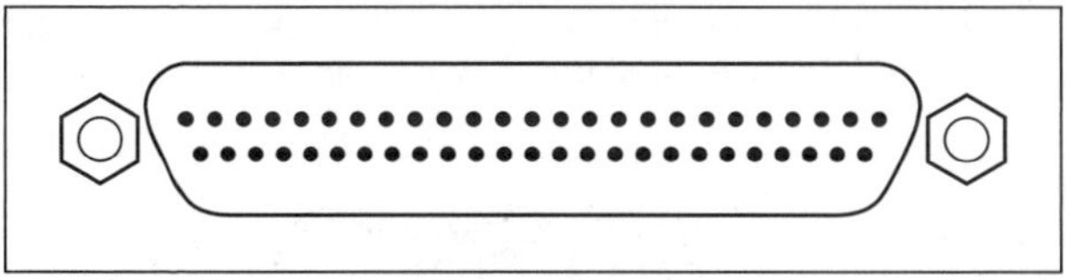

Figure 4.11 : Salut, je suis le port SCSI externe.

8. **Remettez la vis ôtée lors de l'étape 5. Ajustez-la solidement.**
9. **Si vous avez des périphériques SCSI internes, branchez le câble du dispositif qui vient en premier dans la chaîne sur le connecteur adéquat de la carte. Où est donc ce connecteur ? C'est écrit dans le manuel !**
10. **Remettez en place le capot de l'ordinateur. Vissez ou boulonnez selon le cas. Bravo : vous venez de passer votre premier dan.**
11. **Rebranchez le cordon d'alimentation. Mettez l'ordinateur en marche.**
12. **Consultez le manuel de votre carte. Il doit vous expliquer comment installer le pilote de l'adaptateur SCSI.**

La brochure devrait également proposer une procédure de test qui vous aidera à déterminer si l'adaptateur fonctionne normalement.

Connecter votre scanner SCSI

Votre carte adaptateur est en place. Elle ronronne de plaisir (enfin, c'est une façon de dire). Vous êtes prêt à connecter votre scanner SCSI. L'idéal serait de fixer cet instant historique sur la pellicule (éventuellement numérique) :

1. ***Vérifiez tout d'abord que votre terminaison et que l'identificateur SCSI sont correctement configurés (voir plus haut) !***
2. **Localisez le port SCSI, à l'arrière de la carte.**

   Vous avez déjà un périphérique SCSI externe ? Si oui, branchez le scanner sur la sortie SCSI du dernier maillon de la chaîne. Sans oubliez de désactiver la terminaison de cet appareil, puisqu'il va gagner un rang dans la file.

3. **Remarquez que le connecteur a un sens (il y a toujours un côté plus long). Alignez-le sur le port. Enfoncez !**

4. **N'oubliez pas de clipser les petites pattes de fixation pour maintenir solidement le tout (voir la Figure 4.12).**

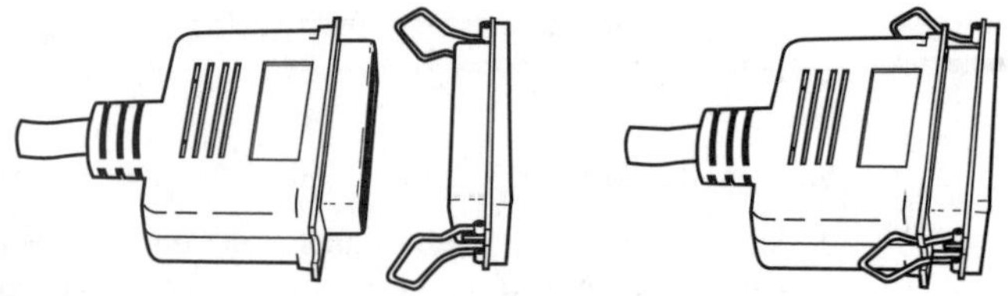

Figure 4.12 : Comment brancher un connecteur SCSI externe.

5. **Il ne vous reste plus qu'à branchez le câble d'alimentation du scanner et à allumez celui-ci. C'est parti !**

Désolé... Cela ne marche pas !

Comment savoir si votre scanner fonctionne comme il faut ? Pour répondre à cette question, il vous faudra peut-être attendre la fin du prochain chapitre (une fois votre logiciel de retouche d'images installé). Mais, à ce stade, l'appareil devrait au moins être reconnu et donc apparaître dans la liste des appareils SCSI (soit au démarrage de l'ordinateur, soit par le programme utilitaire mentionné ci-dessus).

Si les difficultés persistent, cependant, voici quelques conseils destinés à vous aider :

- **T comme terminaison.** Je sais, c'est lassant. Mais vérifiez une nouvelle fois vos terminaisons sur les appareils qui se trouvent à chaque bout de la chaîne (interne et externe). Pas de terminaison entre les deux !
- **Vraiment branché ?** C'est idiot, sans doute, mais qui n'a pas oublié au moins une fois de brancher un appareil ? Soyez franc.
- **ID unique ?** Répétons-nous : chaque appareil d'une chaîne SCSI doit posséder un identificateur unique. Rien qu'un petit chiffre à soi tout seul.
- **Et les pilotes ?** Vous avez peut-être oublié d'installer un pilote ou un programme complémentaire. Relisez votre manuel. Réinstallez le logiciel qui vous a été fourni. C'est peut-être suffisant.

Et si tout cela ne suffit pas, il ne vous reste plus qu'à retourner voir votre vendeur, appeler le support technique du constructeur (ou plutôt de l'importateur), consulter la FAQ de son site, ou mieux encore inviter un technogourou pour vous sortir de l'ornière.

Chapitre 5

Installation, dernière station

Dans ce chapitre :

- Installer le logiciel du scanner.
- Installer un éditeur d'images.
- L'espace de la liberté.
- Ajouter une imprimante.
- Tester le scanner.

Vous avez installé et branché votre scanner, ajouté les pilotes indispensables, mais votre travail n'est pas terminé.

- Sans logiciel adapté, vous ne pouvez pas capturer ni éditer d'images.
- Vous pouvez également avoir besoin de plus de place sur le disque, voire de matériel supplémentaire.
- Promis, je vais aussi vous aider à tester votre installation pour vous assurer que tout fonctionne normalement.

Si vous avez suivi les instructions des Chapitres 3 et/ou 4, vous êtes paré pour le dernier étage de la fusée installation. Encore un peu de courage.

Installer le logiciel du scanner

Bien des constructeurs combinent l'installation des pilotes et du logiciel du scanner. Si tel est votre cas, vous pouvez probablement sauter cette section.

Sinon, voyons comment se déroule une installation typique (qui, après tout, est à peu de choses près la même pour tous les logiciels).

Un logiciel qui fonctionne comme sur des roulettes sous Windows 98 (par exemple) peut être totalement incompatible avec Windows NT, 2000 ou XP (sans même parler de Linux). Dans ce cas, vous devez immédiatement rechercher une version adaptée à votre système d'exploitation, soit sur le site du constructeur, soit auprès de votre revendeur. Situation typique : le logiciel est conçu pour Windows 98, vous décidez de passer à Windows XP et constatez avec effroi que le fabricant n'assure pas le suivi de ce matériel et ne propose rien pour XP !

Windows XP est non seulement capable de reconnaître la plupart des scanners récents, mais en plus il contient son propre logiciel de numérisation. Celui-ci est tout de même un peu minimaliste (puisqu'il n'utilise pas les fonctionnalités spécifiques à chaque modèle). C'est donc surtout une solution de dépannage si vous vous retrouvez dans la situation précédente.

Vérifiez d'abord que le scanner est allumé. Procédez alors de la façon suivante (depuis le temps, vous savez parfaitement qu'une installation se résume à quelques choix et à quelques clics sur le célèbre bouton Suivant) :

1. **Chargez le CD-ROM fourni avec le scanner dans votre lecteur. Merci à la fonction d'exécution automatique !**

2. **Si le module d'installation le propose, choisissez la langue voulue (le français, c'est bien). Certains programmes sont assez malins pour trouver seuls la bonne réponse.**

3. **Si nécessaire, sélectionnez une interface pour le scanner (parallèle, SCSI, etc.). En fait, vous n'avez généralement même pas besoin de vous soucier de cela avec des appareils USB ou FireWire.**

4. **Indiquez dans quel dossier le logiciel doit être installé. Petit conseil : ne changez rien. Le dossier proposé par défaut est en principe le mieux adapté.**

5. **Le programme peut vous proposer de détecter votre scanner (ce qui est toujours utile) et d'effectuer un test (nous y reviendrons plus loin).**

6. **C'est tout ! Patientez un peu et cliquez sur Terminer pour revenir au système d'exploitation (et éventuellement relancer l'ordinateur).**

L'éditeur graphique entre en scène

Allumez les projecteurs : voici l'éditeur graphique, celui qui va vous faire entrer dans la sphère artistique. Dans ce domaine, les logiciels ne manquent pas. Je prends ici comme exemple type Adobe Photoshop Elements 2.0 (mais nous verrons d'autres éditeurs en apprenant à travailler avec les images).

TRUC

Avant toute installation, commencez par fermer les programmes que vous avez ouverts. Sinon, vous risquez de perdre des données.

1. **Chargez le CD-ROM d'Adobe Photoshop Elements.**

   Grâce à la fonction d'exécution automatique, le programme d'installation devrait démarrer tout seul. Deux ou trois clics sur le bouton Suivant vous conduisent au menu illustré sur la Figure 5.1.

Figure 5.1 : L'écran d'accueil de Adobe Photoshop Elements.

2. **Cliquez sur le bon bouton, puis une paire de fois sur Suivant ou sur Accepter.**

   Sélectionnez la langue voulue. N'oubliez pas de lire le contenu de la licence d'utilisation. Elle vous indique généralement que le logiciel va s'autodétruire dans les cinq secondes si vous ne respectez pas quelque chose.

3. **Moment angoissant : celui où vous devez entrer votre nom et votre numéro de série (le truc de 20 cm de long imprimé sur le boîtier du CD-ROM). Malheur aux apprentis pirates !**

4. **Ouf, ça passe !**

   Choisissez maintenant le dossier pour l'installation. Je vous recommande de ne rien changer. Vous apprécierez si vous devez réinstaller ou mettre à jour le programme (et parfois pour éviter des soucis avec certains réglages).

5. **Indiquez en même temps si vous souhaitez une installation standard ou personnalisée (dans ce cas, c'est à vous d'indiquer les "morceaux" du logiciel à copier).**

   Personnellement, je préfère laisser le programme se débrouiller. Si vous optez pour le mode personnalisé, vous risquez de vous apercevoir que vous aurez besoin de tout, aujourd'hui ou plus tard (voir la Figure 5.2).

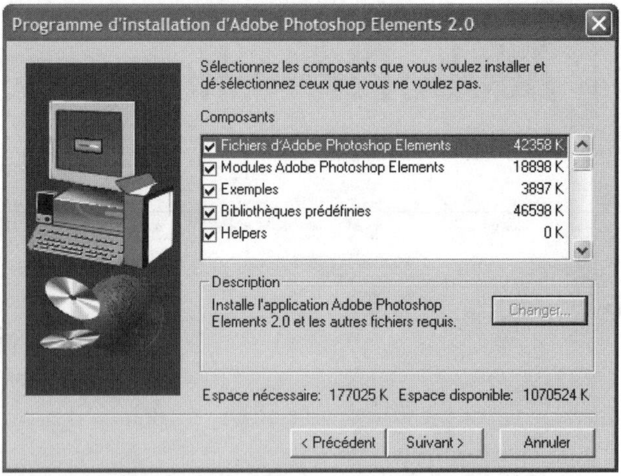

Figure 5.2 : Evidemment, vous voulez la collection complète.

6. **Encore un clic ou deux sur Suivant (ou sur Précédent si vous voulez revenir à arrière) et la copie commence.**

   Quelques instants de patience et la dernière fenêtre apparaît.

A ce stade, l'installation propose souvent la consultation d'un fichier LISEZ.MOI (lecture recommandée), le lancement immédiat du programme, voire le redémarrage de l'ordinateur (suggestion à accepter).

Votre éditeur graphique est installé. Mais un peu de patience encore : il vous reste du travail à faire.

N'hésitez pas à explorer vos CD-ROM de logiciels. Il y a souvent des "bonus" qui ne sont pas proposés dans le menu d'installation.

Pas assez de place, mon fils ?

Les technogourous ont l'habitude de dire que plus d'espace sur le disque dur, ce n'est jamais assez. Rassurez-vous : vous n'avez pas besoin d'un disque RAID de 500 Go, même si Bill Gates vous dit le contraire (là, je plaisante).

Suffisamment, c'est combien ? Dans cette section, je vais vous aider à répondre à cette question si cruciale (quand on sait à quelle vitesse peut se remplir un disque dur mal maîtrisé).

Question 1 : C'est comment chez vous ?

Il se peut que l'espace disponible sur votre disque dur actuel suffise à vos besoins, même après ajout d'un scanner. Le Tableau 5.1 révèle des informations en provenance de mon arsenal secret.

Tableau 5.1 : Ce qu'il vous faut de mémoire.

Utilisation	Volume	Espace libre à prévoir
Légère	2 ou 3 images par semaine	100 Mo
Moyenne	2 images par jour	500 Mo
Lourde	5 images par jour	1 Go
Intense	10 images par jour	2 Go

Tous les systèmes d'exploitation modernes offrent une fonction vous indiquant l'espace libre restant sur un disque. Vous cliquez sur l'icône de l'unité (sous Windows dans le Poste de travail) et vous utilisez la bonne combinaison de touches pour afficher l'information (Ctrl-Entrée sous Windows, Commande-I sous Mac OS 9). La Figure 5.3 illustre la réponse fournie par Windows XP Pro.

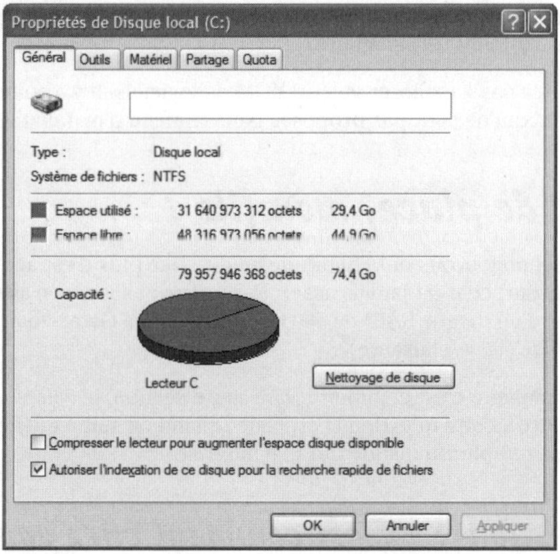

Figure 5.3 : Combien d'espace libre sur ce disque ?

Vous êtes rassuré ? Votre disque dur ne va pas saturer dimanche prochain ? Vous n'avez donc pas besoin de rajouter quelque chose. Du moins pour l'instant. Mais cela ne doit pas vous dispenser de sauvegarder vos images, de supprimer régulièrement les fichiers devenus inutiles, de défragmenter épisodiquement votre disque dur, etc. Et n'oubliez pas : transmettre des images sur CD-ROM n'est pas bien difficile, mais envoyer son disque dur en Chronopost est une idée totalement déraisonnable !

Question 2 : Toujours sur la route ?

Est-ce que vous vous promenez avec votre ordinateur portable ? Avez-vous besoin de transporter vos images avec vous ? Dans ce cas, posséder un lecteur Zip portable, un graveur de CD-RW ou encore un disque dur sur port USB est plus une nécessité qu'un luxe. Voici pourquoi.

- **Petit n'est pas grand.** Même si les derniers modèles de portables embarquent des disques durs de grande capacité, ce n'est pas toujours le cas (surtout sur les modèles un peu anciens). Si vous avez installé Windows, MS Office, plus toutes sortes d'applications et de fichiers professionnels, il est possible que vous manquiez de place pour le logiciel du scanner plus quelques images en haute résolution.

- **Amovible, c'est bien.** Un disque portatif utilisant des supports amovibles (Zip, CD-RW, etc.) est parfait pour transporter vos images en déplacement. Un maximum d'espace pour un minimum de volume.
- **Protéger, c'est encore mieux.** Enregistrer vos images sur un CD-RW, c'est aussi les protéger des risques d'un long voyage (et le moyen de gagner 700 Mo sur le disque dur portable). Tant que vous prenez des mesures de protection contre la chaleur et les rayures, vos CD-RW résisteront aux valises mal rangées et au magnétisme.

Trois méthodes pour augmenter l'espace

Si vous avez besoin de plus de place (ou si vous faites simplement le choix de la sécurité et de la facilité), diverses solutions s'offrent à vous.

- **CD-RW.** Au prix actuel des graveurs et des disques vierges, je pense qu'il n'y a même pas à réfléchir. Vous disposez de 700 Mo par disque et vous pouvez même graver des CD audio à écouter en voiture. Il existe de nombreux modèles, aussi bien internes qu'externes, dans toutes les configurations possibles (USB, FireWire, parallèle, IDE, SCSI, etc.). En attendant la généralisation des graveurs de DVD.
- **Zip.** Il y a le Zip de Iomega (le plus connu) et d'autres systèmes du même genre. La capacité typique est de 100 ou 250 Mo. La cartouche employée n'est guère plus grosse qu'une disquette, mais l'écriture comme la lecture sont plus rapides et la fiabilité est au rendez-vous. Là encore, ce type de lecteur existe dans toutes les configurations possibles.
- **Disque dur.** Tout le monde aime avoir un second disque dur (ou un disque de très grande capacité). Internes ou externes, ils peuvent être IDE, SCSI, USB ou FireWire et les prix bas actuels encouragent à opter pour cette solution. A noter : il existe d'amusants disques durs offrant quelques dizaines de Mo et qui se présentent sous la forme d'un stylo à brancher sur un port USB.

Imprimante, ma belle imprimante

C'est vrai. Un scanner n'a pas vraiment besoin d'une imprimante pour fonctionner. Et vous pouvez faire votre jogging sans survêtement.

Soyons franc : si vous n'avez pas encore d'imprimante, vous y passerez un jour ou l'autre. Pourquoi ne pas prendre comme prétexte votre nouveau scanner ?

Dans cette section, je vais vous expliquer ce qu'il faut rechercher comme type d'imprimante si vous voulez sortir des copies de vos images numériques en qualité photo. Et pour en savoir plus, regardez dans le catalogue de mon éditeur !

Ce sera une jet d'encre (ou alors, vous êtes vraiment riche)

Pourquoi ce titre ? Parce qu'il existe essentiellement deux types d'imprimantes à prix raisonnable : *à jet d'encre* (avec la couleur et le noir et blanc) et *laser* (en noir et blanc uniquement). Si vous êtes à la tête d'une petite fortune, une imprimante laser couleur semble bien tentante. Mais pourquoi dépenser (beaucoup) plus alors que le jet d'encre offre aujourd'hui une qualité équivalente (voire meilleure) ?

Résumons-nous : pas de sigle incompréhensible, pas d'exception, pas décision à prendre ! Pour la plupart des gens normaux, comme vous et moi, le jet d'encre s'impose. Reste à se pencher sur quelques considérations un peu plus techniques pour faire le bon choix.

Les fonctionnalités à regarder

Avant d'offrir une imprimante à jet d'encre à votre nouveau scanner, vous devez vous intéresser à quelques caractéristiques importantes.

- **La résolution.** C'est reparti ! Exactement comme pour votre scanner, une résolution élevée (en pratique supérieure à celle des images numérisées) donnera de meilleurs résultats sur le papier. Le minimum (et d'ailleurs l'actuel bas de gamme) se situe autour de 720 dpi (points par pouce). Rajoutez quelques petites centaines d'euros, et vous aurez un modèle offrant une résolution de 2400x1200 dpi.

- **La vitesse.** Personne n'aime attendre de longues minutes sans rien faire. Une vitesse de huit pages par minute en couleur est un atout à ne pas négliger.

- **L'interface.** J'ai déjà discuté en détail des ports USB et parallèle. N'y revenons pas. Personnellement, j'utilise depuis un bout de temps une imprimante USB (encore un bon conseil). Le Chapitre 2 traite du chaînage de périphériques sur le port parallèle. Evitez les angoisses : vivez USB !

- **Les cartouches.** Pour des résultats de qualité (et pour la commodité), choisissez une imprimante dans laquelle les cartouches pour le noir et la couleur sont séparées. Et n'oubliez pas : avec les imprimantes à jet d'encre actuelles, c'est l'encre qui finit par coûter le plus cher !
- **Le papier.** Pour imprimer des photos, achetez du papier adapté. Sur un 80 grammes ordinaire, véritable buvard, le résultat peut être épouvantable !

On teste le tout

Si vous avez installé tous les programmes qui accompagnent le scanner, vous avez peut-être déjà testé celui-ci avec succès (aussi bien sur le plan logiciel que matériel). Dans ce qui suit, nous allons nous contenter du module de numérisation de Windows XP (minimum d'options, minimum de travail pour ce test). Mais la procédure est comparable quelle que soit la configuration.

1. **Allumez votre scanner.**

   Un scanner USB peut s'allumer à tout moment. Un modèle sur port parallèle doit être opérationnel avant de mettre l'ordinateur en marche. Sinon, il ne sera pas reconnu.

2. **Placez le document à numériser.**

   Avec un modèle à plat, il suffit de soulever le couvercle, de poser l'original face contre la vitre, bien calé dans son coin (attention aux traces de doigts !). Refermez alors le couvercle. Avec un scanner à défilement, vous devez insérer la feuille dans le tracteur jusqu'à ce qu'elle soit entraînée légèrement par le moteur.

3. **Lancez le logiciel de contrôle du scanner.**

   Ici, nous allons faire un double clic sur l'icône d'Adobe Photoshop Elements et attendre quelques instants que le programme se charge.

4. **Choisissez votre source TWAIN.**

   Sous Photoshop Elements, ouvrez le menu Fichier et choisissez l'option Importation, puis Extension WIA (c'est pareil que

TWAIN). Sélectionnez le dispositif de capture (un seul est proposé sur la Figure 5.4).

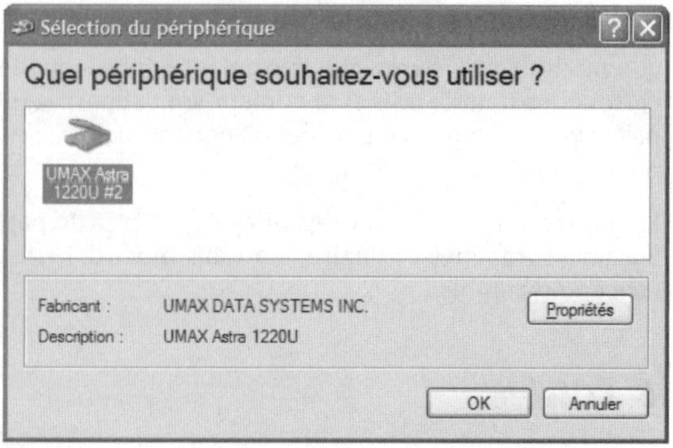

Figure 5.4 : Comme un artiste devant une toile blanche.

Certains logiciels procèdent en deux temps : une option pour choisir la source, une autre pour lancer l'acquisition. Rien de bien différent sur le fond.

5. **Validez.**

   Si cela ne se fait pas automatiquement, cliquez sur le bouton Aperçu. En cas d'allumage récent, vous devrez attendre quelques instants la fin du "préchauffage". Une série de cliquetis et de bourdonnements doit suivre. Ne paniquez pas : vous n'avez pas réveillé un nid de guêpes et vous ne courez aucun danger ! Quand toutes les guêpes sont parties (pardon, je veux dire quand l'aperçu est visible), votre image devrait apparaître en petit format (comme l'illustre la Figure 5.5).

6. **Effectuez les réglages nécessaires.**

   Ceux-ci peuvent être plus ou moins sophistiqués selon le logiciel, mais en l'occurrence il nous suffit de savoir que la photographie est en couleur. Faites aussi confiance à votre éditeur graphique !

7. **En faisant glisser avec la souris les poignées ou le cadre en pointillé qui est affiché autour de l'aperçu, choisissez la portion exacte de l'image à numériser.**

   Il est inutile de gaspiller la mémoire ! Et, surtout, la présence d'une bordure blanche (par exemple) modifie l'équilibre général des couleurs, ce qui peut fausser en partie le résultat.

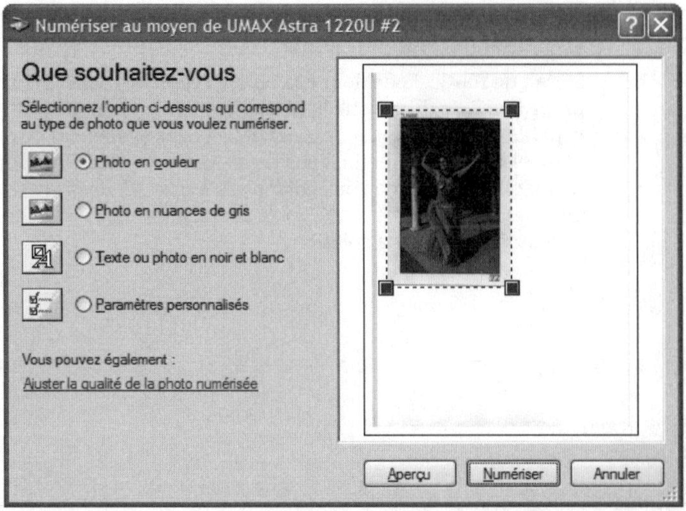

Figure 5.5 : Vous voyez la vignette dans la fenêtre d'aperçu ? Si oui, tout va bien.

8. **Il ne vous reste plus qu'à cliquer sur le bouton Numériser (ou son équivalent) pour transférer l'image dans l'éditeur.**

   Pour ce test, vous pouvez tout annuler si vous avez suivi la procédure et que la vignette apparaît bien dans la fenêtre d'aperçu. A priori, votre scanner fonctionne normalement. Quittez l'éditeur graphique pour revenir à votre bureau.

Si vous n'obtenez pas le résultat espéré, les raisons peuvent en être diverses :

- **Les câbles.** Vérifiez vos branchements, en particulier entre le scanner et l'ordinateur.
- **L'ordinateur.** Si vous avez un scanner sur port parallèle, il doit être allumé avant de mettre l'ordinateur en marche.
- **La tête du scanner.** Quand vous avez déballé votre scanner, avez-vous pensé à retirer le mécanisme qui verrouille la tête pour le transport ?
- **La source TWAIN.** Vous devez choisir une source TWAIN pour que le logiciel retrouve le scanner.
- **Le clic de l'aperçu.** Si votre scanner a fait du bruit en cliquant sur le bouton d'aperçu, le pilote fonctionne vraisemblablement.

Le logiciel devrait donc faire de même. Essayez de désinstaller, puis de réinstaller ce logiciel (ou essayez un autre programme).

Si rien de tout cela ne donne la bonne réponse, essayez d'exécuter le programme de diagnostic livré avec votre scanner. Il serait peut-être capable de vous donner l'explication. Voyez également ce qu'en dit le manuel. Et, bien entendu, vous devez pouvoir joindre un support technique capable de vous guider pas à pas... Pensez aussi au site Internet du constructeur. Si votre problème a déjà été référencé, vous risquez d'y trouver la solution.

Troisième partie

La numérisation à la portée de tous

"Et si on passait une photo de nous dans un filtre déformant pour se faire une tête bizarre ! "

Dans cette partie...

Vous allez découvrir ici toutes les techniques de base de la numérisation, celles qui vous serviront chaque fois que vous allumerez votre scanner. Nous verrons aussi comment passer au scanner différents types de documents ou d'objets et comment configurer au mieux votre logiciel de capture. Le tout accompagné d'une formation de base sur l'utilisation d'un éditeur graphique.

Chapitre 6

Les bases de la numérisation

Dans ce chapitre :

- Préparer le scanner.
- Aligner l'original.
- Configurer les réglages.
- L'aperçu avant numérisation.
- Sélectionner la zone à numériser.
- Un bouton pour tout faire.

Dans votre quête d'excellence, vous avez franchi avec succès le cap de l'achat et de l'installation. La vie est belle. Faites une pause, remplissez votre verre et adressez-vous vos plus vives félicitations. Mais attendez ! Je me disais bien qu'on avait oublié quelque chose : vous n'avez encore *rien* numérisé avec votre scanner !

Réparons cet oubli. Vous allez apprendre dans ce chapitre les rudiments dont vous avez besoin pour avancer. Laissons de côté dans l'immédiat les histoires de configuration (d'ailleurs, les valeurs par défaut sont prévues pour donner satisfaction dans la plupart des situations). Contentez-vous des réglages par défaut. Nous attendrons le Chapitre 7 pour plonger dans des eaux plus profondes.

N'y touchez pas encore

Bien sûr, vous avez envie d'aller vite. Mais ne pas respecter les quatre recommandations qui suivent pourrait conduire à bien des déceptions. Même si vous ne faites pas tout ce travail de préparation chaque fois que vous utilisez votre scanner, vous devez le connaître et savoir suivre ces règles.

Nettoyez la vitre

En premier lieu et par-dessus tout : la poussière, les saletés et les traces de doigt n'ajoutent aucun effet artistique à votre images !

Ce n'est pas un vrai problème avec un scanner à plat, meme si une couche de crasse accumulée peut provoquer des défauts tels que même le meilleur éditeur graphique capitulera. Plus vous demandez une résolution élevée et plus un verre sale dégrade l'image finale.

Je vous conseille donc de nettoyer la vitre du scanner tous les cinq ou six passages, en respectant les consignes suivantes :

- **Ne touchez pas la vitre.** Vous pouvez facilement poser et même retirer une feuille de papier sans poser de doigt sur la vitre du scanner. C'est parfois un peu plus délicat avec une photographie ou une carte (ne parlons même pas de la numérisation de vos empreintes digitales !). Et si quelques traces finissent par apparaître, c'est réparable.
- **Laissez le couvercle fermé.** Le meilleur moyen de lutter contre la saleté, c'est de laisser le couvercle du scanner fermé (sauf pour introduire un document, bien entendu). Pratiquement tous les scanners ont une protection sous le capot qui protège des poussières et des doigts malhabiles.
- **Rejetez tout ce qui est abrasif.** Je vous le dit par expérience. J'ai déjà vu ce qui se passe quand on nettoie son scanner (y compris à l'intérieur) avec un produit du commerce de mauvaise qualité (inutile de me menacer, je ne citerai pas de nom). Conséquence : de fines rayures, certaines de la taille d'un cheveu, qui ne pardonnent pas, même avec une résolution moyenne. Conclusion : il vaut mieux dans ce cas acheter un nouveau scanner. Il y a vitre et vitre et celle du scanner est tout de même bien plus sensible que celle de la cuisine.
- **Faites comme pour vos lunettes.** Vous vous demandez maintenant avec quoi nettoyer la vitre de votre scanner. Bonne question. Je vous conseille d'employer la même méthode que pour vos lunettes, vos objectifs photographiques ou votre écran d'ordinateur : chiffon doux, genre peau de chamois. Il faut que ce soit un produit antistatique, pour faire fuir la poussière de la surface vitrée.

- **Pas de nettoyage en cercle.** Nettoyez la vitre en ligne droite, de bord à bord. C'est ce qu'illustre la Figure 6.1. Les mouvements circulaires finissent par rayer le verre.

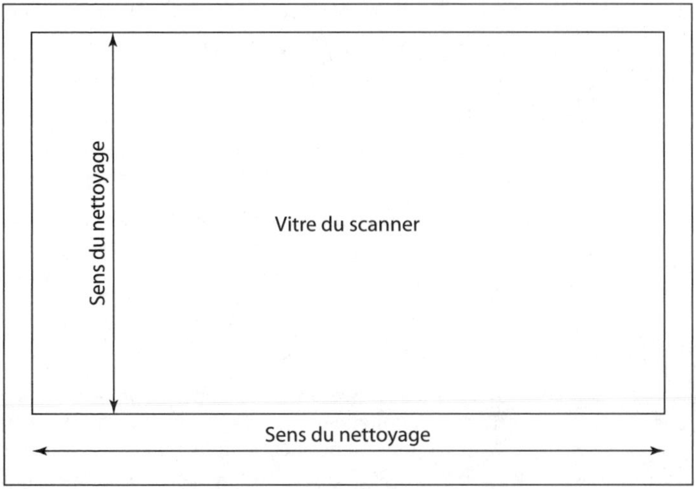

Figure 6.1 : La bonne façon de nettoyer une vitre.

ATTENTION !

Le matériel a beau être solide, un scanner n'est pas un pèse-personne. Faites preuve de bon sens ! N'appuyez pas comme un sauvage sur la vitre (est-ce que vous nettoyez vos vitres de cuisine à coups de marteau ?). Ne tentez pas non plus de numériser un objet qui pèse plus de quelques centaines de grammes. Si la vitre explose, vous êtes bon pour racheter un scanner et peut-être pour quelques points de suture.

Vérifiez l'original

Généralement, il est préférable de préparer l'original avant de le numériser. A de hautes résolutions, la plus petite imperfection sur la surface est amplifiée et vous risquez de ne pas vous en rendre compte avant de voir le résultat à l'écran (ce qui peut vous obliger à tout recommencer, épithètes choisies en prime). Pourquoi vous créer des problèmes inutiles ?

Voyons donc quelques conseils préalables à la numérisation d'un document :

- **Enlevez les agrafes.** D'abord, elles peuvent rayer la vitre du scanner. Avec un modèle à défilement, elles risquent de tomber dans le mécanisme ou de bloquer l'avance du papier. Enfin, elles ne sont pas faciles à retoucher dans l'image finale. Il est plus simple de reboucher deux petits trous (voir le Chapitre 11).
- **Défroissez.** En adoucissant une froissure ou une partie un peu pliée du document, vous éviterez de possibles distorsions.
- **Ajoutez un dos si nécessaire.** Si votre original est imprimé sur du papier translucide ou transparent, placez une feuille blanche au-dessus pour rendre les détails plus perceptibles.
- **Supprimez l'invisible.** Une feuille plastifiée, un ruban adhésif ou un masque translucide vous semblent transparents. Le scanner, lui, ne réagit pas du tout de la même façon. Il est suffisamment sensible pour percevoir le bord de l'adhésif, par ailleurs susceptible de provoquer des reflets indésirables. Ne commettez pas cette erreur classique !
- **Nettoyez les empreintes.** Les photographies attrapent les empreintes comme un chien saisit un os. Là encore, la sensibilité du scanner lui permet de détecter ce que vous ne voyez pas à l'œil nu. Passez un chiffon doux sur l'original avant de le numériser.

Pourquoi pas une pochette transparente ?

Si vous possédez un scanner à défilement, vous aurez besoin d'une pochette totalement transparente pour numériser de petits documents (une photographie, une carte de visite, etc.). Ce type d'emballage plastique doit être suffisamment souple pour conserver sa forme tout en passant à l'intérieur du mécanisme de défilement.

Sauf indication expresse du constructeur, n'essayez jamais de numériser un original de petit format dans un scanner à défilement sans le glisser dans une pochette protectrice. Vous risqueriez un blocage (ou même pire).

Faites de la place avant, pas après

Il n'y a pas que la vitre à nettoyer. Le disque qui va contenir vos images doit l'être également (bien entendu, pas avec le même produit !). Vérifiez *avant* de numériser que le disque sur lequel vous allez enregistrer votre travail contient suffisamment de place (qu'il s'agisse d'un disque dur, d'une cartouche Zip ou d'un CD-RW).

TRUC

Laissez à Windows un large espace pour qu'il puisse gérer sa mémoire virtuelle. Songez que tout ou presque transite par la mémoire pour accélérer les débits. Il n'est pas rare de voir un éditeur graphique planter pendant le calcul d'un effet sur une image haute résolution de 70 Mo, uniquement parce que la mémoire virtuelle est déjà pleine.

Quelle est la taille (ou plutôt le poids) d'une image ? Même si le logiciel de votre scanner est plus ou moins capable d'estimer cette information, rien ne vous garantit le résultat. Vous pouvez cependant contrôler divers paramètres pour éviter des images de 200 Mo et plus :

- **La résolution.** A 75 dpi, une page A4 peut occuper 10 Mo. Avec une résolution de 300 dpi, comptez plutôt 45 Mo. Vous comprenez mieux pourquoi je déconseille formellement l'usage de la résolution dite interpolée. Vous n'avez pas besoin de tous ces détails. Et essayez un peu de calculer la taille d'une image numérisée en 9600 dpi !
- **La région sélectionnée.** Nous verrons un peu plus loin comment numériser uniquement la partie de l'original qui vous intéresse. La règle est enfantine : toutes choses étant égales par ailleurs, deux fois plus grand veut dire quatre fois plus lourd. Gagnez du temps et de la place en scannant uniquement ce dont vous avez besoin.

Beaucoup de gens croient que numériser une feuille blanche donne un tout petit fichier. Il n'y a rien dessus, n'est-ce pas ? Mais, à moins d'utiliser un programme d'OCR, votre scanner se moque de ce qu'il numérise. Pour lui, c'est une image. Il passera beaucoup de temps à fabriquer un fichier de 20 Mo contenant simplement une vue de votre page blanche !

- **La profondeur de couleurs.** Si votre logiciel vous permet de choisir la profondeur de couleurs de votre image finale (et c'est le plus souvent le cas), vous pouvez réduire le volume du fichier en vous limitant à 8 ou 16 bits (au lieu de 24 ou 48). Mais vous vous souvenez qu'à moins de 24 bits, les couleurs sont moins bonnes à l'écran ou sur papier. Cette astuce ne vous servira donc pas souvent pour des photographies. En revanche, elle est importante si vous effectuez un travail pour le Web, ou encore avec un programme d'OCR.
- **Le format final.** Nous reviendrons sur les formats de fichiers d'images dans le Chapitre 10. Il suffit de dire ici que le format JPEG (ou JPG) est toujours le meilleur lorsque la place est essentielle.

- **L'échelle.** L'échelle appliquée à votre document détermine la taille de l'image finale. Nous allons y revenir.

Il est peut-être temps maintenant de faire de la place sur votre disque dur, par exemple en supprimant des applications dont vous ne vous servez plus, vos fichiers Internet temporaires, etc. Vous pouvez pour cela faire confiance à votre système d'exploitation ou acquérir un logiciel spécialisé. Le nettoyage manuel est à déconseiller très vivement si vous manquez d'expérience dans ce domaine.

Aligner l'original

Très bien. Allumez votre scanner et lancez le logiciel de capture d'images. Prêt ? Je vais vous montrer comment aligner le document original pour obtenir le meilleur résultat possible.

Si vous avez un scanner à plat

Le principe est le même qu'avec un photocopieur. L'un des coins de la vitre représente ce que j'appelle le "point 0" (on le repère facilement à l'aide de la réglette gravée dans le boîtier). Ajustez aussi précisément que possible l'un des angles du document ou de l'objet sur ce coin (comme l'illustre la Figure 6.2).

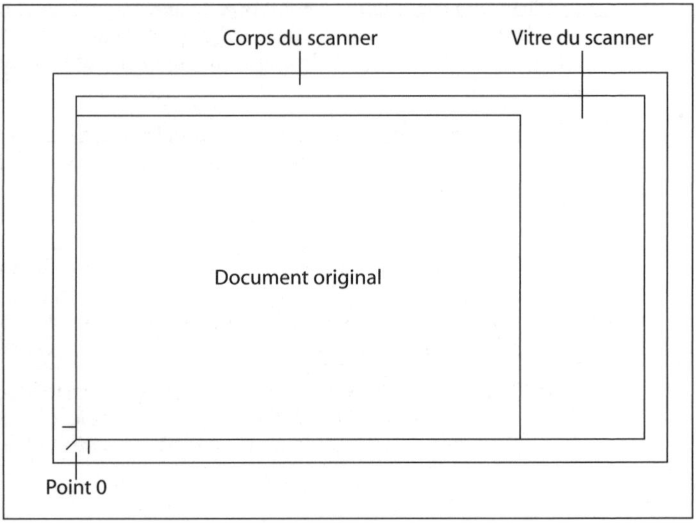

Figure 6.2 : Comment aligner un document sur un scanner à plat.

Si votre document déborde, l'heure des grandes décisions vient de sonner :

- Essayez de déplacer l'original pour que la partie que vous voulez numériser se trouve entièrement sur la vitre.
- Si l'original est plus grand que la taille autorisée par votre scanner, numérisez en plusieurs fois autant de parties qu'il le faut pour que tout le document soit couvert. Servez-vous ensuite de votre éditeur graphique pour joindre et "coller" ces différents morceaux. Mais je dois vous prévenir que cela ne donne pas toujours de bons résultats !

Refermez le couvercle soigneusement, en vous assurant que l'original ne bouge pas. De nombreux scanners ont un couvercle qui se "lève" pour recevoir des objets assez épais, comme des livres.

TRUC

Faut-il refermer le couvercle du scanner avant de numériser ? La réponse est nette : toujours. Sinon, vous obtiendrez des couleurs délavées, sans parler des problèmes de contraste et de luminosité. Même si l'original couvre complètement la vitre, refermez le couvercle. Que cela soit dit.

Si vous avez un scanner à défilement

Aligner correctement l'original avec un scanner à défilement n'est pas du tout le même problème. Naturellement, vous ne pouvez pas déborder de la surface autorisée, mais il est fréquent d'insérer l'original de façon incorrecte. Voici donc quelques conseils.

- **Orientez le document du bon côté.** Qui ne s'est pas fait avoir au moins une fois ? Tournez la feuille dans la direction voulue. Si nécessaire, vérifiez ce point dans le manuel du scanner.
- **C'est tout droit.** Evitez d'insérer votre document de biais, comme sur la Figure 6.3. Au mieux, la numérisation sera de mauvaise qualité. Au pire, la feuille se coincera avec des conséquences qui peuvent être désagréables (c'est pire qu'avec une imprimante). Comme le montre la Figure 6.4, l'original doit être dirigé en ligne droite, même si l'objet à numériser a une forme irrégulière.

N'oubliez pas que certains modèles imposent d'appuyer sur un bouton pour engager le document dans le rail. Cette remarque concerne en particulier les heureux propriétaires de machines multifonctions, capables d'imprimer, de copier, de scanner et de faxer. Votre manuel devrait tout vous expliquer à ce sujet.

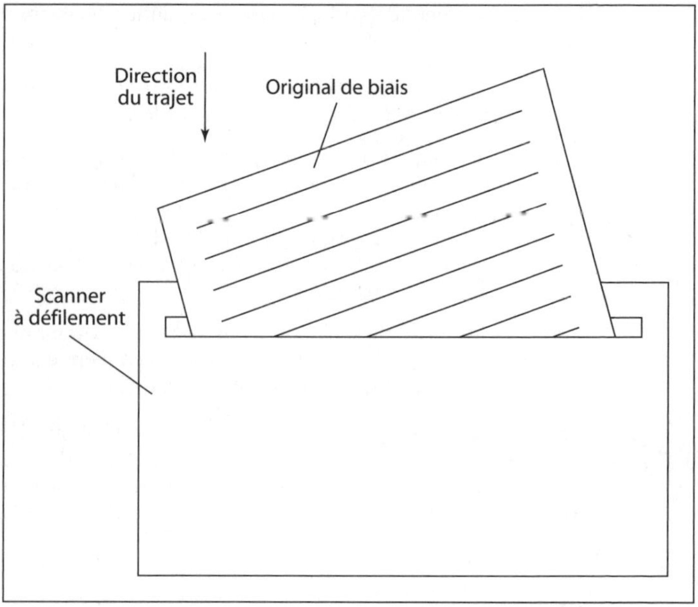

Figure 6.3 : Ne chargez jamais un document de biais dans un scanner à défilement.

Si vous avez autre chose

Vous utilisez un scanner de diapositives ou de négatifs ? L'avantage est que vos clichés ont toujours le même format. Il existe généralement un chariot ou un tiroir dans lequel on insère l'original. Faites simplement attention à ne pas placer votre négatif de biais !

A l'inverse, un scanner à main ou sous forme de stylo ne réclame aucun alignement. Il vous suffit de déplacer l'appareil sur la zone à numériser (pensez à utiliser une règle pour obtenir un mouvement bien rectiligne). Seul problème : bien repérer l'emplacement du dernier passage si vous voulez faire ensuite un montage. Opération par ailleurs très délicate et bien moins précise qu'avec un scanner à plat. Ce genre de matériel n'est de toute façon utile que pour les grands voyageurs pourvus d'ordinateurs portables.

TRUC

Si on vous a fait cadeau d'un de ces anciens scanners à défilement datant du dernier millénaire, je vous en supplie : jetez-le et offrez-vous un scanner à plat ! Qualité, quantité, fonctionnalités, tout y est au rabais. A moins d'être l'un de ces grands voyageurs informatisés...

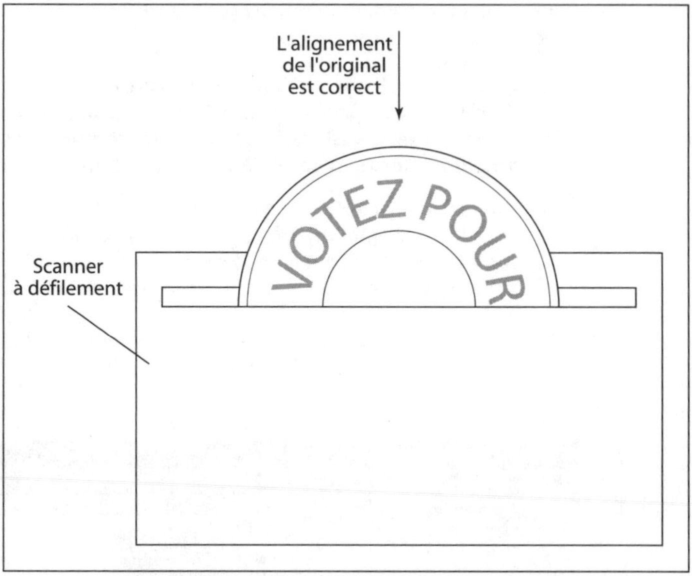

Figure 6.4 : Même un objet non rectangulaire peut convenir s'il est engagé correctement.

Choisir de bons réglages

Votre original est aligné. Le couvercle est refermé (si du moins vous en avez un). Il est donc temps de vous intéresser au côté logiciel de la question. Votre première tâche consiste à ajuster quelques réglages dans le programme de capture. Combien ? Cela dépend justement du logiciel. J'ai déjà indiqué que les valeurs par défaut étaient généralement suffisantes. Mais nous allons tout de même nous occuper des principaux paramètres, juste au cas où.

Que vous ayez un PC ou un Mac, la procédure est à peu près équivalente. De plus, votre propre logiciel peut être différent de ce qui est présenté ici. Un peu plus de ceci, un peu moins de cela... C'est à vérifier dans le système d'aide du programme.

TRUC

Si vous possédez un scanner avec un bouton à tout faire, la section "T'as vu, y'a un bouton !" est faite pour vous. Mais je vous suggère vivement de lire ce qui suit. Vous en aurez besoin le jour où vous voudrez passer à des modes plus avancés, manuels, d'utilisation du scanner.

Pour ma démonstration, j'ai choisi (au hasard) une photographie qui évoque le soleil et les vacances.

1. **Cliquez sur l'icône du logiciel de capture (sur le Bureau ou dans le menu Démarrer) pour lancer le programme. Vous pouvez aussi choisir la fonction d'importation de votre éditeur graphique (nous avons déjà vu comment procéder).**

   Ou bien le logiciel active tout de suite le scanner, auquel cas vous devriez entendre une succession de bourdonnements (ah, ces guêpes !). Ou bien vous devrez cliquer vous-même sur un bouton du style Aperçu ou encore Prévisualisation. La Figure 6.5 propose un exemple de logiciel de capture. L'interface n'est certes pas des plus modernes, mais les fonctionnalités sont très complètes, bien au-delà des besoins des êtres humains normaux que nous sommes.

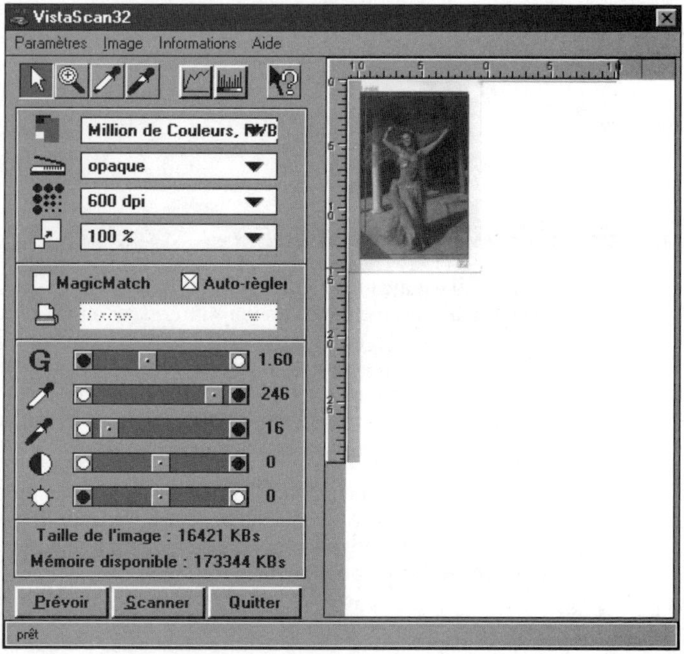

Figure 6.5 : Aperçu de la beauté dans le logiciel de capture.

   Certains logiciels sélectionnent pour vous une zone de numérisation. D'autres non. Nous allons y revenir un peu plus loin. Ce qui nous intéresse pour l'instant, ce sont surtout les quatre listes proposées en haut et à gauche de notre fenêtre exemple. Même si votre logiciel semble très différent, ce sont sur ces mêmes paramètres que vous allez jouer.

2. **Choisissez le type d'image à produire. En l'état, l'option peut s'appeler *Millions de couleurs*, *Photographie en couleurs*, *Original* ou quelque chose d'approchant.**

   Cette étape définit le type d'original à numériser. Et vous ne voulez ici ni image en noir et blanc, ni texte, mais une photo pleine de couleurs. Mais n'oubliez pas que le fichier d'image va prendre un tour de taille important. Nous laisserons de côté la seconde liste, qui nous propose un mode opaque ou transparent.

3. **Définissez maintenant la résolution de l'image.**

   Selon le scanner, la gamme des résolutions peut varier largement. Tenez-vous-en aux résolutions optiques. Dans le cas d'une photographie couleur, ne forcez pas cette valeur inutilement. Attention à la taille du fichier ! Pour cet essai, uniquement destiné à l'affichage, vous pourriez vous en tirer à 72 dpi (autrement dit, la résolution de votre écran).

4. **L'échelle détermine le format relatif de l'image numérisée par rapport à l'original.**

   Une valeur différente de 100 % produit un agrandissement ou une réduction. Autant garder la valeur par défaut, à moins de vouloir scanner un objet particulièrement petit.

Vous en savez assez, du moins pour débuter. Résumons-nous. Les réglages de base concernent :

- le type d'original à numériser ;
- la profondeur de couleur ;
- la partie sélectionnée sur l'image ;
- la résolution ;
- l'échelle de reproduction.

Vérifiez en même temps la taille de l'image qui va être produite. Cette information est importante et c'est pourquoi les logiciels de capture vous l'indiquent le plus souvent.

Laissons de côté tous les réglages plus subtils que votre logiciel de capture peut (éventuellement) vous proposer. Dès lors que la qualité de votre original est bonne, ils ne servent pas à grand-chose. Et nous y reviendrons de toute façon dans d'autres chapitres.

Beaucoup de logiciels ont un bouton servant à réinitialiser les valeurs par défaut. C'est bien pratique si vous avez trop joué avec les réglages et que vous voulez revenir au point de départ.

As-tu vu l'aperçu ?

La petite vignette qui vous montre l'original en réduction est appelée aperçu ou *prévisualisation*. Elle vous sert notamment à sélectionner la région à numériser. La plupart des logiciels de capture permettent de l'agrandir pour mieux contrôler vos réglages. Pourquoi par exemple passer l'intégralité d'une page au scanner alors que vous n'avez besoin que d'une partie ?

Quelle que soit la méthode proposée, elle revient à effectuer un zoom vers l'avant ou vers l'arrière en cliquant sur un bouton (une loupe sur notre exemple), puis sur l'image (un coup à gauche pour agrandir, un coup à droite pour réduire), ou encore en faisant défiler une glissière (vers le haut, vers le bas, etc.).

D'autres outils servent à repositionner l'image agrandie (des glissières, un curseur affichant une main, de classiques ascenseurs, etc.). La Figure 6.6 illustre cette technique. N'est-elle pas jolie, la dame, une fois agrandie et recentrée ? Est-ce que ce n'est pas plus facile pour choisir le sujet le plus intéressant à numériser ?

Un zoom avant peut toujours être suivi d'un zoom arrière. A défaut, il vous suffit de demander un nouvel aperçu pour revenir à la situation de départ.

Choisir la région à numériser

C'est quoi, ces pointillés animés, ces colonnes de fourmis en marche, qui entourent l'aperçu ? Il s'agit de la *boîte de sélection*. Elle sert à recadrer la région à numériser. Que logiciel vous propose ou non un contour par défaut, vous pouvez toujours sélectionner une nouvelle zone rectangulaire pour ne conserver que l'essentiel de l'image.

1. **Si nécessaire, quittez le mode zoom.**

   Cliquez dans la boîte de sélection et faites glisser (donc en gardant le doigt sur le bouton gauche de la souris) pour la

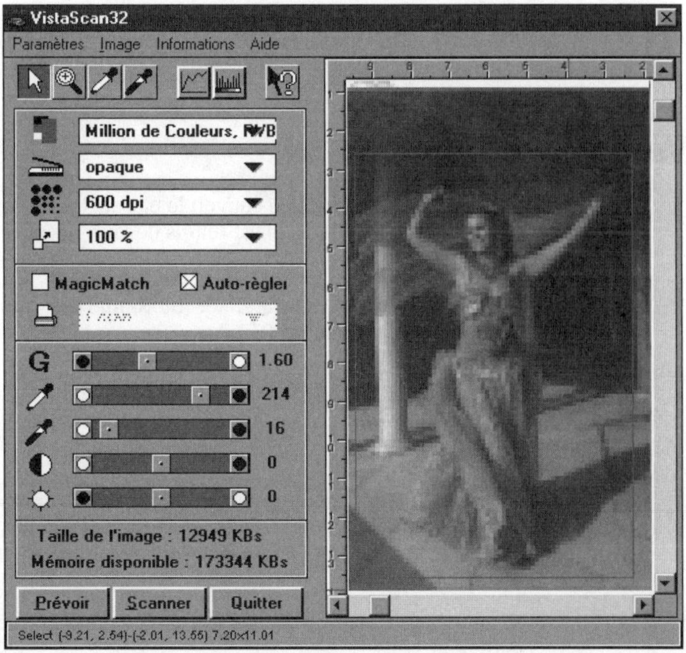

Figure 6.6 : Le zoom vous permet de travailler plus finement avec l'aperçu.

déplacer. Relâchez le bouton quand vous êtes satisfait. Si la boîte a déjà la taille souhaitée, c'est parfait.

TRUC

En mode *déplacement*, le pointeur de la souris prend généralement l'aspect d'une croix. Votre éditeur graphique utilise le même type de symbole (vraisemblablement).

2. **Pour changer les dimensions de la boîte, déplacez le pointeur sur une des colonnes de fourmis.**

   Cette fois, il doit prendre l'apparence d'une double-flèche vous indiquant les directions possibles. Ces flèches sont droites sur les côtés, inclinées dans les coins. En fait, c'est exactement la même chose que pour redimensionner une fenêtre sous Windows ou Mac OS. Cliquez et faites glisser dans la direction voulue. Relâchez le bouton quand vous avez terminé.

3. **La boîte ne vous convient pas ? Créez-en une nouvelle !**

   Déplacez le pointeur vers l'extérieur de la sélection courante. Cliquez, glissez, relâchez. Bienvenue aux nouvelles fourmis !

Bien entendu, tout ce que vous voulez dans la plupart des cas, c'est numériser *toute* votre image. Si le logiciel de capture fait bien son travail, il vous suffit de passer à la suite.

Numériser, enfin !

Reprenons. L'original est calé, le couvercle baissé, les réglages effectués, la sélection opérée... Il est temps de faire décoller la navette !

1. **Cliquez sur le bouton Numériser (ou Numériser vers, ou Scanner, ou simplement OK...).**

   Le logiciel de capture que vous utilisez peut (ou non) vous demander vers quoi il doit envoyer l'image : un fichier disque, la mémoire, l'éditeur graphique ? Prenons comme hypothèse la première solution.

2. **Répondez en naviguant vers un dossier de destination, puis en donnant un nom à votre image (avec notre exemple, Soleil_Nana n'est sans doute pas d'un goût parfait, mais c'est évocateur).**

   Ne tapez pas d'extension dans le nom. Laissez le programme le faire pour vous.

3. **Choisissez dans la liste le type de fichier, autrement dit le format graphique pour l'enregistrement.**

   Question délicate, certes. Pour cet essai, une photo uniquement destinée à l'affichage, le format JPEG (ou JPG) est parfait.

4. **Il ne vous reste plus qu'à cliquer sur enregistrer pour lancer la numérisation.**

   Patientez en regardant la barre de progression défiler.

Une fois l'original numérisé, vous pouvez refermer votre logiciel et admirer le résultat. Remarquez qu'avec Windows 98 (et plus) ou Mac OS 8 (et plus aussi), il n'est même pas utile d'ouvrir un éditeur graphique pour visualiser un fichier JPEG : un double clic sur le nom suffit à ouvrir un aperçu. Et comme mon exemple (celui qui est illustré sur la Figure 6.7) ne pèse que quelques dizaines de Ko, quoi de plus facile que de l'attacher à un message électronique pour l'envoyez à mon copain Fred en lui faisant croire qu'il s'agit de ma nouvelle amie !

Figure 6.7 : Elle ne pèse que quelques kilos !

TRUC

Si votre première tentative n'est pas parfaite, ne vous inquiétez pas. Souvenez-vous que ce chapitre décrit simplement les techniques de base de la numérisation ! Nous apprendrons plus tard à améliorer vos images et à traiter les problèmes (petits et grands). Votre ami et allié dans ce travail : l'éditeur graphique !

T'as vu, y'a un bouton !

Pour terminer ce chapitre, parlons un peu de scanner "à bouton". Par défaut, le mode est totalement automatique. Vous pouvez donc oublier à peu près tout ce qui vient d'être expliqué (si du moins vous l'avez lu). Le logiciel de capture associé à ce type de scanner s'occupe de tous les réglages, et souvent même de repérer ce qui doit être numérisé.

Comme il se doit, la procédure varie d'un constructeur à un autre. Mais la démarche est à peu près celle-ci :

1. **Chargez le document original. Appuyez sur le bouton du scanner.**
2. **Un programme se lance automatiquement à l'arrière-plan sous Windows ou Mac OS. Il charge le logiciel de contrôle du scanner.**
3. **Ce logiciel de contrôle crée un aperçu.**

Il choisit ses réglages et sélectionne ce qu'il considère comme les régions les plus intéressantes sur le document.

4. **A ce stade, soit le logiciel vous propose d'ajuster la boîte de sélection, soit, au comble du bonheur, il poursuit sa tâche sans vous solliciter (tout dépend de ce que le constructeur entend par "un bouton"). En fait, vous devez pouvoir configurer le comportement du logiciel *avant* de numériser.**

Lorsque la numérisation est terminée, cinq types d'action sont généralement possibles (tout dépend de votre configuration, de la façon d'appuyer sur le bouton, ou du bon vouloir du fabricant) :

- **Le programme vous propose d'enregistrer l'image sur le disque dur.** Nous avons vu cela dans la section précédente. Rien de neuf.
- **Le programme lance votre traitement de texte.** Cela signifie qu'il pense pouvoir créer un double presque parfait d'un document imprimé (images et texte). Avec cette option, le logiciel insère directement le résultat dans le traitement de texte ou l'application de mise page. Vous pouvez alors éditer et modifier le document comme si vous aviez fait tout le travail.
- **Le programme créée une copie.** Avec cette option, la version numérisée du document est envoyée droit vers l'imprimante sans intervention de votre part.
- **Le programme envoie un fax.** Cette procédure n'est pas totalement automatique, puisque vous devez tout de même spécifier au minimum le numéro de télécopie. Au fait, vous avez bien un modem ?
- **Le programme lance votre messagerie électronique.** Certains scanners ont un bouton pour les e-mails (et un autre pour les fax). L'image est automatiquement attachée à un message. Vous n'avez plus qu'à ajouter du texte, choisir le destinataire et c'est parti !

TRUC

Tout cela est parfait, à condition du moins que le logiciel vous en donne plus. Si vous n'arrivez pas à suivre les chapitres qui viennent tellement les programmes fournis avec votre scanner sont automatisés, vous devriez utiliser un autre outil de capture (Adobe Photoshop Elements ou un autre) pour les travaux un peu sophistiqués. Votre bouton sera toujours là en cas de besoin, mais cela vous permettra de découvrir des techniques plus évoluées !

Dans le Chapitre 7, vous allez apprendre que tous les originaux ne sont pas nés égaux. Il y a les dessins au trait, les gravures, les photographies en couleur ou en noir et blanc, les demi-teintes etc.

Chapitre 7

De la nature des documents

Dans ce chapitre :

- Comprendre les différences entre originaux.
- Numériser un dessin au trait.
- Numériser des photographies.
- Numériser des demi-teintes.
- Numériser des objets 3D.
- Numériser du texte.

Elargissons notre horizon pour atteindre des rivages plus évolués. Prêt pour une autre règle de l'art ? Allons-y : *tous les originaux ne sont pas égaux devant le scanner* (si Molière avait eu un scanner, il aurait certainement mis cette sentence dans la bouche du bourgeois gentilhomme.)

Cela signifie en clair que des documents de types différents réclament un traitement différent pour obtenir une image de même qualité. Prenons par exemple une photographie en couleur, un dessin au fusain et le logo de votre entreprise. Si vous conservez les mêmes réglages dans les trois situations, vous obtiendrez des résultats totalement différents, dont deux seront probablement de mauvaise qualité.

Dans le Chapitre 6, je vous ai recommandé de toujours examiner votre original. Je m'étais contenté de signaler la présence d'agrafes, de tâches, de poussières ou encore de rayures. Cette fois, nous allons nous intéresser à la nature même du support à numériser.

Où est la différence ?

Des originaux créés sur des médias différents ont des besoins différents. Les variations entre les uns et les autres peuvent être classées selon trois grands critères :

- **Les tons.** Tons, ombres, graduations... Appelez ça comme vous voulez. Certains originaux les ont (comme les photographies), d'autres pas (tels les dessins au crayon).
- **La texture.** Si vous numérisez un objet en trois dimensions (autrement dit, si l'original n'est pas parfaitement plat), il possède sans doute une certaine texture. Un certain degré de profondeur dans cette texture est souhaitable, mais juste ce qu'il faut pour ne pas donner des ombres trop denses. De plus, une partie de l'objet est éloignée de la vitre du scanner. Le fond d'une assiette décorée, par exemple, peut être mal traduit lors de la numérisation. Pourquoi une assiette décorée ? Tout simplement parce que j'ai tenté de faire l'expérience !
- **La couleur.** Les originaux peuvent présenter une grande variété de couleurs. Il y a bien sûr la couleur telle qu'on l'entend habituellement. Mais vous avez aussi à faire au noir et blanc (que les artistes appellent *monochrome*), à des niveaux de gris ou à des demi-teintes.

Cela nous explique pourquoi le scanner doit comporter plusieurs types de réglages.

- **La profondeur de couleurs.** J'ai déjà expliqué l'inutilité de numériser une feuille de papier blanc en millions de couleurs. Vous obtenez un fichier démesuré, proposant en théorie une multitude de teintes là où une seule devrait suffire. La même règle s'applique ici. Si vous avez un original monochrome (que les béotiens comme moi appellent noir et blanc, et d'autres dessin au trait), il ne sert à rien d'utiliser la même profondeur de couleur que pour une photographie. Et le fichier sera bien plus petit.

TRUC

La numérisation couleur d'un document en noir et blanc peut avoir un sens dans un seul cas : si vous utilisez un programme d'OCR. Cela peut en effet améliorer légèrement les performances de la reconnaissance de caractères à condition que l'original ait été édité avec une imprimante à jet d'encre. Il y a deux raisons à cela. Tout d'abord, une imprimante à jet d'encre typique ne donne généralement pas un "noir pur", surtout si ce noir est obtenu en mélangeant les trois couleurs fondamentales. De plus, il existe souvent de subtiles différences de teinte dans la page (par exemple si le réservoir d'encre faiblit). Si le document est produit sur une imprimante laser, ces questions ne se posent pas (le toner étant totalement noir).

- **La résolution.** La maxime disant que plus il y a de dpi, meilleure est l'image est généralement vraie. Mais que devient tout cela si vous affichez simplement l'image sur votre écran ? La plupart des moniteurs offrent une résolution allant de 72 dpi à 96 dpi (tout dépend du prix). Plus, c'est du superflu (sauf éventuellement pour des dessins au trait).
- **La balance des couleurs.** Il n'est pas certain que ce nouveau réglage soit proposé par le logiciel de votre scanner (dans ce cas, c'est votre éditeur graphique qui pourra vous aider). Si l'image d'origine ne possède pas les vraies couleurs de la vie (par exemple une photographie prise sous un éclairage fluorescent, un tirage sépia, une image imprimée produite sans correction des couleurs), alors il vous faut ajuster la balance. La procédure peut varier selon le logiciel. Certains programmes disposent d'une configuration automatique, d'autres vous permettent d'effectuer un réglage manuel, quelques-uns enfin demandent de définir un "blanc absolu" sur l'image avant d'ajuster la balance. Les possesseurs de caméscope savent bien de quoi il s'agit.

Voilà donc les sujets qui vont nous intéresser dans ce chapitre. J'indiquerai si nécessaire ceux qui n'affectent qu'un seul type de matériau. Ne perdons pas de temps, place aux principaux types d'originaux que vous pouvez rencontrer au cours votre voyage dans le monde de la numérisation.

Si l'original est monochrome

Le monochrome, c'est du pur noir et blanc sans teintes ni ombres comme un texte ou un dessin au trait, tel celui de la Figure 7.1 (pas de remarques ironiques, je vous en prie, c'est mon fils qui l'a fait).

En réalité, la notion de dessin au trait peut recouvrir bien d'autres réalités. Prenons quelques exemples :

- Un diagramme ou une réserve (autrement dit une impression en blanc sur fond de couleur uni) se traite comme un document en noir et blanc.
- Un dessin monochrome peut être en couleur (qu'il soit fait à la craie, au feutre ou au crayon de couleur). Il peut donc être

Figure 7.1 : Ce dessin, c'est de l'art à l'état pur.

considéré comme un original monochrome (si le contraste est suffisamment élevé).

- La "ligne claire" de nombreuses bandes dessinées (Ah, Tintin au Tibet !) ressortira mieux avec une numérisation monochrome.

Il serait peut-être plus juste de définir un dessin "au trait" comme étant un original possédant des couleurs contrastées, des lignes épaisses, des bords nets et peu ou pas d'ombrage. De ce point de vue, une carte à jouer est directement qualifiée pour entrer dans cette catégorie (ce qu'illustre la Figure 7.2).

Pour tout objet correspondant à cette définition, vous pouvez appliquer les règles suivantes :

- **Profondeur de couleur.** Virtuellement, tout original de ce type nécessite au maximum une profondeur de 8 bits (soit 256 couleurs). Comme je l'ai déjà expliqué, cela vous permet également de réduire la taille du fichier.

- **Résolution.** Pour un simple affichage à l'écran, je vous conseille de vous limiter à 72 dpi. Si vous voulez imprimer l'image, 200 ou 300 dpi représentent un juste milieu.

- **Balance des couleurs.** Normalement, ce réglage ne s'applique pas dans ce cas. Vous n'avez en effet que du noir et blanc, ou encore une couleur posée sur une autre.

Figure 7.2 : Ce n'est pas du noir et blanc, mais c'est un tout de même un dessin au trait.

TRUC

Si vous numérisez un original comportant plusieurs couleurs sur un fond qui n'est pas vraiment blanc (crème, nacre, légèrement grisé, etc.), il peut être nécessaire d'ajuster la balance des couleurs. Exemple typique : la numérisation d'un dessin destiné à fabriquer une image transparente pour une page Web. Si le fond de cette page est blanc et que vous n'effectuez pas cette correction, la différence se verra nettement sur l'écran !

Numériser des photographies

Voilà le type d'original qui intéresse tout le monde. Mais que recouvre donc la notion de photographie en couleur ?

- **Des tirages photographiques.** Avant l'explosion de la photographie numérique, j'ai accumulé une grande expérience dans la numérisation de tirages photographiques sur papier. La Figure 7.3 montre un exemple de mes réalisations (pris tout à fait au hasard). Voilà un thème qui remplirait des livres entiers !

Figure 7.3 : Reproduction d'une photographie en couleur.

- **Des images en tons continus.** Dans un document en tons continus, les couleurs et les détails de l'image sont, comment dire, continues, totalement mélangées (comme dans un tableau). En d'autres termes, l'image n'est pas formée de groupes de points (sinon, on parle de demi-teintes). La plupart des photographies reproduites dans des revues et des magazines sont en demi-teintes (car il faut tramer l'original avant de l'imprimer). Prenez une loupe, et vous constaterez que c'est la pure vérité ! Evidemment, cela élimine de cette catégorie toutes les images produites par des imprimantes laser ou jet d'encre, puisqu'elles sont par définition formées de points.
- **Diapos, transparents et négatifs.** Comme je l'ai déjà mentionné, point de salut ici en dehors du scanner de diapositives, ou, à défaut, d'un adaptateur pour clichés et transparents. En effet, l'original doit être illuminé par l'arrière, non par l'avant comme dans le cas d'objets opaques. D'où le matériel particulier.

Voici les réglages que je recommande pour la numérisation d'une photographie en couleur :

- **Profondeur de couleurs.** Vous avez besoin de toute la puissance de feu de votre scanner. Il vous faut au minimum une profondeur de 26 bits (ce qui correspond à 16,7 millions de couleurs possibles). Naturellement, le fichier sera plus volumineux. Mais c'est le prix à payer pour la qualité photographique.
- **Résolution.** Comme pour un dessin, une valeur de 72 ou 96 dpi devrait suffire pour un simple affichage (y compris d'une page Web). Pour une numérisation de bonne qualité, 300 dpi (au moins) sont nécessaires. Une résolution de 1200 dpi peut se justifier (mais rarement) pour certains originaux.
- **Balance des couleurs.** Si les couleurs de l'original sont manifestement déformées, si une dominante de couleur apparaît (comme un visage trop rouge ou verdâtre), alors la balance a besoin d'être corrigée. J'ai déjà indiqué que cette opération pouvait être éventuellement effectuée par le logiciel du scanner (recherchez la présence d'un contrôle de teinte ou encore d'une balance des blancs). Si le logiciel du scanner n'est pas capable de réparer ce type de problème, vous devrez charger l'image finale dans votre éditeur graphique pour réaliser la correction.

Mentionnons également les photographies en niveaux de gris. Il s'agit de l'équivalent pour l'image des films dits en noir et blanc de nos parents (ou grands-parents, selon la génération). Les documents en niveaux de gris offrent également des tons continus offrant généralement 256 niveaux de gris (soit 8 bits, quoi que 16 bits existent aussi). A partir de telles photographies, on peut par exemple créer des impressions en deux tons à l'aide d'encre colorées (souvent du bleu et du noir) afin d'obtenir des effets spéciaux.

- **Profondeur de couleurs.** Si votre scanner vous permet de capturer directement des images en niveaux de gris, vous pouvez faire appel à cette fonction. Dans le cas contraire, il vous suffit de numériser la photographie en millions de couleurs, puis de convertir le résultat en niveaux de gris dans votre éditeur graphique.
- **Résolution.** Les remarques faites ci-dessus pour la couleur restent totalement valides pour des images en niveaux de gris.
- **Balance des couleurs.** Naturellement, vous n'avez pas à vous soucier de ce type de réglage dans le cas d'images en niveaux de gris. Il est cependant toujours possible de jouer du contraste, de la luminosité ou de la correction du gamma afin d'améliorer le résultat. Par exemple, une bonne combinaison de correction de gamma et de contraste peut permettre la récupération d'une photographie en niveaux de gris surexposée (autrement dit,

trop claire). Nous reviendrons sur ce sujet dans le Chapitre 8. En revanche, une image sous-exposée sera très difficile à récupérer, car une augmentation de la luminosité ne révélera aucun détail supplémentaire.

Numériser des demi-teintes

Comme je l'ai expliqué dans la section précédente, les images en demi-teintes sont composées de milliers de petits points de taille variable. A une certaine distance, l'œil humain recrée l'illusion d'une palette continue de couleurs ou de niveaux de gris. Vous remarquerez qu'il n'est pas question ici de photographies pour éviter toute confusion avec ce qui précède.

Voici trois exemples classiques de demi-teintes :

- **Impression jet d'encre.** Si vous avez lu le Chapitre 5, vous devez vous souvenir ce que j'ai expliqué à propos de la résolution des imprimantes. Comme votre moniteur, cette imprimante produit une image formée de points. Ceux-ci sont très fins, ce qui ne change rien à l'affaire. Notez qu'un tirage sur papier photographie donne un résultat qui semble continu car ce type de support permet un léger mélange des encres. Comme de bien entendu, les imprimantes laser ne produisent rien d'autre que des points.
- **Revues et journaux.** La Figure 7.4 montre un agrandissement d'une image provenant d'un journal. Des points, rien que des points, mas pas de tons continus ici ! Même les photographies sur papier glacé sont des demi-teintes. Prenez une bonne loupe et vous verrez les points. Tout dépend de la qualité du papier et du type de presse employés.
- **Livres.** C'est pareil. Prenez une loupe et regardez de près les illustrations de ce livre (à part la Figure 7.4, bien sûr). Comme votre œil peut vous tromper !

Comment s'y prendre pour scanner une image en demi-teintes ? Prenons notre loupe pour examiner cette question.

- **Profondeur de couleurs.** Comme pour une photographie, il est préférable de travailler en millions de couleurs (24 bits ou plus). Sinon, la présence des points serait accentuée (après tout, cela peut être une idée pour obtenir des effets particuliers).
- **Résolution.** C'est là que les choses deviennent délicates. A cause de tous ces points, une résolution trop élevée dégrade la

Figure 7.4 : Un joli chaton. Du moins, je *crois* que c'est un chaton.

qualité de l'image au lieu de l'améliorer. Il est donc préférable de ne pas dépasser 150 dpi. Selon la qualité de l'original, plusieurs essais seront peut-être nécessaires. Remarquons en passant que certains scanners disposent d'une fonction dite de *détramage* qui adoucit le résultat, donnant ainsi l'impression de fusionner les points.

- **Balance des couleurs.** Même si les tons ne sont pas continus, ils peuvent être affinés en utilisant les mêmes techniques pour une photographie. Servez-vous des fonctionnalités du logiciel du scanner, ou à défaut de votre éditeur graphique.

Numériser des objets 3D

Qui achète un scanner pour créer des images gargantuesques, en très haute résolution, d'une brosse à dent ou d'une broche en simili or ? Mais il est vrai que numériser un objet peut vous éviter de chercher pendant des heures l'illustration idéale dans votre collection de clip-arts. Oublions tout cela : si vous n'avez pas d'appareil photo numérique, vous finirez forcément par numériser des objets 3D !

ATTENTION !

Si vous êtes l'heureux propriétaire d'un scanner à défilement, NE LISEZ PAS CE QUI SUIT ! Les majuscules devraient suffire à vous convaincre. Ne tentez jamais d'introduire autre chose qu'une feuille de papier, ou à défaut un objet parfaitement plat et souple. Vous risquez sinon d'endommager sérieusement l'appareil !

Quel genre d'objet en trois dimensions peut-on numériser ? Voyons trois critères pour vous aider à choisir.

- L'objet doit posséder au moins une surface raisonnablement plane. La Figure 7.5 illustre ce qui peut se passer si vous essayez de numériser une statuette. Inutile d'emprunter la Vénus de Milo au Louvre ! Un scanner n'est pas capable de lire les détails qui se trouvent trop loin de la vitre. Il faut donc que les éléments principaux de l'objet se trouvent à une distance minimale de celle-ci. La disquette de la Figure 7.6 convient parfaitement. A défaut, servez-vous d'un appareil photo numérique.

Figure 7.5 : Jolie statuette, mais mauvais sujet pour le scanner.

- La surface de l'objet doit offrir suffisamment de détails. Sinon, vous n'obtiendrez qu'un vague contour. Evitez la savonnette (surtout si elle est humide) et préférez la jaquette d'un disque, un papier texturé, ou mieux encore du tissu (comme l'illustre la Figure 7.7).

- Evitez enfin les objets (même plats) brillants, qui renvoient de la lumière vers les cellules du scanner, provoquant ainsi des effets de spot ou de surexposition dans l'image finale. Numériser un bijou, une boîte en métal ou un jouet en plastique ne donne rien de bon.

Figure 7.6 : Vous vous rappelez le temps où tous les logiciels étaient livrés sur disquettes ?

Figure 7.7 : Les textiles peuvent produire des motifs intéressants pour des fonds de page Web (par exemple).

TRUC

Si vous voulez vraiment numériser un objet brillant, voici deux conseils : réduisez la luminosité ou redéfinissez le rectangle de sélection pour éliminer la partie qui réfléchit le plus la lumière.

Numériser un objet 3D implique généralement plusieurs tentatives avant de trouver la bonne formule. Mais je peux tout de même vous aider à trouver la bonne direction.

- **Profondeur de couleurs.** Même si l'objet n'est composé que d'une seule matière, je vous recommande d'employer la profondeur maximale de votre scanner (donc 24 bits ou plus). Et ce conseil est encore plus vrai avec un objet texturé, bosselé ou encore gravé.
- **Résolution.** A l'inverse des demi-teintes, vous devez utiliser ici une résolution élevée afin de capturer les plus petits détails. Surtout dans le cas d'un objet qui possède une texture.
- **Balance des couleurs.** Ce n'est pas un problème ici. Du fait que votre scanner émet une lumière totalement blanche, les couleurs de votre objet devraient être respectées (sinon, cela signifie que l'appareil est fatigué).

TRUC

La plupart des scanners actuels possèdent un couvercle qui peut se soulever de plusieurs centimètres. Même s'il y a un espace entre la vitre et le couvercle, n'oubliez pas d'abaisser ce dernier. Cela réduira la quantité de lumières parasites.

Numériser du texte

Et voici enfin le préféré des bureaucrates : le texte imprimé. Nous reviendrons sur la reconnaissance optique des caractères. Pour l'instant, intéressons-nous aux types de textes originaux que vous pouvez rencontrer.

- **Documents professionnels.** Même si le jet d'encre fait peu à peu son apparition dans les bureaux, les imprimantes laser règnent toujours en maître. Ce qui implique un texte bien noir, net, dans une résolution d'au moins 600x600 dpi. On ne fait pas ici dans la pauvreté, et la numérisation ne pose pas de problème (ce qu'illustre la Figure 7.8).
- **Télécopies.** Ce que vous recevez sur un fax tient plus de la photographie en demi-teintes que du texte imprimé traditionnel. Le résultat prend généralement du grain et perd de sa précision, ce qui rend souvent le texte incompréhensible par un programme d'OCR.
- **Cartes de visites.** Si le texte est en noir sur fond blanc, vous ne devriez pas rencontrer de problème. Si les caractères (ou le fond) sont en couleur, vous pourrez être obligé de modifier la

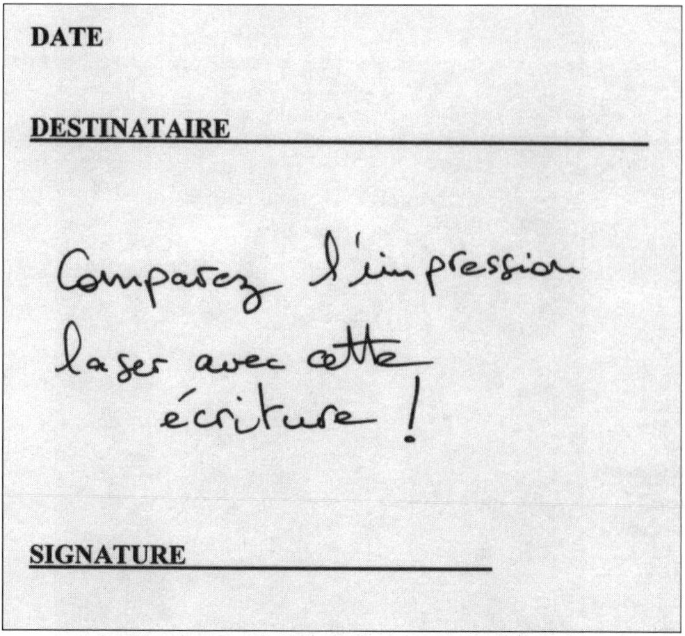

DATE

DESTINATAIRE

Comparez l'impression laser avec cette écriture !

SIGNATURE

Figure 7.8 : Texte net, noir uniforme. Pas de doute, c'est une impression laser !

balance des couleurs et/ou le contraste pour obtenir un arrière-plan "blanc" ou des lettres "noires". Les Figures 7.9 et 7.10 illustrent cette technique. Une astuce consiste à numériser la carte en niveaux de gris, tout en ajustant le contraste et la balance des couleurs. D'autre part, les logos ou graphismes gagneront à être numérisés comme des dessins au trait.

- **Livres et magazines.** Numériser du texte dans un livre ou dans une revue peut poser des problèmes délicats, surtout si le texte se trouve au milieu d'un livre épais : les caractères proches de la reliure risquent d'être "perdus". Essayez d'aplatir le livre au maximum, tout en faisant bien attention à ne pas trop appuyer sur la vitre du scanner. Il vous faudra peut-être adapter la luminosité et le contraste afin de récupérer du texte coloré ou imprimé au-dessus d'une photographie.

Pour numériser du texte courant (autrement dit des caractères noirs sur fond blanc), servez-vous des réglages suivants :

- **Profondeur de couleur.** Ainsi que je l'ai déjà mentionné, définissez une profondeur de couleur sur 24 bits (même si vous

Figure 7.9 : Une carte de visite numérisée en couleurs. Le contraste fait défaut.

n'utilisez pas de programme d'OCR). Il y a cependant une exception. Abaissez la profondeur de couleur à 8 bits pour un document destiné à être faxé. Vous minimiserez ainsi la taille du fichier ainsi que la durée de l'envoi.

- **Résolution.** Je recommande une valeur de 75 dpi. Voilà qui est suffisant pour un document texte. Par contre, vous pouvez augmenter cette valeur à la mesure de vos besoins si le texte est accompagné de photographies.

- **Balance des couleurs.** L'apparence d'un texte coloré peut être modifiée en faisant appel aux techniques décrites plus haut pour les photographies en couleur. Dans certains cas extrêmes, disons des lettres vieux rose sur un fond vert olive, une numérisation en niveaux de gris facilitera le travail.

Le Chapitre 8 vous apprendra à mieux utiliser les techniques avancées de votre logiciel de numérisation. Certaines procédures seront décrites pas à pas. A vos marques, prêt ? Scannez !

Figure 7.10 : La même carte après ajustement du contraste et de la balance. Là, au moins, nous avons du noir sur du blanc.

Chapitre 8

Numérisation : un pas en avant

Dans ce chapitre :

- Spécifier la résolution.
- Les couleurs et leur profondeur.
- Ajuster la luminosité et le contraste.
- Choisir la taille de l'image.
- La balance des couleurs.
- Inverser et retourner.
- Ajuster les tons.
- Corriger la saturation.

Dans le Chapitre 6, vous avez appris à numériser simplement, en conservant les réglages par défaut. Super. Maintenant que vous commencez à prendre de la bouteille, il est temps de s'intéresser aux originaux qui ont besoin d'améliorations pour être numérisés comme il faut. Pour cela, il nous faut nous pencher sur les fonctions avancées du logiciel du scanner.

En fait, tout dépend justement de ce logiciel. Certains n'offrent que les techniques de base (c'est par exemple le cas de l'outil fourni avec Windows XP). D'autres proposent deux modes de fonctionnement : débutant et avancé. D'autres encore intègrent tout cela dans la fenêtre principale. Désolé : c'est à vous (et au système d'aide de votre logiciel) de trouver la voie la mieux adaptée. Quoi qu'il en soit, les démarches proposées dans ce chapitre ont un caractère suffisamment général pour que vous y trouviez la réponse à la plupart de vos questions. En route vers une nouvelle dimension !

Tous ces réglages sont-ils vraiment nécessaires ?

La réponse tient en un mot : "Non". Mais uniquement si l'un des critères qui suivent est rempli :

- **L'original est bien adapté aux réglages par défaut du logiciel.** C'est en fait souvent le cas. Mais le Chapitre 7 vous a bien expliqué que des types d'originaux différents requièrent une attention toute particulière si vous voulez obtenir des résultats parfaits.
- **Votre scanner gère les réglages automatiquement.** Certains logiciels font de leur mieux pour calculer les valeurs correctes en fonction du document original. Justement, ils font ce qu'ils peuvent. Inutile de leur jeter la pierre. Et si le logiciel n'arrive pas à corriger un problème tout seul, vous devez savoir comment adapter manuellement les réglages.
- **La qualité de l'image numérisée vous importe peu.** Si c'est ce que vous pensez, vous n'avez besoin ni de ce livre, ni même d'un scanner !

En résumé, ce chapitre *doit* être lu. Certes, je n'ai rien à redire si vous voulez conserver le mode standard de votre scanner. Servez-vous de ce qui suit simplement lorsque c'est indispensable.

Où est le mode avancé ?

Cela dépend du logiciel. Parfois (ce qui est le cas de notre logiciel), tout est disponible dans une seule fenêtre. Windows XP, lui, propose simplement une option Ajuster la qualité (voir la Figure 8.1). D'autres programmes différencient les modes Standard et Avancé (accessibles, sous le ScanWizard de Microtek, en cliquant sur une flèche rouge à droite de la barre de titre). Et ainsi de suite : autant de constructeurs, autant de possibilités.

Quelle que soit votre situation, votre logiciel doit fournir un mode manuel permettant de choisir ses propres réglages. Si ce n'est pas le cas, envoyez un message incendiaire au constructeur. Ou retournez-vous vers votre éditeur graphique.

Si vous numérisez directement depuis votre éditeur graphique, c'est lui qui sert d'interface entre le logiciel du scanner et le travail de retouche ultérieur. Le plus souvent, il s'en tient là. Certains éditeurs

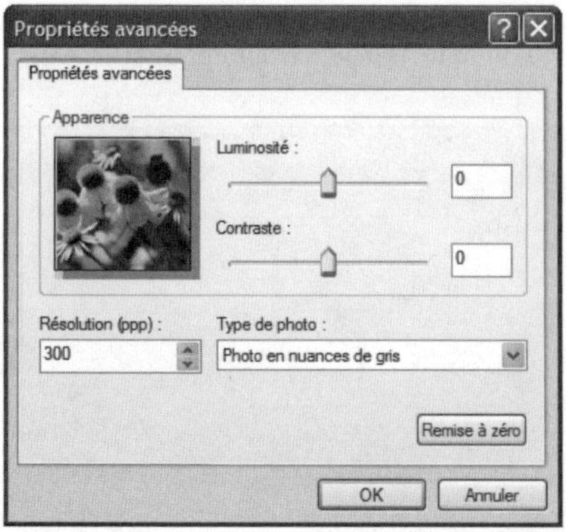

Figure 8.1 : Le mode Avancé de Windows XP. Rien que de l'indispensable.

autorisent une étape intermédiaire, dite de post-traitement. Tel est le cas d'Ulead PhotoImpact qui propose à cet effet un assistant (voir la Figure 8.2). Cette étape vous permet d'effectuer une série de retouches avant d'enregistrer l'image (et d'améliorer celle-ci à votre convenance).

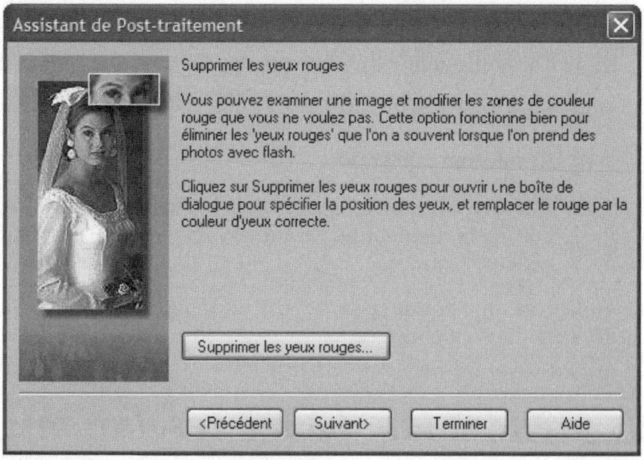

Figure 8.2 : L'assistant de post-traitement d'Ulead PhotoImpact vous en donne plus.

Je suis plein de défauts !

A titre d'exemple, la Figure 8.3 propose une photographie issue de ma collection. Rien de particulier, si ce n'est qu'elle offre une large gamme de nuances ainsi que de nombreux détails. Cherchez bien : vous allez certainement chez vous une image parfaite pour suivre ce chapitre.

Figure 8.3 : Paysage numérisé avec les réglages par défaut.

Ici, je n'ai pratiquement utilisé que des réglages par défaut. Soit :

- **Profondeur de couleur :** 24 bits.
- **Résolution :** 200 dpi.
- **Balance :** Toutes les valeurs par défaut de luminosité, de contraste, de netteté, de couleur ou encore de saturation ont été conservées.

Voilà donc une bonne base de référence pour aborder les techniques décrites dans ce chapitre.

Je vais prendre une bonne résolution

Le libre choix de la résolution est un minimum légal (voir la Figure 8.4).

Certains logiciels permettent également de définir le système d'unités employé. Que vous lisiez dpi (points par pouce), *ppi* (pixels par pouce) ou encore *lpi* (lignes par pouce), ne paniquez pas. C'est toujours pareil.

Figure 8.4 : Vue rapprochée du choix de la résolution (ce n'est qu'un exemple).

Par contre, dans le cas où on vous propose des points par centimètre (ou *ppc*), un peu de calcul mental sera nécessaire. Par exemple :

```
100 dpi = 100x 2,54 ppc = 254 ppc
```

Ensuite, c'est un simple problème de règle de trois.

Vous pouvez le plus souvent soit choisir une valeur prédéfinie dans une liste (en vous limitant à la gamme des résolutions optiques du scanner, évitez *à tout prix* les résolutions interpolées !) ou encore définir votre propre réglage.

Pour mieux illustrer tout cela, je vous propose de reprendre la photographie de test, mais numérisée en 72 dpi (sur la Figure 8.5), puis en 600 dpi (sur la Figure 8.6). Les points en plus font la différence, vous ne trouvez pas ?

Pour être complet, je dois signaler que j'ai redimensionné ces deux exemples afin qu'ils aient les mêmes dimensions que l'illustration de la Figure 8.3. En réalité, le format de l'image numérisée à 72 dpi n'est que de 105x78 pixels, tandis que les 600 dpi représentent 3012x2251 pixels !

TRUC

Mais qui peut bien s'amuser à numériser quelque chose en 72 dpi (ou moins) ? Deux bonnes raisons à cela, et c'est le Web qui commande. Tout d'abord, pour utiliser des images en tant que boutons. Ensuite, pour proposer une vignette de taille réduite associée à l'image grandeur nature. Le visiteur clique sur la vignette, et hop, il lance le chargement de la même image au format normal. Ces vignettes se chargent bien plus rapidement tout en restant reconnaissables.

Remarquez que les versions en 200 dpi et en 600 dpi semblent pratiquement identiques. Où sont donc passés ces 400 points en plus ? L'image finale en 600 dpi était évidemment bien plus grande, mais une fois ramenée à la même taille (800x600 en l'occurrence), l'œil humain ne discerne virtuellement aucune différence. Par contre, l'écart entre

Figure 8.5 : A 72 dpi, le résultat est très médiocre.

Figure 8.6 : Avec cette taille d'image, il n'est pas évident de faire la différence entre 200 et 600 dpi.

la taille des fichiers est considérable : environ 1,3 Mo pour la version de base, plus de 21 Mo pour la résolution supérieure !

De la couleur et de la profondeur

Le choix de la profondeur de couleurs peut être proposé de diverses façons par le logiciel (voir la Figure 8.7). Mais on y retrouve des constantes presque universelles, quelle que soit par ailleurs l'appellation exacte proposée par votre programme.

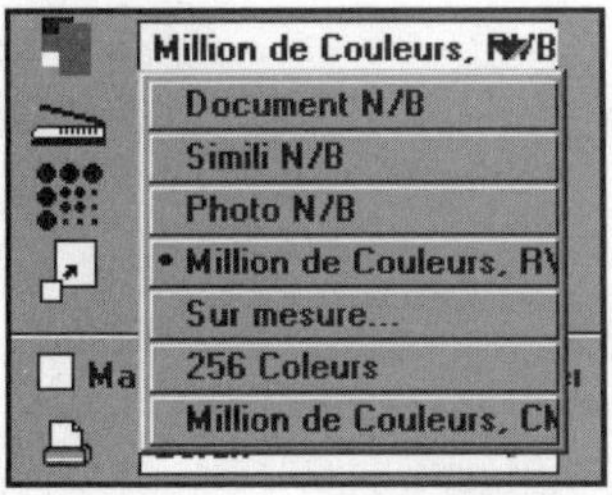

Figure 8.7 : Choisir la profondeur de couleurs.

- **Couleurs RVB.** Ou Millions de couleurs. Ou encore 24 bits. Ou bien Couleurs vraies. Ou sinon Photographie en couleur. De toute façon, c'est le réglage dont vous avez besoin pour la plupart de vos travaux. Si votre scanner autorise une profondeur sur 48 bits, commencez par vérifier si votre éditeur supporte ce type d'image. A défaut, une telle profondeur risque de ne pas vous être très utile.
- **Niveaux de gris.** Ou Photographie en noir et blanc, etc. Cette option numérise sur 256 niveaux de gris (soit 8 bits). On vous propose aussi des niveaux de gris sur 16 bits ? Là encore, regardez si votre éditeur graphique supporte ce mode !
- **Couleurs Web.** Ce mode, s'il est disponible, offre 256 couleurs (8 bits), normalement optimisée pour le Web. Cette optimisation consiste à calculer une sélection particulière de couleurs (ou *palette*) pleinement supportées par Internet Explorer et Netscape. Mais votre éditeur graphique devrait lui aussi être capable de faire ce calcul.
- **256 couleurs.** Comme ci-dessus, mais sans ajustement pour le Web.
- **Noir et blanc.** Comme son nom l'indique. Reportez-vous au Chapitre 7 pour plus d'informations sur la numérisation des dessins au trait.

- **Noir et blanc avec diffusion.** Ce type d'option créée une image en demi-teintes afin de simuler la présence de niveaux de gris. La Figure 8.8 en propose une illustration.

Figure 8.8 : Photographie diffuse (ou similigravure).

Si votre logiciel vous propose un choix moins large d'options, n'oubliez pas que votre éditeur graphique doit être capable de compenser ce manque.

De la lumière et du contraste

Tous les logiciels de numérisation ne sont pas égaux devant ces réglages. En revanche, tous les éditeurs graphiques savent effectuer ce type de traitement. La Figure 8.9 illustre un système très simple, celui du logiciel qui accompagne Windows XP : faites simplement glisser les poignées pour ajuster luminosité ou contraste !

La luminosité indique le degré de concentration de lumière (côté positif) ou d'obscurité (côté négatif) pour l'ensemble de l'image. Augmenter cette valeur peut accentuer les détails dans les parties sombres de l'original (en cas de sous-exposition) et l'abaisser aidera au contraire à corriger une surexposition (quand il y a trop de lumière). Les Figures 8.10 et 8.11 illustrent ce phénomène.

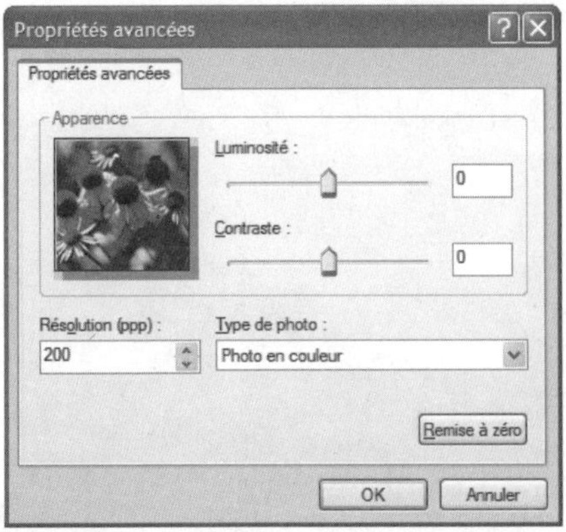

Figure 8.9 : Changer la luminosité et le contraste.

Figure 8.10 : La luminosité est réduite de 50.

Le niveau de contraste définit les rapports entre les zones claires et sombres de votre image. Fort pratique pour révéler certains détails, c'est un outil à manier avec parcimonie car il risque de dégrader la qualité du résultat. La Figure 8.12 illustre ce comportement : les détails sont plus apparents, mais la photographie devient aussi plus "dure", ce qui correspond à une perte dans la profondeur de couleur (la valeur choisie ici est de +50).

Figure 8.11 : La luminosité est augmentée de 50.

Figure 8.12 : Augmentez le contraste pour améliorer certains détails.

La taille a son poids

Regardez maintenant la hauteur et la largeur (pas vos mensurations, celles de l'image numérisée !). Le choix d'une bonne dimension est essentiel pour la taille du fichier final. Celle-ci dépend de deux éléments :

- La boîte de sélection que vous avez appris à utiliser pour sélectionner uniquement la région la plus intéressante de l'image (certains logiciels de numérisation recalculent automatiquement la balance des couleurs en fonction de cette boîte, d'où l'intérêt de couper par exemple des bords blancs qui modifient l'équilibre général des teintes).
- L'échelle, qui fonctionne exactement comme dans un photocopieur (100 % ne change rien, 50 % réduit de moitié, 200 % double la surface).

TRUC

Vous voulez généralement conserver les proportions de votre image (autrement dit, le rapport entre largeur et hauteur) pour éviter toute déformation. Si votre logiciel dispose d'une option appelée *Conserver les proportions* (ou quelque chose d'équivalent), cochez-la. Cela devrait avoir pour effet d'ajuster automatiquement la boîte de sélection.

Généralement, les logiciels de numérisation vous permettent aussi de définir la nature des unités servant à l'affichage des informations : centimètres, millimètres, points ou encore pixels. Du point de vue du scanner, cela ne change rien. La commodité, c'est uniquement pour vous. Surveillez en tout cas l'estimation donnée par le logiciel du poids de l'image finale.

Verte ou jaune, la banane ?

Balançons les couleurs ! Une nouvelle fois, ce travail de correction peut être réalisé soit directement lors de la numérisation (du moins si votre logiciel possède une telle fonction), soit plus tard en faisant appel aux services de l'éditeur graphique. C'est un sujet assez délicat, sur lequel nous reviendrons dans le Chapitre 11.

N'OUBLIEZ PAS

Si votre document est déjà correctement équilibré (un simple texte, une page de revue ou encore une photographie bien éclairée), les niveaux de couleurs n'ont probablement pas besoin d'être modifiés. N'utilisez ce type de contrôle que si la totalité de l'image affiche clairement une dominante de couleur, ou encore pour exercer votre créativité.

La méthode employée d'un logiciel à l'autre peut varier considérablement : glissière, boutons, roue colorée, champs de saisie manuels... tout est possible. Dans l'illustration de la Figure 8.13, nous disposons d'une fonction permettant de sélectionner sur l'aperçu le point le plus clair (pipette blanche) et le point le plus sombre (pipette noire) afin d'optimiser l'équilibre des couleurs.

Figure 8.13 : Ajuster la balance des couleurs d'une image.

Pour corriger une dominante d'ensemble, retenez la règle des couleurs complémentaires :

- Trop de rouge se compense en ajoutant du cyan (un mélange de vert et de bleu).
- Trop de vert se compense en ajoutant du magenta (un mélange de rouge et de bleu).
- Trop de bleu se compense en ajoutant du jaune (mélange de vert et de bleu).

Tout est question de dosage. En cas de doute, faites plutôt confiance à votre éditeur graphique pour retoucher l'image après numérisation.

N'OUBLIEZ PAS

Certains logiciels de numérisation proposent aussi des filtres, par exemple destinés à améliorer la netteté (ou l'inverse donner du flou afin de diminuer l'impact d'un tramage). Ces effets, qui ne sont rien d'autre que des formules mathématiques appliquées à l'image, sont proposés par la plupart des éditeurs graphiques, et ce dans de bien meilleures conditions. Oublions cela pour l'instant. Nous y reviendrons le moment venu.

C'est la danse du scanner...

Naturellement, votre scanner n'a aucune idée de ce qu'est le haut ou le bas de votre original. C'est pourquoi le logiciel offre le plus souvent une ou plusieurs fonctions permettant d'appliquer une rotation de 90 et/ou 180 degrés, ou encore une inversion gauche/droite (ce que l'on appelle un effet de *miroir*).

Tout cela peut être utile si le format du document impose de le tourner afin de l'aligner correctement sur la vitre du scanner, ou si vous voulez préparer un transfert afin de personnaliser votre tee-shirt (puisque ce transfert doit être imprimé du côté appliqué sur le tissu).

Entre nous soit dit, il n'y a rien ici que votre éditeur graphique ne soit capable de réaliser facilement et rapidement. Pas de quoi passer la journée sur le sujet. Laissons donc tomber.

Ajuster les tons

Il y a la balance des couleurs, et il y a aussi celle des tons (qu'il s'agisse de l'image globale, des couleurs de base que sont le rouge, le vert et le bleu, ou même de niveaux de gris).

Si vous avez déjà travaillé avec un éditeur graphique, vous avez peut-être déjà rencontré ce type de courbe (illustrée sur la Figure 8.14). Remarquons une nouvelle fois que ce genre d'intervention est pratiquement inutile si votre original est d'une qualité suffisante.

Voyons le principe de plus près :

Activez la fonction du logiciel qui agit sur la courbe de tonalité.

1. **Généralement, une liste vous permet de sélectionner le champ d'intervention : ensemble de l'image (ou *maître*) ou canaux individuels (rouge, vert, bleu).**

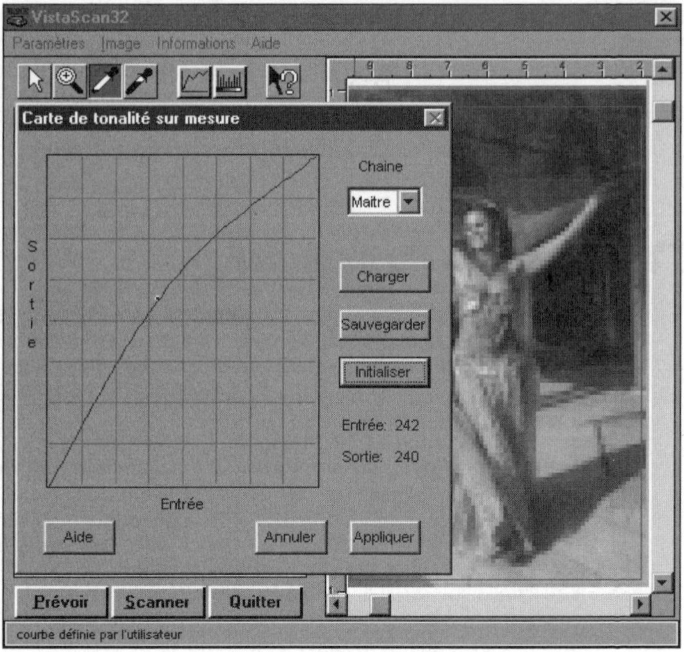

Figure 8.14 : Utilisez la courbe de tonalité pour ajuster ombres et lumières de l'image.

2. **Cliquez sur une partie du trait et faites glisser pour "pousser" la ligne vers le haut ou pour la "tirer" vers le bas.**
3. **Appliquez (ou annulez) votre réglage.**

Abaisser la diagonale renforce les tons foncés de l'image (comme l'illustre la Figure 8.15). La relever améliore au contraire les tons clairs. Dans le premier cas, vous diminuez le niveau de la sortie par rapport à l'entrée. Si le niveau est par exemple de 100 sur l'original, et que vous l'abaisser à 80, on peut dire que vous assombrissez le résultat de 20 % (pour donner l'idée générale).

Il est même possible de cliquer sur la courbe pour créer des points fixes, puis de déformer le reste à loisir. Effets très spéciaux garantis !

Je suis saturé de couleurs !

La *saturation* contrôle l'intensité (ou la quantité) d'une couleur particulière. Vous n'avez rien compris ? Recommençons : plus une

Figure 8.15 : La courbe de tonalité permet par exemple de donner un côté spectaculaire à l'image.

couleur est saturée, plus elle est visible sur l'image. Moins elle est saturée, moins elle est visible. Avec une saturation nulle, elle finit même par disparaître. Supprimer toute saturation (donc *désaturer*) ne laisse que des niveaux de blanc et de noir, autrement dit, une image en niveaux de gris.

Votre logiciel peut proposer une fonction permettant de modifier la saturation des couleurs. Dans le cas contraire, votre éditeur graphique est totalement capable de le remplacer.

Là encore, chaque logiciel a sa propre présentation plus ou moins graphique. Sur l'illustration de la Figure 8.16, le réglage est effectué à partir d'un histogramme qui indique la fréquence de répartition de la couleur choisie. On voit que l'étendue des tons bleus (la largeur de l'histogramme) est assez restreinte et que l'image comporte bien plus de teintes sombres (vers la gauche) que de teintes claires (vers la droite).

Avec cette méthode, le triangle blanc représente les tons les plus clairs (ou *point blanc*). De même, le triangle noir figure les tons foncés (ou *point noir*). Dans tous les cas, faire glisser la pointe vers la droite diminue la quantité de couleur (et donc la saturation). En l'occurrence, cela revient à réduire la part de bleu et donc à augmenter celle de sa couleur complémentaire : le jaune. En mode global (maître), "triangle

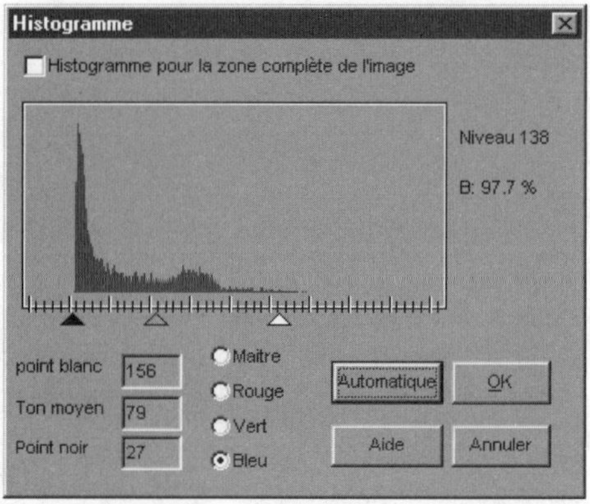

Figure 8.16 : Un histogramme représente la quantité de couleur présente dans l'image.

blanc vers la gauche" signifie : image éclaircie, meilleur contraste dans les tons clairs. Il vous suffit d'adapter pour les autres possibilités.

Là où l'histogramme est vide, la couleur n'existe pas. On a donc généralement tout intérêt à déplacer le curseur blanc ou noir vers le bord de la région réellement significative afin d'étendre la palette de la couleur. Mais ce n'est pas une règle absolue : le jugement de votre œil et la qualité de votre affichage seront déterminants !

Le triangle transparent joue sur les tons moyens de l'image. Disons pour simplifier qu'il représente la barre des 50 % : une moitié de pixels plus sombres à gauche, une moitié de pixels plus clairs à droite. En déplaçant ce curseur vers la gauche, vous accroissez donc la part relative des teintes situées vers la droite, ce qui correspond à un éclaircissement en position maître ou à un renforcement de la couleur choisie. Effet inverse garanti si vous allez vers la droite.

Ouf ! Voilà un grand pas de franchi. Une bonne dizaine d'essais personnels et quelques remontants plus tard, il va être temps de nous intéresser à celui qui sera votre principal compagnon une fois l'image numérisée : l'éditeur graphique.

Chapitre 9

Introduction à la retouche d'images

Dans ce chapitre :

- Bonjour l'éditeur graphique !
- Ouvrir et sauver des images.
- Naviguer dans un dossier ?
- Rogner une image.
- Renforcer une image.
- Redimensionner une image.
- Symétrie et inversion.
- Corriger les niveaux de gamma.
- Ajouter un cadre.
- Supprimer les yeux rouges.
- Faire tourner une image.
- Conversion en niveaux de gris.
- Conversions entre formats.

Si vous avez lu les chapitres qui précèdent, vous pensez certainement comme moi qu'un scanner est un merveilleux engin. Au rayon des grandes inventions de l'histoire, il est à classer aux côtés de la lampe à incandescence, du football, de l'aspirine et des Beatles. Bon. Même avec toutes les techniques et les astuces que vous avez apprises jusqu'ici, rien n'empêche que vous vous retrouviez avec une image "brute", enregistrée directement sur votre disque dur. Et rien n'est encore perdu. Une image a souvent besoin de diverses améliorations (y compris après avoir joué de tous les réglages du scanner) avant d'être pleinement satisfaisante et utilisable.

Mesdames et messieurs, je tiens à vous présenter un nouvel ami : l'éditeur graphique (ou éditeur d'images ou encore programme de retouche, c'est selon votre goût). La chambre noire, les cuvettes remplies de produits, le massicot, les pinces à linge, c'est terminé ! Lorsque vous aurez découvert la puissance d'un éditeur graphique, je suis convaincu que vous aurez du mal à imaginer votre existence sans lui. Manipuler les pixels, c'est un peu comme jongler avec les notes de musique !

Dans ce chapitre, je vais tenter de vous montrer comment apporter les touches de finition indispensables à une image numérisée avant de l'importer dans un document, de l'envoyer par courrier électronique ou encore l'importer dans une page Web. Je ferai essentiellement appel ici à l'un des mes éditeurs graphiques préférés : Adobe Photoshop Elements 2.0 (d'ailleurs, je l'ai trouvé dans le carton de mon scanner). Mais d'autres grands classiques, tels Jasc Paint Shop Pro, Ulead PhotoImpact ou encore Microsoft PictureIt (pour ne citer que ceux-là), offrent, tous à leur façon, des fonctions de base tout à fait similaires. A chacun son style, à chacun ses préférences !

N'OUBLIEZ PAS

Photoshop Elements est le petit frère de Photoshop. Autant dire qu'il demande pas de mal de pratique pour être maîtrisé. Dans ce livre, nous nous en tiendrons uniquement aux aspects qui nous intéressent ici. Sinon, il faudrait plusieurs volumes pour en faire le tour !

Pourquoi changer ce qui est déjà parfait ?

Votre image numérisée correspond exactement à ce que vous vouliez ? La perfection n'était pas votre but (par exemple, vous avez simplement numérisé un texte pour le faxer) ? Dans ce cas, bien sûr, inutile de faire appel à un éditeur graphique. Passez votre chemin.

En revanche, certaines images ont besoin d'être aidées. Voici diverses raisons possibles :

- Il peut y avoir un problème de *composition* (des choses en trop, d'autres qui manquent, etc.).
- Vous voulez effectuer un *post-traitement* (comme changer l'orientation de l'image).
- Vous avez envie (ou vous devez) apporter des améliorations d'ordre *esthétique* (convertir en niveaux de gris, ajouter un encadrement, etc.).
- Enfin, vous souhaitez ajouter une touche de *créativité* (pour le plaisir de vos yeux et la souffrance de votre disque dur). Vous

disposez pour cela de multiples outils, filtres et effets spéciaux. Rendez-vous au Chapitre 11 !

Pour l'instant, nous nous en tiendrons aux trois premiers types de travaux d'édition (dont certains peuvent être réalisés directement à partir du logiciel de numérisation, comme nous l'avons vu dans le précédent chapitre).

Adobe Photoshop Elements : Pourquoi pas lui ?

Adobe Photoshop Elements 2.0 offre (pour un prix très inférieur) nombre de fonctionnalités provenant de son grand frère : Adobe Photoshop. Certes, l'étendue des fonctionnalités reste telle que cela peut vous effrayer. Mais nous allons voir que les outils de base, ceux qui vont vous servir à améliorer vos images, ne sont pas si rébarbatifs que cela. D'autant que bon nombre d'autres programmes réputés (tels Paint Shop Pro, Corel Photo Paint ou encore PhotoImpact) reprennent bien des recettes inventées par les gens d'Adobe (y compris les fameux filtres).

La Figure 9.1 illustre l'écran d'accueil de Photoshop Elements. On y retrouve des constituants classiques :

- la familière barre de menus ;

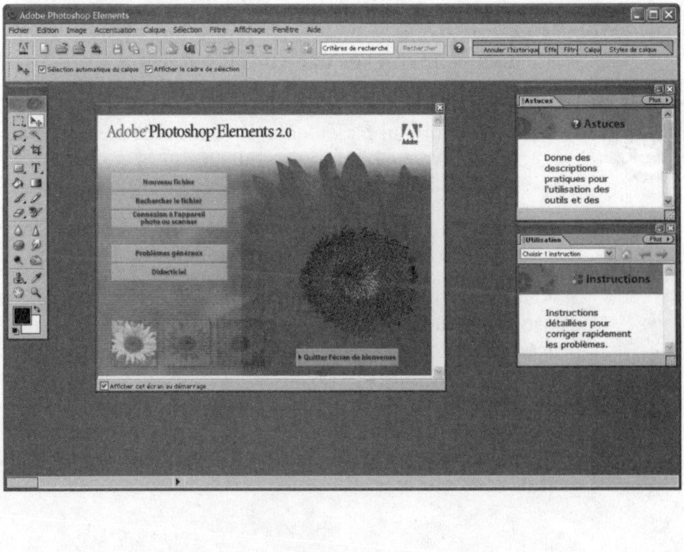

Figure 9.1 : L'écran d'accueil d'Adobe Photoshop Elements.

- des barres d'outils, à gauche en haut de la fenêtre ;
- des palettes, à droite de la fenêtre, et à droite également de la barre d'outils ;
- enfin, la zone centrale réservée à l'édition (dans laquelle s'affiche pour l'instant un écran de bienvenue qu'il suffit de quitter).

A noter d'entrée de jeu qu'Adobe Photoshop Elements propose un système d'aide assez complet (sous forme de fichiers HTML), ainsi que des astuces et des conseils dans les deux palettes de droite. Mais la concurrence est capable de faire aussi bien !

Ouvrir un fichier

Avant de partir en voyage, vous prenez bien vos billets ? Pour nous, cela commence par ouvrir un fichier. Il n'y a rien à changer à vos habitudes :

1. **Faites un double-clic sur l'icône Photoshop Elements (elle doit se trouver sur votre Bureau).**

   Vous pouvez également la retrouver dans la liste des programmes du menu Démarrer.

2. **Une fois la fenêtre de l'application activée, ouvrez le menu Fichier et choisissez la commande Ouvrir. Dans la fenêtre de sélection (proposée sous XP sur la Figure 9.2), naviguez vers le dossier où se trouve votre image numérisée. Cliquez sur son nom pour afficher une vue en réduction.**

   TRUC : Certains éditeurs affichent plus de détails dans la fenêtre Ouvrir. Avec Photoshop Elements, il vous suffit de cliquer sur le nom du fichier avec le bouton droit de la souris et de choisir l'option Propriétés.

3. **Il ne vous reste plus qu'à cliquer sur le bouton Ouvrir. L'image va s'afficher dans une nouvelle fenêtre d'édition.**

Si vous avez choisi (lors de l'installation ou à partir du menu Edition) d'associer certains types de fichiers à Photoshop Elements, la procédure est encore plus simple. Vous ouvrez le dossier voulu à partir de votre Poste de travail, vous faites un double-clic sur l'icône du fichier à ouvrir et c'est parti ! Comment savoir si l'association fonctionne ? Regardez bien l'icône de l'image : une belle vignette dans les tons jaunes avec un bandeau qui rappelle le format graphique devrait vous rassurer.

Figure 9.2 : Affichez une vue réduite avant d'ouvrir l'image. Pratique, non ?

Pour mieux naviguer

A la différence de Paint Shop Pro, PhotoImpact ou encore PictureIt, il est vrai qu'Adobe Photoshop Elements n'offre pas de vraie fonction (mis à part un explorateur de fichiers, accessible par la commande Parcourir) vous permettant de retrouver facilement une image parmi des centaines d'autres. Mais il faut reconnaître que la fenêtre Ouvrir est tout de même assez parlante.

Chacun peut employer sa propre méthode. Ainsi, Ulead PhotoImpact dispose d'une palette appelée Gestionnaire de navigation (voir la Figure 9.3). Paint Shop Pro propose un module complet de navigation qui enregistre un aperçu des images dans les dossiers (et ajoute même une option dans leur menu contextuel). Et ainsi de suite. Il suffit alors de faire un double-clic sur la vignette ou de la faire glisser sur la zone d'édition pour ouvrir le fichier.

Dans tous les cas, je vous conseille vivement de réserver un dossier spécifique pour y enregistrer les images que vous numérisez (surtout pas la racine de votre disque dur, C:\). Evitez tout éparpillement, cela vous aidera à vous souvenir de l'emplacement de vos fichiers (surtout

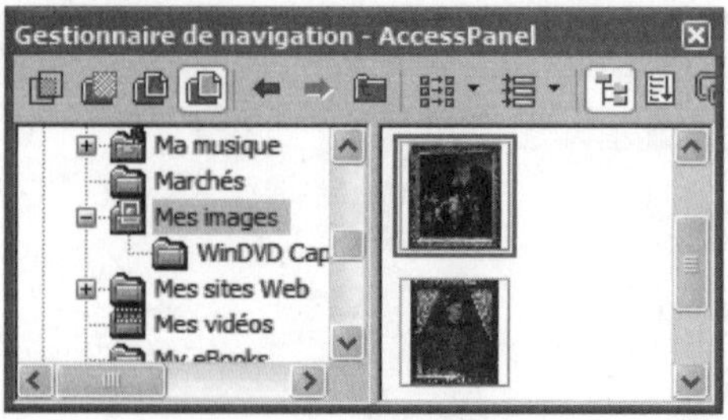

Figure 9.3 : Le Gestionnaire de navigation d'Ulead PhotoImpact.

si votre éditeur contient un outil de navigation). Soyez organisé, gagnez du temps !

TRUC

Pensez à trier vos fichiers en vous servant des options d'affichage du navigateur ou de l'Explorateur : tri par nom (vous vous souvenez uniquement des premières lettres), par type ("Je crois bien que c'est un JPEG") ou encore par date ("Tu sais bien, celui que j'ai numérisé hier soir !").

Découper une image numérisée

Vous avez réussi à numériser parfaitement une page de magazine, mais seule la photographie vous intéresse, pas le texte qui l'accompagne. Ou encore, le doigt du photographe apparaît dans cette photo de famille irremplaçable et vous voulez le supprimer (le doigt, bien sûr, pas le photographe).

Aucun problème. Il vous suffit de *découper* l'image pour retirer la partie gênante. Vous auriez d'ailleurs pu le faire à partir de votre logiciel de numérisation. Comme de surcroît cela réduit la taille de l'image (et donc du fichier), vous avez tout gagné !

Voyons comment procéder :

1. **Ouvrez votre image comme expliqué ci-dessus.**
2. **Cliquez sur l'outil Rectangle de sélection (c'est le quadrilatère en pointillé qui se trouve en haut de la palette d'outils, à gauche de la fenêtre).**

   Le pointeur de la souris se transforme en croix : vous êtes en mode *sélection*.
3. **Cliquez sur l'image pour définir le coin supérieur gauche de la zone à conserver (les gauchers peuvent aller dans l'autre**

sens). Laissez le doigt appuyé sur le bouton de la souris. Faites glisser pour tracer un rectangle de sélection autour de la partie de l'image qui vous intéresse. Quand vous avez terminé, relâchez le bouton. La sélection montre une colonne de fourmis en marche (voir la Figure 9.4).

Figure 9.4 : Comment sélectionner une partie de l'image.

4. **Ouvrez le menu Image et cliquez sur l'option Recadrer (ou Découper).**

   Comme quoi on est bien peu de chose (ce que confirme la Figure 9.5).

TRUC

Le rectangle est mal placé ? Cliquez dedans et faites-le glisser. Vous n'êtes pas satisfait ? Annulez la sélection en appuyant sur Ctrl-D et recommencez. Vous avez des regrets ? Choisissez Annuler dans le menu Edition ou bien ouvrez la palette *Annuler l'historique*, puis cliquez sur le nom de l'étape à rétablir, comme sur la Figure 9.6. Vous pouvez aussi sélectionner l'étape suivante et la faire glisser sur l'icône représentant une corbeille. D'autres éditeurs, tels Paint Shop Pro ou encore PhotoImpact, proposent une méthode similaire.

Figure 9.5 : Le découpage permet d'attirer l'attention.

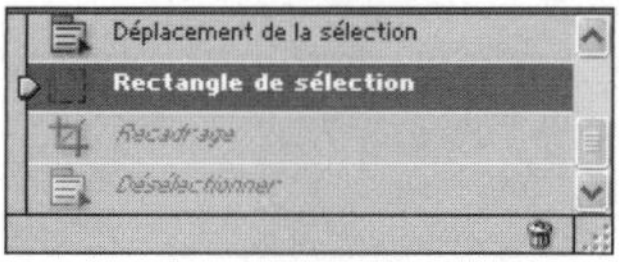

Figure 9.6 : L'historique permet de revenir facilement en arrière.

Accentuez-moi cette ligne, S.V.P. !

Vous vous souvenez que le logiciel de numérisation permet d'*accentuer* la netteté ou encore le contraste d'une image. Votre éditeur est aussi capable de le faire. J'utilise souvent ce type de fonction pour donner plus de force d'attraction à un original flou ou voilé. En effet, cette technique accroît le contraste de toutes les lignes et bords présents sur l'image, ce qui peut être très utile dans le cas d'une photographie. A l'inverse, cette correction n'est généralement pas nécessaire avec un dessin au trait ou un simple texte, puisque ces types de documents offrent déjà un contraste élevé.

N'OUBLIEZ PAS

Accentuer une image n'ajoute pas de détails supplémentaires. Ce serait bien, mais c'est faux ! C'est pourquoi cette technique doit utilisée avec précaution, sous peine de rendre l'image granuleuse.

Pour accentuer une image :

1. **Ouvrez le fichier sur lequel vous voulez travailler.**

2. **Ouvrez le menu Filtre, puis le sous-menu Renforcement. Choisissez alors l'option Contours plus nets (ou Plus net, ou bien Encore plus net, tout étant question de dosage).**

3. **Sauvegardez le résultat (commande Enregistrer pour remplacer l'original, ou Enregistrer sous pour créer une nouvelle version).**

Si vous utilisez Paint Shop Pro en version original non sous-titrée, cette fonctionnalité s'appellera Sharpen (dans le menu Effects).

Dans le même menu, l'option Accentuation offre un panel de réglages (d'ailleurs assez complexes) permettant d'obtenir une plus grande précision (voir la Figure 9.7). Les curseurs sont à déplacer en douceur !

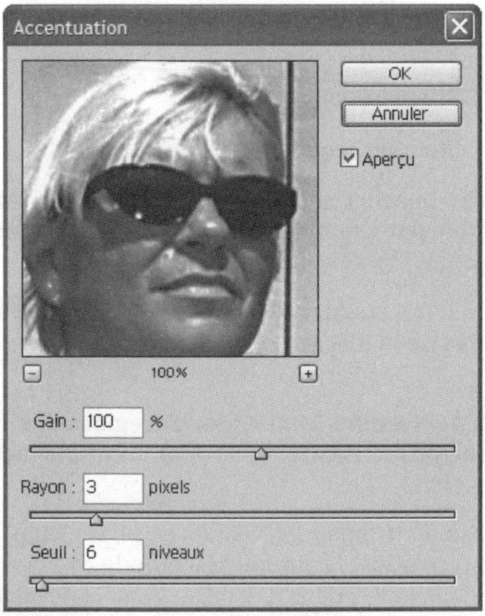

Figure 9.7 : Le filtre Accentuation de Photoshop Elements.

Pour mieux juger de l'effet, effectuez un zoom sur une portion significative de l'image. Définissez un rectangle de sélection, puis ouvrez la fenêtre Accentuation. Activez et désactivez le mode Aperçu à loisir. Lorsque vous trouvez le résultat satisfaisant, validez la fonction. Annulez (par Ctrl-Z) et la sélection (par Ctrl-D), puis appliquez de nouveau le filtre avec les mêmes réglages (par Ctrl-F).

C'est bien trop grand !

Une grande image, un scanner et une résolution élevée... Voilà un trio bien capable d'asphyxier mémoire, disque dur et affichage. Il est souvent nécessaire de réduire les dimensions de l'image avant de l'imprimer, de l'importer dans un autre document ou de l'utiliser pour un site Web. Et, par effet induit, cette réduction peut avoir un impact considérable sur le poids du fichier.

Lorsque vous changez les dimensions d'une image, il est très important de conserver les proportions, c'est-à-dire le rapport entre la hauteur et la largeur. Sinon, vous allez engendrer des déformations peu esthétiques. Lorsque la case Conserver les proportions, en bas de la boîte de dialogue, est cochée, Photoshop Elements complète automatiquement les autres valeurs lorsque vous modifiez la hauteur ou la largeur. Vous avez bien compris ? Il faut conserver les proportions !

Voyons comment redimensionner une image :

1. **Ouvrez le fichier sur lequel vous voulez travailler.**
2. **Dans le menu Image, Choisissez Redimensionner, puis Taille de l'image (ou, par exemple, Format puis Taille d'image dans PhotoImpact).**
3. **Entrez les valeurs voulues. Cliquez ensuite sur OK. Le travail peut être plus ou moins long selon les dimensions de l'original.**
4. **Sauvegardez le résultat (commande Enregistrer pour remplacer l'original, ou Enregistrer sous pour créer une nouvelle version).**

Vous pouvez choisir d'attribuer des valeurs en pixels, en pourcentage ou sous forme de résolution. La première méthode convient parfaitement pour ajuster une image dans une page Web. La deuxième donne un bon aperçu de la taille réelle finale, la dernière peut être indispensable avant impression (voir la Figure 9.8).

TRUC

Pour modifier la résolution sans changer le nombre de points, activez le mode pourcentage dans les listes qui suivent la largeur et la hauteur. Entrez la résolution voulue, puis redonnez la valeur 100 aux deux dimensions.

Si vous changez les dimensions d'une image, il faut bien que des points soient ajoutés, supprimés ou adaptés ! Quel est le miracle qui permet d'obtenir un résultat aussi bon ? Tout simplement la méthode

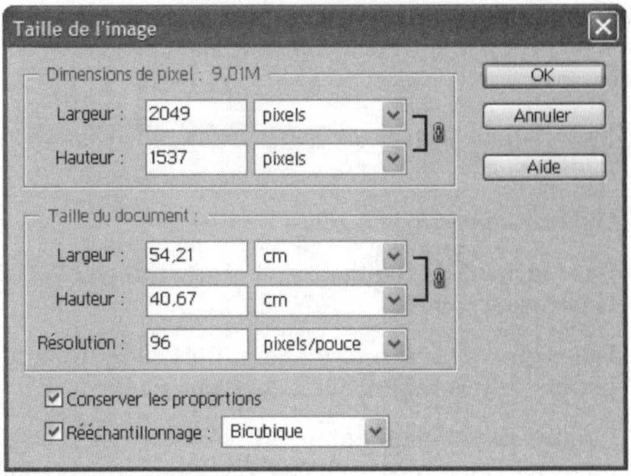

Figure 9.8 : La boîte de dialogue Taille de l'image (Adobe Photoshop Elements).

Bicubique, proposée dans la liste Rééchantillonnage. Oubliez tout le reste !

Miroir, mon beau miroir

Tout bon éditeur sait inverser une image dans tous les sens, chose par exemple bien pratique pour préparer un transfert sur du tissu.

Quelle que soit l'appellation de la fonction, il s'agit toujours d'une symétrie horizontale (inversion de la gauche et de la droite) ou verticale (inversion du haut et du bas) :

- Choisissez Image, puis Rotation et Symétrie axe horizontal/vertical sous Photoshop Elements.
- Choisissez Edition, puis Rotation et pivoter, et enfin Pivoter horizontalement/verticalement sous PhotoImpact.
- Choisissez Taille et position, puis Inverser sous PictureIt.
- Choisissez Image, puis Miroir ou Inverser sous Paint Shop Pro.

Et ainsi de suite... A vous de trouver aussi la bonne fonction, je ne vous donnerai pas toujours la solution.

Ombre et lumière

Numériser un original sous-exposé ou surexposé oblige généralement à améliorer ensuite le contraste. Il existe de nombreuses méthodes permettant d'éclaircir ou d'assombrir l'ensemble d'une image (selon le logiciel, on peut parler ici de luminosité et de contraste, de gamma ou d'autre chose).

Avec Photoshop Elements, voici un procédé simple pour corriger une sous-exposition générale :

1. **Ouvrez l'image à corriger.**
2. **Dans le menu Accentuation, choisissez Régler l'éclairage, puis Eclairage d'appoint.**
3. **Faites glisser le curseur du haut (Plus clair). L'aperçu vous permet de juger du résultat en temps réel.**
4. **Cliquez sur OK pour appliquer la correction. Il ne vous reste plus qu'à sauvegarder l'image (avec Enregistrer, ou Enregistrer sous).**

La Figure 9.9 illustre bien l'emploi de cette technique.

Un petit cadre ?

Vous êtes tellement fier de votre travail que vous voudriez l'encadrer ? Certains éditeurs vous proposent toute une gamme de bordures ou de cadres dignes des plus grands tableaux. Prenons donc, là encore, Adobe Photoshop Elements en exemple (mais PhotoImpact ou encore Paint Shop Pro disposent de fonctions comparables).

1. **Comme toujours, ouvrez le fichier à modifier.**
2. **Dans la série d'onglets qui se trouvent à droite de la barre d'outils, cliquez sur Effets.**

   Ceci ouvre la palette des effets (vous pouvez la faire glisser sur le plan de travail ou sur une autre palette pour la conserver en permanence).

3. **Dans la liste des types d'effets, sélectionnez Cadres (au lieu de Tous).**
4. **Cliquez sur un style de cadre (voir la Figure 9.10). Il ne vous reste plus qu'à faire glisser cet effet sur la fenêtre de l'image.**
5. **Sauvegardez le résultat (ou annulez l'effet !).**

La Figure 9.11 illustre cette technique (en fait, il y a tromperie : je n'ai pas peint ce tableau !).

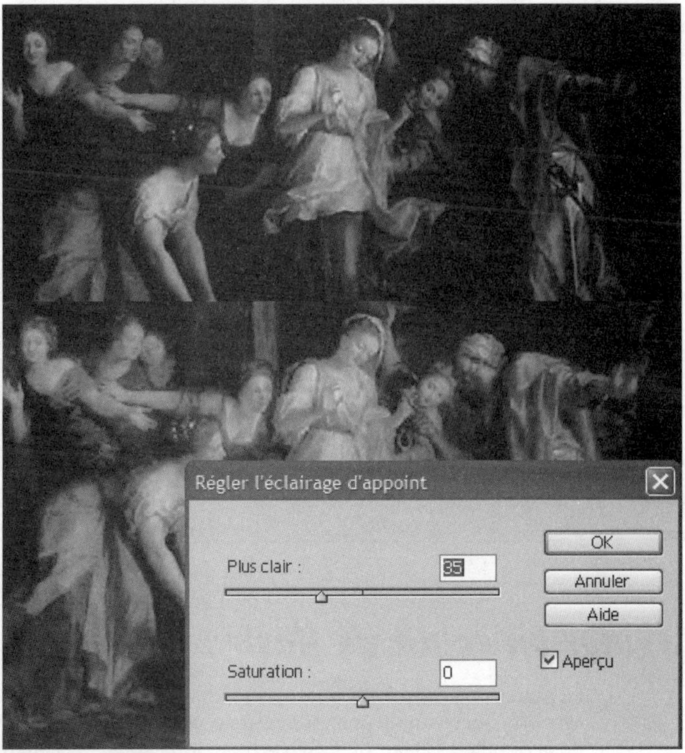

Figure 9.9 : Tant de détails qui passaient inaperçus !

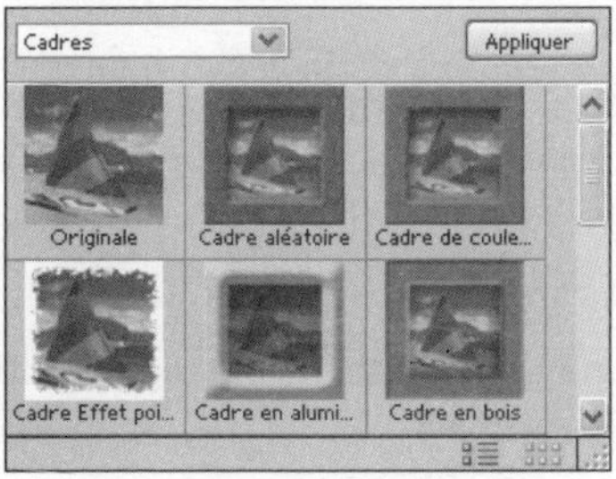

Figure 9.10 : Sélectionner un effet.

Figure 9.11 : Il ne reste plus qu'à l'accrocher au mur.

Albinos ou éclair de flash ?

La plupart des appareils photographiques actuels possèdent une fonction qui réduit le phénomène des "yeux rouges" dû à la réaction de la pupille à l'éclair du flash (la technique consiste à envoyer un premier éclair, pour faire réagir, puis un second au moment où l'œil s'y attend le moins). Mais cet effet agaçant persiste encore bien souvent.

Chaque logiciel propose sa propre technique anti-yeux rouges. Mais, dans tous les cas, la méthode consiste à effectuer un remplacement de couleur en essayant de conserver les autres propriétés. Voyons comment s'y prend Photoshop Elements.

1. **Ouvrez le fichier à corriger.**
2. **Commencez par agrandir suffisamment l'image pour pouvoir travailler au niveau des yeux.**
3. **Activez dans la palette de gauche l'outil Forme œil rouge (ou appuyez sur Y).**
4. **Configurez les options de l'outil dans la palette affichée vers le haut de la fenêtre (voir la Figure 9.12).**

L'aide de Photoshop Elements explique comment procéder (ouvrez l'aide, puis cliquez successivement sur Retouche des photos, Retouche d'une image et enfin Utilisation de l'outil Forme Œil Rouge).

Figure 9.12 : Comment lutter contre les yeux rouges.

5. **Il est en particulier conseillé de choisir un pinceau un tout petit peu plus épais que la pupille, de prendre un tolérance assez basse et de conserver la méthode Premier clic.**

   Cliquez dans la case Remplace pour définir la nouvelle couleur des yeux.

6. **Il ne reste plus qu'à cliquer sur la pupille pour fixer la couleur à remplacer et éventuellement à faire glisser le pointeur (sans trop déborder, surtout si le visage est rose) pour créer un regard à votre convenance.**

7. **N'oubliez pas de sauvegarder l'image (commande Enregistrer ou Enregistrer sous).**

Rotation 101

Vous avez besoin de tourner une image prise à l'équerre ? Rien de plus simple (quel que soit d'ailleurs le logiciel) :

Ouvrez le fichier à corriger.

1. **Dans le menu Image, cliquez sur Rotation.**

   Dans d'autres programmes, vous trouverez par exemple cette option dans le menu Edition. Vous disposez de plusieurs modes prédéfinis (généralement, à 90° dans chaque direction).

2. **Activez l'option Personnalisée.**

   Il vous suffit alors d'entrer un angle en degrés et de choisir le sens horaire (celui des aiguilles d'une montre) ou antihoraire (voir la Figure 9.13).

3. **Cliquez sur OK et c'est joué !**

4. **Sauvegardez votre image comme d'habitude.**

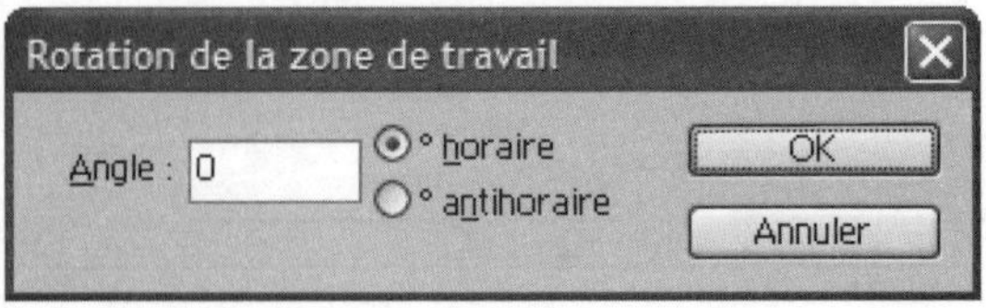

Figure 9.13 : La boîte de dialogue Rotation.

La couleur, c'est utile ?

Pourquoi donc vouloir transformer une splendide photographie en couleur en une chose pleine de grisés ? Il peut y avoir plusieurs bonnes raisons à cela :

- **Pour supprimer des couleurs mal assorties.** Alors que toute la famille s'était habillée sobrement pour la cérémonie, Tante Juliette est arrivée avec son horrible robe rouge à pois verts. En niveaux de gris, personne ne le remarquera !
- **Pour des raisons artistiques.** Le noir et blanc a toujours ses amateurs. Quoi de plus beau qu'une belle gamme de gris, bien contrastés, avec des ombres subtiles ?
- **Pour des raisons pratiques.** Si vous éditez un bulletin d'informations, une conversion en niveaux de gris donnera de bien meilleurs résultats lors du passage dans la photocopieuse. Et si le bulletin part à l'imprimerie... ce n'est simplement pas du tout le même prix (sans parler des problèmes de traitement souvent complexes).

Avec Photoshop Elements, la conversion est on ne peut plus simple :

1. **Ouvrez l'image à convertir.**

2. **Dans le menu Image, choisissez Mode, puis Niveaux de gris.**

3. **Sauvegardez votre image (avec Enregistrer sous).**

Avec Paint Shop Pro, cette option se trouve dans le menu Couleurs. Avec PhotoImpact, elle apparaît dans Format, puis Type de données. Et ainsi de suite.

TRUC

Photoshop Elements propose une autre méthode. Ouvrez le menu Accentuation et choisissez Régler la couleur, puis Supprimer la couleur (d'autres disent *désaturer*). Selon la nature de l'original, le résultat peut ou non être meilleur qu'avec la technique ci-dessus.

L'alchimie des formats graphiques

Curieusement, une image numérique peut changer de *format* tout en restant pareille à elle-même. Nous reviendrons plus en détail sur cette étrange alchimie dans le Chapitre 10. Mais puisque Photoshop Elements rend si facile ce processus de conversion (comme d'ailleurs, il faut le reconnaître, la plupart de ses concurrents), prenons quelques instants pour découvrir le phénomène.

Supposons que vous ayez numérisé une image au format JPEG (ce que je vous avais d'ailleurs recommandé). Comment la transformer en un TIFF tout aussi universel ? Quelques clics suffiront.

1. **Ouvrez le fichier à convertir.**
2. **Dans le menu Fichier, choisissez maintenant la commande Enregistrer sous.**
3. **Dans la boîte de dialogue qui apparaît, déroulez la liste Format.**

   Une série d'appellations ésotériques vous est proposée. Pour cet exemple, vous prendrez TIFF.

4. **Changez si vous le souhaitez le nom de l'image à enregistrer (en tout état de cause, ne remplacez pas votre original).**
5. **Conservez les options par défaut, en bas de la fenêtre. Cliquez sur Enregistrer.**
6. **Photoshop Elements va vous demander des précisions supplémentaires sur les réglages à appliquer au nouveau fichier.**

   La Figure 9.14 illustre les options disponibles pour le format TIFF. Sauf raisons valables, conservez les propositions par défaut (surtout si vous n'y comprenez rien). En l'occurrence, le seul risque possible est le refus par quelques rares applications de reconnaître un format TIFF compressé (compression sans perte de qualité, précision utile). Choissez dans ce cas Aucune.

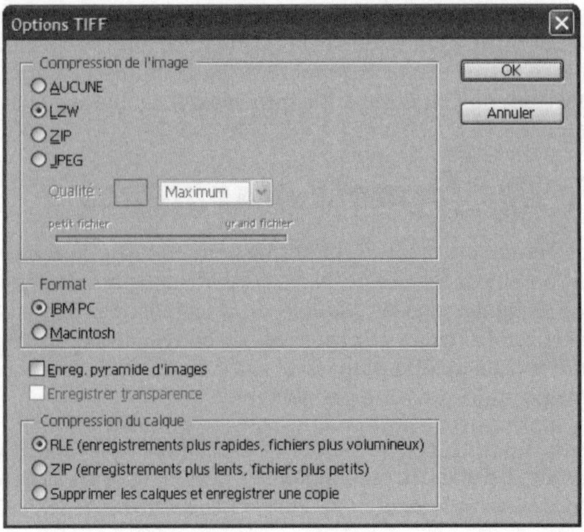

Figure 9.14 : Options de sauvegarde pour le format TIFF.

7. **Il ne vous reste plus qu'à confirmer pour lancer la conversion et enregistrer le nouveau fichier.**

Quatrième partie

Numérisation avancée pour expert paresseux

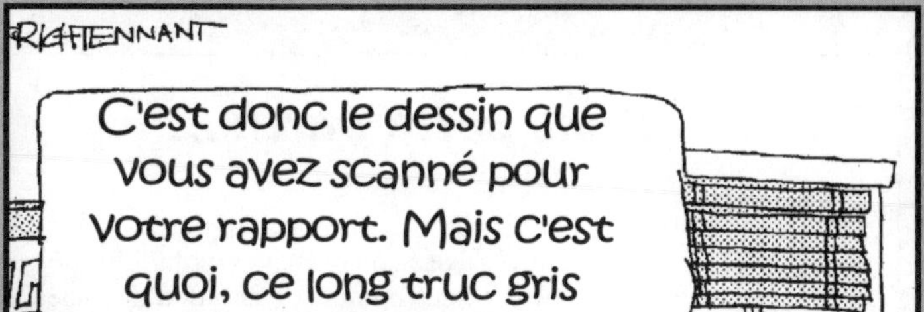

Dans cette partie...

Dans cette partie, nous allons nous pencher sur des sujets plus complexes, qu'il s'agisse de formats graphiques, de l'envoi d'images par courrier électronique, de création de pages Web ou de techniques avancées pour l'édition d'images. Nous parlerons également des règles à suivre pour l'entretien du scanner et la résolution de divers problèmes. Sans oublier de discuter d'applications pour vrais pros et purs amateurs !

Chapitre 10

Un futur gourou du graphisme Internet ?

Dans ce chapitre :

- Comprendre les formats d'image.
- Images Web et profondeur de couleurs.
- Compression des images JPEG.
- Optimiser les images pour le Web.
- Entrer dans la bonne dimension.
- Envoyer une image par courrier électronique.
- Aux frontières de la légalité.

L'Internet a révolutionné… et bla bla bla ! Je me refuse à taper ce truc. Vous l'avez déjà tellement entendu ! Et tous ceux qui ne sont pas encore en ligne veulent y accéder. On ne va pas vous raconter l'origine militaire de la chose, pourquoi toutes les sociétés (et même tous les particuliers) veulent *leur* site Web, et ainsi de suite. Il y a d'autres livres pour cela.

En revanche, ce qui est réellement remarquable et qui intéresse notre groupe d'élite, les PSCHEMs (Propriétaires de Scanners Heureux et Motivés), c'est l'aspect *visuel* de l'Internet. Bien sûr, le Web vient en premier à l'esprit, puisqu'il permet à tout un chacun d'offrir au monde sa propre vision graphique (et en vraies couleurs). Mais n'oubliez pas votre messagerie : quel bonheur pour Papi et Mamie de recevoir en direct la photo de bébé (et pour mon éditeur de charger ce livre afin de le faire mettre en page).

Dans ce chapitre, donc, nous allons nous pencher plus spécifiquement sur la production d'images optimisées aussi bien pour le Web que pour vos e-mails (pour éviter de *s'emmêler* dans le jargon francisé). Nous verrons également quelques autres sujets, y compris sur les questions de légalité (et oui, les fameux droits d'auteur).

Ne prenez pas un (e) GIF (le) avec le Jaypeg

Sur le Web, vous trouvez essentiellement deux formats d'image : GIF et JPEG (plus le PNG en marge). Nous allons voir dans cette section les avantages et les inconvénients de chacun. Après tout, vous ne savez pas si l'*autre* personne utilise le même système d'exploitation que vous.

En fait, rien ni personne ne vous force à utiliser le GIF ou le JPEG sur votre page Web. Vous pourriez parfaitement insérer des images au format TIFF ou encore BMP. Mais ce sont de mauvais choix pour l'Internet. Et vous allez comprendre pourquoi.

JPEG, champion de la compression

C'est à l'heure actuelle le format le plus populaire. Soyez branché, prononcez *Jaypeg*. Au fait, JPEG (soit Joint Photographic Experts Group) et JPG, c'est pareil. Seule change l'extension ajoutée à la fin du nom de fichier.

Les images JPEG offrent une résolution élevée tout en conservant des fichiers de taille réduite. Un document classique, avec du texte et des images, peut n'occuper qu'environ 300 Ko sur le disque dur. Comment ce miracle est-il possible ? Par la vertu des méthodes de compression incorporée dans ce format. Nous y reviendrons un peu plus loin dans ce chapitre.

Toute médaille a son revers. Une image JPEG peut perdre en détails et en qualité lorsque de taux de compression est élevé, ou si la même image est compressée plusieurs fois. Bref, la méthode employée consiste (pour simplifier) à retirer des pixels de l'image, et donc à la dégrader.

Les images JPEG, du fait de leur qualité et de leur faible poids, constituent un standard pour le Web et pour le courrier électronique. Normal : il faut tout simplement moins de temps pour les transférer via un modem. D'ailleurs, la plupart des appareils numériques ont le même type de démarche : enregistrement sans compression au format TIFF (moins de photos sur la carte mémoire) ou au format JPEG (plus de photos au prix d'une légère baisse de la qualité).

C'est quoi, un format d'image ?

Un format d'image, ou encore format graphique, est un modèle, une structure, servant à enregistrer les données numériques qui composent l'image. Je pourrais développer le sujet, mais, entre nous, cela n'intéresse que les programmeurs et les technogourous (en d'autres termes, tout cela est un salmigondis mathématique qui nous dépasse vous et moi). Si vous êtes vraiment intéressé par la question, et si votre connaissance de l'anglais vous permet de comprendre ce qui se passe, jetez un coup d'œil sur les sites officiels de ces formats :

```
www.jpeg.org/public/jpeglinks.htm
```

pour le JPEG et

```
www.libpng.org/pub/png
```

pour le format PNG. C'est dit.

GIF (Graphics Interchange Format)

Le format GIF est un des formats graphiques encore en activité les plus anciens (et les plus répandus). Il est facile à reconnaître sous Windows : les fichiers se terminent par .GIF.

Créé à l'initiative de l'ancien roi des services en ligne (CompuServe), ce format s'est largement diffusé au cours des années 1980 et 1990. Tout cela me rappelle bien des souvenirs de jeunesse, mais je les garderai pour moi !

De nos jours, les images GIF se trouvent presque exclusivement sur le Web. Elles peuvent d'ailleurs être transparentes et/ou animées (ce que ne permet pas le JPEG). Il existe deux types d'images GIF, dits 87a et 89a (c'est juste une histoire de date). Seules les images GIF 89a peuvent être transparentes, d'où leur popularité. *Transparent* veut dire que vous pouvez voir le fond du site Web au travers de certaines partie du graphisme, comme si celui-ci était incrusté dans la page. Certains créateurs se servent de cette méthode pour fabriquer des pages qui ont l'air d'un tout cohérent, alors qu'il s'agit uniquement d'un fond, de textes et d'images GIF transparentes. De plus, les fichiers GIF sont légers car ils sont aussi compressés (vous avez le droit de dire compactés), mais cette fois sans aucun perte de qualité.

Pourquoi dans ces conditions le format GIF est-il moins réputé auprès des amateurs que le format JPEG ? Très simple : elles comportent au maximum 256 couleurs (soit 8 bits), ce qui est *très* loin des millions de couleurs (soit 24 bits) des images JPEG. En ne parlons même pas de vrais niveaux de gris. On les réserve donc aux illustrations de base, aux graphismes dans le genre bande dessinée et aux animations.

Je pense que ce format finira par disparaître quand tout le monde pourra bénéficier d'une connexion à haut débit. Ce jour-là, la qualité graphique deviendra une exigence incontournable !

BMP, c'est Windows

Windows propose depuis toujours son propre format d'image. Les fichiers possèdent l'extension BMP et il est probable que vous avez choisi de type de format pour illustrer votre fond d'écran.

Tous les utilisateurs de n'importe quelle version de Windows peuvent lire ou échanger facilement des fichiers BMP. De surcroît, il s'agit d'un format offrant une excellente qualité de reproduction, aussi bien en 24 bits qu'en niveaux de gris.

Malheureusement, cette qualité est notamment due à l'absence de compression. Ce qui rend les fichiers BMP beaucoup, beaucoup plus gros que leur équivalent JPEG. Ainsi, une image 1024x768 peut occuper plus d'1 Mo. C'est pourquoi on trouve rarement sur Internet de fichiers au format BMP (ou alors, ils sont compactés à l'aide d'un outil spécialisé, tel WinZip).

De nombreuses personnes se servent de ce format bitmap pour archiver leurs images. Avantages : qualité, facilité de lecture, simplicité de conversion vers d'autres formats.

TIFF, à un cheveu de la perfection

Le format TIFF est connu et reconnu par la plupart des systèmes d'exploitation présents (et à venir). C'est l'un des meilleurs formats graphiques existants. On peut lui appliquer divers types de compression, sans aucune perte de qualité. Les artistes et les imprimeurs s'en servent couramment pour séparer les couleurs de base. En revanche, les images TIFF ont un "poids" supérieur à celui du JPEG (même compressée), ce qui explique leur faible présence sur le Web ou pour l'échange de fichiers par courrier électronique.

La Tableau 10.1 résume les principales propriétés des divers formats graphiques présentés ici. La comparaison s'effectue sur la base d'une image X, en résolution 1024x768 et sur 24 bits.

Tableau 10.1 : Les formats graphiques en résumé.

Format	Compression	Taille	Profondeur	Niveaux de gris
JPEG	Oui	110 Ko	24 bits	Oui
GIF	Oui	N/A	8 bits	Non
BMP	Non	972 Ko	24 bits	Oui
TIFF	Oui	403 Ko	24 bits	Oui

Et le PNG, c'est quoi ?

Il y a quelques années, un format graphique a tenté de s'imposer sur le Web. A ce jour, il n'a pas réussi à atteindre son objectif et demeure plus ou moins confidentiel. Son nom est PNG *(Portable Network Graphics)*. Il y a trois raisons pour présenter ce format à part.

- C'est le seul format conçu entièrement pour le Web (vers 1995 pour être précis). Il offre la même fonction de transparence que le GIF (mais il ne peut pas être animé) tout en donnant la même profondeur de couleur que le JPEG.
- Comme le TIFF, il est compressé sans perte de qualité. Il diffère donc sur ce plan du JPEG.

Bref, les concepteurs du format PNG n'ont oublié qu'une seule chose : le facteur humain qui tend à conserver ce qui marche tant qu'un meilleur standard n'a pas été adapté par tout le monde. De plus, si PNG est évidemment plus performant que le GIF, les fichiers restent plus gros qu'avec le format JPEG. En résumé, la partie n'est pas peut-être perdue (d'autant que la plupart des navigateurs actuels le reconnaissent), mais elle est loin d'être gagnée.

Images Web et profondeur de couleurs

Si vous demandez à un enfant de quatre ans quelle est la meilleure taille pour une boîte de crayons, il vous répondra sans doute : "La plus grande, bien sûr !". Et c'est la bonne réponse. Qui aurait envie d'utiliser une boîte de crayons avec 16 couleurs quand on peut avoir la version de luxe en 256 couleurs ?

Comme dans toute règle, il existe évidemment une exception. J'ai déjà fait la remarque que la plupart des gens qui travaillent pour le Web fabriquent généralement des images en 256 couleurs pour les pages régulièrement visitées. Ce choix permet de réduire la durée de chargement de ces images. Et c'est valable en particulier pour certains types d'objets :

- Les boutons, les cadres et les petites illustrations dessinées.
- Les titres en trois dimensions. Ainsi la Figure 10.1 illustre un didacticiel proposé sur le site Web de Jasc, l'éditeur de Paint Shop Pro. Une fois le titre graphique réduit sur 256 couleurs, il se charge en cinq ou six secondes sur une connexion standard.

Figure 10.1 : Sur une page Web, un titre ne doit pas dépasser 256 couleurs.

- Les vignettes d'aperçu (qui permettent au visiteur de cliquer dessus pour afficher la version complète).
- Les messages publicitaires et les graphiques animés.

A l'inverse, une profondeur de 24 bits s'impose dans deux cas :

- Si la qualité des images est essentielle. Un site consacré aux enluminures du XIVe siècle doit proposer des images en millions de couleurs ! Dans ce cas, prévenez les visiteurs qu'ils risquent de patienter un certain temps. L'idéal est même d'indiquer des temps de chargement moyen en fonction de la vitesse de connexion. Vous devriez même proposer une vignette de taille réduite sur laquelle il suffit de cliquer pour obtenir l'illustration complète.
- Si vous êtes certain que vos visiteurs disposent d'une connexion ultra-rapide (de type ADSL ou dans le cadre d'un réseau d'entreprise, ce que l'on appelle un intranet).

Pour la plupart d'entre nous, la règle est simple : contentez-vous de 256 couleurs, sauf si vous avez vraiment besoin d'une très grande boîte de crayons.

Le siècle de la compression

Chaque fois que les sigles JPEG ou PNG sont évoqués, le mot compression les accompagne. Puisque ces formats graphiques vous permettent de compacter une image sur 24 bits à l'intérieur d'un espace de plus petite taille, pourquoi ne pas serrer encore plus la ceinture ? Dans cette section, je vais vous montrer une série d'images qui vous aideront à comprendre la différence entre compression *sans* perte de qualité et compression *avec* perte de qualité, et donc pourquoi il ne faut pas aller trop loin.

Partons de la Figure 10.2. Voici une image non compressée au format bitmap de Windows (le fameux BMP). Elle offre un large éventail d'ombres et de détails. Avec une résolution de 500x500 (pour simplifier) et une profondeur de 24 bits, ce fichier occupe environ 730 Ko sur mon disque dur.

Lançons-nous dans la conversion de cette photographie au format JPEG. Il faudra pour cela choisir un taux de compression, disons par exemple d'environ 15 % (autrement dit, pratiquement rien). Voyons comment procéder avec Adobe Photoshop Elements :

Figure 10.2 : Version non compressée d'une image numérisée.

1. **Activez la commande Ouvrir dans le menu Fichier. Choisissez l'image que vous avez envie de convertir.**
2. **Une fois le fichier ouvert, sélectionnez la commande Enregistrer sous (toujours dans le menu Fichier).**
3. **Cliquez sur la Liste Format. Choisissez l'option JPEG.**
4. **Si vous le souhaitez, vous pouvez changer le nom du fichier, voire le placer dans un dossier différent.**
5. **Cliquez sur le bouton Enregistrer. La boîte de dialogue Options JPEG va s'afficher.**

   Configurez les options comme sur la Figure 10.3 (format standard, qualité 10 sur une échelle allant jusqu'à 12). Vous noterez en bas de la fenêtre l'estimation de la taille du fichier et du temps de chargement sur une connexion standard.

6. Cliquez sur OK pour confirmer votre décision. Le nouveau fichier est alors enregistré sur le disque dur.

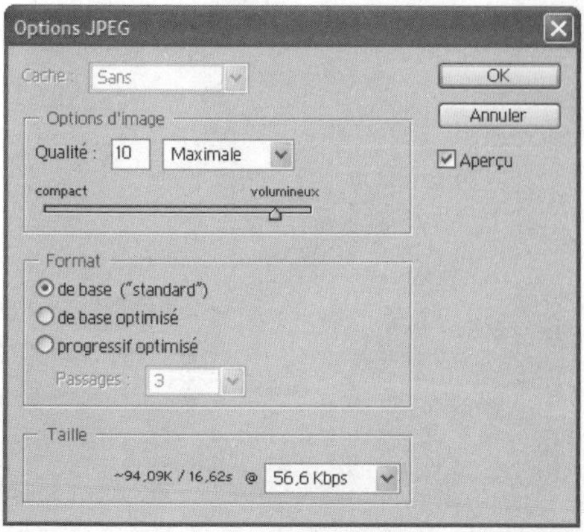

Figure 10.3 : Choisir un taux de compression JPEG avec Photoshop Elements.

Notre nouvelle image est illustrée sur la Figure 10.4. Vous voyez la différence à l'œil nu ? Non ? Personnellement, je me sers toujours de ce taux de compression et je n'ai jamais constaté de dégradation sensible de la qualité des images.

Observons maintenant la taille du fichier. Incroyable ! La même photographie, avec la même résolution et la même profondeur de couleurs tient maintenant dans un fichier d'environ 100 Ko (roulements de tambour). On comprend facilement la popularité du format JPEG !

Evitez les compressions successives !

Evitez le piège classique de la compression à répétition. Si vous ouvrez plusieurs fois une image JPEG pour la retoucher (ajouter du texte, modifier la luminosité ou le contraste, et ainsi de suite) et que vous l'enregistrez sans toucher au taux de compression, vous risquez de perdre chaque fois vos 15 %. Ceux-ci vont se multiplier lors de chaque sauvegarde, dégradant ainsi progressivement la qualité de l'image. Pour éviter cela, servez-vous de la commande Enregistrer sous pour créer une copie de l'image et revenez à la valeur maximale (soit 12 sous Photoshop Elements).

Figure 10.4 : Je sais que l'image est compressée, mais où est la différence ?

Revenons maintenant à notre image originale et tentons cette fois l'expérience avec un taux de compression d'environ 65 %. Reprenez la même procédure, mais indiquez cette fois 4 sur l'échelle de qualité. Vous commencez cette fois à voir l'impact de la compression sur les détails de la photographie. C'est ce qu'illustre la Figure 10.5. En contrepartie, la taille du fichier est encore divisée par deux ou trois (environ 40 Ko).

Pour pousser la démarche jusqu'au bout, recommencez toute la procédure (en repartant toujours de l'original) mais en choisissant maintenant la qualité la plus basse (0 sur l'échelle de Photoshop Elements). L'hypothèse peut sembler ridicule, mais après tout vous pouvez le faire et constater que le résultat reste reconnaissable alors que la taille du fichier tombe pratiquement à 25 Ko (voir la Figure 10.6).

N'OUBLIEZ PAS

Selon la nature de l'original, l'aspect d'une copie effectuée avec une dégradation JPEG maximale peut même présenter une étonnante qualité !

Figure 10.5 : A l'indice 4 de qualité, la dégradation commence à devenir perceptible.

Revenez à votre original et essayez maintenant de répéter la même opération en choisissant cette fois le format PNG. Par définition, Il n'y aucune dégradation, mais la taille du fichier reste très importante (le gain n'est que d'un tiers environ). Autrement dit, même avec le choix d'une qualité maximale, le grand vainqueur de la compétition reste le format JPEG. Comme on dit, il n'y a pas photo !

Quelle drôle de couleur !

Le Web peut être un endroit coloré (du moins si vous avez décidé d'utiliser des images sur 24 bits). Mais, pour toutes les raisons exposées plus haut, vous avez la possibilité de vous limiter à 256 couleurs, autrement dit d'opter pour le format GIF, du moins en ce qui concerne certaines images. Problème : quelles sont les 256 couleurs qui donnent un rendu exact quel que soit le navigateur Internet ?

Figure 10.6 : Avec une qualité de 0, on continue à reconnaître l'image.

Imaginez toutes les combinaisons possibles de programmes commerciaux, libres, en shareware ou autre, de systèmes d'exploitation tels Windows, Mac OS, Linux, etc. De quoi attraper le vertige.

Heureusement, les grandes puissances du HTTP (entendez par là Microsoft Internet Explorer et Netscape) ont forgé leur propre palette de couleurs, censée représenter le meilleur compromis possible entre ordinateurs sous Windows et sous Mac OS. Le résultat est une palette "optimisée", ou encore *palette Web*, formée de 216 couleurs. Tous les concepteurs de sites Internet fréquentent quotidiennement la palette Web.

Photoshop Elements vous permet facilement de réduire vos images GIF à cette palette Web :

1. **Ouvrez l'image que vous voulez adapter.**

2. **Dans le menu Image, choisissez Mode. Pour une image GIF, l'option couleurs indexées devrait être active. Cliquez sur Couleurs RVB.**

3. **Revenez au menu Image, puis Mode, en choisissant cette fois Couleurs indexées.**

   C'est une petite gymnastique indispensable (d'autres applications proposent directement de choisir une palette prédéfinie).

4. **Dans la fenêtre Couleurs indexées, sélectionnez Web dans la liste Palette (voir la Figure 10.7).**

   N'oubliez pas de cocher la case Aperçu pour voir le résultat. Testez les différentes options de la liste Simulation pour juger de la qualité la mieux adaptée à l'image.

5. **Cliquez sur OK quand vous avez terminé et enregistrez le fichier sous un nouveau nom.**

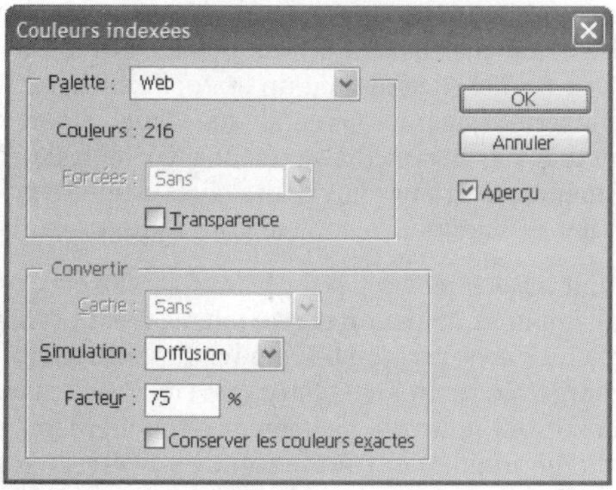

Figure 10.7 : Choisir la palette Web.

N'oubliez pas que cette palette Web ne peut optimiser que des images GIF en 256 couleurs. Appliquée à une photographie sur 24 bits, le résultat serait affreux !

La bonne taille pour le Web

Il n'existe pas de taille "correcte" pour le Web. Si un visiteur charge une image plus grande que son écran, le navigateur l'affichera tout de même. Mais il lui faudra jouer des barres de défilement pour la voir en entier. Ce n'est évidemment pas une bonne solution.

Voici donc quelques guides pour vous aider à dimensionner vos images pour le Web.

- **La plupart des gens en restent à la résolution de base de leur écran.** Même si les cartes vidéo et les moniteurs modernes offrent des résolutions extrêmes, qui travaille en 1600x1200 ? La plupart des visiteurs de sites Web se contentent d'une résolution de 800x600, quelques-uns ont osé le 1024x768, et d'autres en sont encore à la préhistoire, autrement dit à une résolution de 640x480. En conséquence, vos images doivent être d'une taille sensiblement inférieure à 800x600.
- **Utilisez un rapport largeur/hauteur courant.** Pour l'essentiel, les moniteurs des ordinateurs ont un rapport largeur/hauteur d'environ 1,33 pour 1. Taillez, rognez ou redimensionnez afin de rester dans cette configuration standard (qui correspond exactement aux modes de résolution classiques : 640x480, 800x600, etc.).
- **Ne prenez pas les vignettes trop au sérieux.** Comment peut-on apprécier vraiment une image dont la taille atteint tout juste 100x75 (surtout si elle contient du texte) ? Les vignettes ne devraient servir que pour un catalogue visuel. Sinon, offrez à vos visiteurs une vue intermédiaire (disons, en 400x300). Ne laissez tout de même pas traîner vos petits chefs-d'œuvre grandeur nature : il y a toujours des copieurs qui rôdent !

Si une image doit *absolument* dépasser le format 800x600, ou si le rapport largeur/hauteur ne peut pas être ajusté, il est préférable de compacter le fichier avec un outil tel que WinZip. Proposez alors à vos visiteurs de charger cette archive plutôt que l'image elle-même. Ils gagneront du temps et pourront facilement retoucher l'image dans leur propre éditeur graphique. Tout le monde y trouvera son compte !

Envoyer une image par courrier électronique

Envoyez une image en tant que pièce jointe à un courrier électronique est pratique et rapide. Il suffit que les deux correspondants disposent d'une connexion Internet (évidemment !) et d'un logiciel de messagerie adapté (tout le monde en a un).

Entre nous, le but de ce livre n'est pas de vous apprendre à vous servir de votre messagerie. Mais c'est tellement facile avec Outlook Express (par exemple) :

1. **Lancez Outlook Express à l'aide de son icône (elle se trouve sur le Bureau de Windows ou dans la barre des tâches).**
2. **Ouvrez le menu Fichier, puis Nouveau. Cliquez sur Message de courrier.**
3. **Dans la fenêtre de saisie, entrez l'adresse e-mail de votre ami ou cliquez sur le nom de champ A : pour sélectionner son nom dans votre carnet d'adresses.**
4. **Tapez un intitulé simple comme objet du message.**
5. **Cliquez dans la zone de saisie principale. Entrez le texte de votre message.**
6. **Ouvrez maintenant le menu Insertion. Activez l'option Pièce jointe.**

   Localisez l'image sur votre disque dur, puis cliquez sur Joindre. Le nom du fichier choisi apparaît sur une nouvelle ligne.

7. **Vous n'avez plus qu'à cliquer sur le bouton Envoyer, et le tour est joué !**

Lorsque votre ami reçoit le message, il peut facilement sauvegarder la pièce jointe sur son disque dur. Avec Outlook Express, il lui suffit de faire un double-clic sur la ligne du message pour l'ouvrir dans sa propre fenêtre, puis de cliquer avec le bouton droit sur le nom de la pièce jointe et de choisir l'option Enregistrer sous dans le menu contextuel.

TRUC

Convertissez vos images au format JPEG avant de les envoyer sous forme de pièces jointes. Elles se chargeront plus vite. Et n'oubliez pas que l'espace réservé à vos messages par votre fournisseur d'accès est vraisemblablement limité : un fichier de 3 Mo peut parfaitement être refusé !

ATTENTION !

Il existe une alternative à l'envoi d'une image en tant que pièce jointe : son insertion dans le message lui-même (par le menu Insertion, puis Image). Dans ce cas, votre message sera transmis au format HTML, comme une page Web. Il faut alors être certain que le programme de messagerie utilisé par votre correspondant est capable d'afficher cette page !

Est-ce bien légal ?

C'est une bonne question et je vous remercie de l'avoir posé ! Numériser quelque chose pour son propre usage ne pose pas de problème particulier. En revanche, diffuser ce document vers le monde extérieur peut poser des questions légales délicates (vous n'avez jamais chargé un clip MP3 ? Soyez franc !). Le problème est celui du *droit d'auteur*, sujet plus complexe qu'il n'y paraît (d'autant que la législation varie d'un pays à un autre).

Rassurez-vous. Je ne suis pas avocat et je ne vous ferai pas la morale. Mais il y a tout de même quelques règles à connaître.

- Ce n'est pas parce qu'il n'est pas écrit Tous droits réservés (ou copyright) que tout est permis. Dès l'instant où l'auteur termine son travail, il en est le seul propriétaire. Pratiquement tout ce que vous pouvez trouver sur le Web est juridiquement protégé par le droit d'auteur.
- Ce n'est pas parce que vous avez numérisé une image sur papier qu'elle devient brusquement votre propriété. Vous n'êtes ni Picasso, ni Victor Hugo !
- Ce n'est pas parce que c'est immatériel que vous avez le droit de tout copier. Un site Web, le journal du matin, un simple message et même la poubelle du voisin... rien de tout cela n'est à vous. Vous ne l'avez ni créé, ni écrit, ni même jeté. Vous devez avoir l'autorisation de l'auteur pour l'utiliser.
- Toute autorisation doit être spécifique et personnelle. Vous aviez la permission de l'auteur pour reproduire une page d'un livre ? Ce n'est pas une garantie à vie. Vous devrez refaire la demande pour copier une nouvelle citation !
- Plus petit ou plus grand n'y change rien. Réduire le sourire de Mona Lisa ne fait pas de vous un nouveau Léonard et ne vous donne aucun droit supplémentaire.

Prenons maintenant le problème dans l'autre sens. Si vous êtes l'auteur, le vrai, et que vous voulez garder des droits exclusifs sur votre image, ne la diffusez pas à l'envie sur Internet ! Sinon, ne soyez pas surpris de la retrouver le lendemain dans plusieurs sites Web, de surcroît cataloguée dans le rayon "domaine public"...

Pour protéger les droits des auteurs, il existe des applications permettant d'ajouter un filigrane à une image. Ce marqueur ne se voit pas, mais il peut être détecté, par exemple par Adobe Photoshop Elements. Un peu trop compliqué pour nous.

La méthode la plus simple consiste sans doute à utiliser l'outil Texte de votre Editeur graphique afin de recouvrir l'image d'une légende prévenant le piratage (ou du moins le rendant sans grand intérêt).

Sans aller jusqu'à l'outrance de la Figure 10.8, ce type d'avertissement pourra vous aider à sauvegarder vos droits.

Figure 10.8 : Voilà un avertissement clair et net !

N'oubliez surtout pas d'enregistrer la version "protégée" de votre image sous un autre nom que l'original. Un faux mouvement est si vite arrivé. Certes, Photoshop Elements place automatiquement les textes dans des *calques* à part, mais ceux-ci sont fusionnés avec le fond lors d'une conversion au format JPEG (par exemple). Il n'y a aucune bonne raison pour risquer de détruire votre original.

Chapitre 11

Sur la voie artistique

Dans ce chapitre :

- Parlons de filtres.
- Copier et coller des pixels.
- Colorer les pixels.
- Sélection, tendance pro.

Vous êtes prêt à plonger dans des eaux que la plupart des possesseurs de scanners ne fréquentent jamais ? Vous n'avez pas envie de faire partie de ces gens qui se satisfont d'un simple découpage ou d'un quelconque redimensionnement ? Alors voici mon conseil : *ne vous contentez jamais des images produites par votre scanner !* L'artiste qui sommeille en vous n'attend que l'occasion de se révéler. Une fois que vous savez faire, le reste n'est qu'une question de temps libre.

Nous avons déjà abordé dans le Chapitre 8 quelques techniques tenant des secours d'urgence. Ici, nous allons nous pencher (et seulement nous pencher, tant ce domaine est vaste) sur quelques procédures et outils permettant de modifier et/ou d'améliorer considérablement vos images numérisées.

Ce livre est consacré aux scanners et à la numérisation, non aux techniques d'édition des images (même si c'est ce que je préfère, personnellement). Nous ne nous intéresserons donc qu'à quelques outils essentiels. Si vous avez envie d'aller plus loin, sachez que l'excellent éditeur de ce livre propose dans son catalogue nombre d'ouvrages de qualité consacrés au traitement des images, au photomontage, et ainsi de suite. Que cela soit dit et répété !

Magique, non ?

Vous ne croyez tout de même pas que la photographie de la Figure 11.1 est réelle ? La vérité, je dois le dire est plus simple : ce montage a été fabriqué à partir d'une reproduction d'un célèbre tableau de l'Ecole de Fontainebleau et de l'image présentée sur la Figure 11.2. On n'est pas loin de la propagande de guerre...

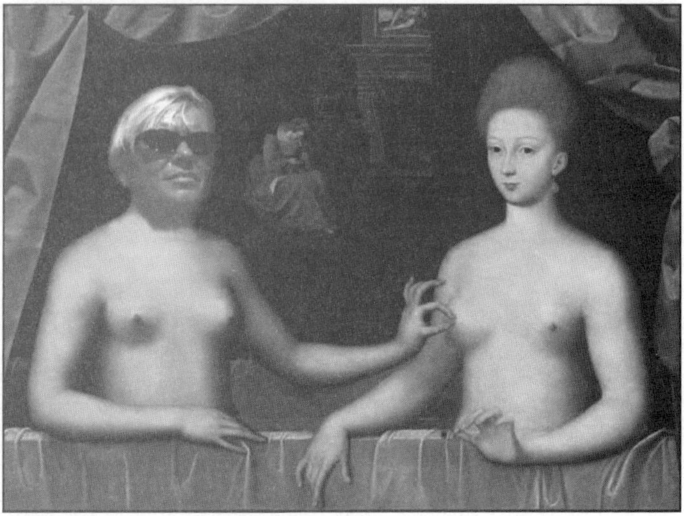

Figure 11.1 : Trucage sans tricherie pour photomontage entre amis.

Figure 11.2 : Clichés innocents pour un effet spécial.

Comment ai-je procédé ? Tout simplement en utilisant mon éditeur graphique pour "combiner" des éléments des deux images originales à l'aide de commandes couper/copier/coller, bref rien qui soit différent dans le principe de ce que vous savez faire depuis longtemps dans votre traitement de texte. Mais, au lieu de couper du texte, j'ai découpé un sujet sur une photographie pour le coller sur un autre (ajoutons tout de même qu'il a fallu aussi gommer le surplus, réduire la partie collée pour l'ajuster à l'image de destination, et quelques autres petites manipulations du même style).

Avant de revenir sur la copie et le collage (sans colle ni ciseaux), évoquons des outils parmi les plus puissants de votre éditeur graphique : les filtres et les effets spéciaux.

Introduction aux filtres et aux effets

La créativité est à un ou deux clic(s) de souris. Les véritables stars des éditeurs graphiques d'aujourd'hui (ou du moins de l'immense majorité d'entre eux) s'appellent les *filtres* et les *effets*. Quel que soit le nom employé (Adobe Photoshop Elements ne fait pas de différence particulière entre les deux), le but est le même : modifier votre image, voire uniquement une partie de celle-ci, en y appliquant une certaine formule mathématique.

TRUC

Si vous avez numérisé une page contenant du texte et que vous appliquez un filtre ou un effet, les caractères vont probablement devenir illisibles. L'impact peut être réduit si vous appliquez un effet qui peut être contrôlé, simplement en réduisant les réglages au minimum. Comment le savoir ? En essayant ! La fonction la plus utilisée dans ce genre de manipulation, c'est sans aucun doute *Annuler*.

N'OUBLIEZ PAS

Au fait, quelle est la différence entre un filtre et un effet ? Attention : vous pouvez épater vos amis en apprenant par cœur la réponse. Un effet peut être contrôlé. Vous pouvez spécifier la dose à appliquer à l'image (ou à une partie de celle-ci). Un filtre est d'ordinaire automatique. Vous l'appliquez, et c'est tout. En fait, la plupart des éditeurs ne font pas la différence. Oublions donc tout cela.

Je reviendrai dans un autre chapitre sur mes filtres (ou effets) préférés. Voyons simplement comment ces outils fonctionnent sous Adobe Photoshop Elements.

Ajouter un filtre ou un effet

Les types de filtres les plus connus et les plus répandus sont en réalité des *modules externes* (cherchez le dossier portant ce nom sous celui de Photoshop Elements, puis voyez la liste des fichiers ayant comme extension *8bf*, ou *8bi*, enfin 8 quelque chose). On les appelle également *plug-ins* (autrement dit, on les "branche" dans le programme).

A la source de ces plug-ins se trouve le grand frère de notre éditeur préféré : Adobe Photoshop. Ce qui est magnifique, c'est que ces modules sont employés non seulement par Photoshop et Photoshop Elements, mais aussi par un grand nombre d'autres éditeurs graphiques (citons simplement Paint Shop Pro).

Où trouver ces petites merveilles (enfin, pas toujours) de l'édition graphique ? Et si possible gratuitement ? Evidemment sur le Web ! Comment commencer ? Par questionner un moteur de recherche à l'aide d'une formule du style :

```
+free +photoshop +plug-in
```

Voici à titre purement indicatif deux adresses par lesquelles vous pouvez débuter votre recherche de l'oiseau rare :

```
http://thepluginsite.com/
http://www.freephotoshop.com/html/free_plugins.html
```

Supposons que vous vouliez ajouter à Photoshop Elements un nouveau filtre ou un nouvel effet trouvé sur le Web :

1. **Commencez par ouvrir sous votre explorateur de fichiers le dossier qui contient Photoshop Elements (sous Windows, il s'agit par défaut de C:\Program Files\Adobe\Photoshop Elements 2).**

2. **Créez un nouveau dossier appelé par exemple Mes Filtres (pour ne pas gêner les filtres de Photoshop Elements lui-même).**

3. **Lancez Photoshop Elements. Ouvrez le menu Edition, puis le sous-menu Préférences. Choisissez l'option Modules externes et disques de travail.**

4. **Dans la boîte de dialogue qui s'ouvre, cliquez sur le bouton Sélectionner. Localisez et choisissez votre dossier de filtres personnels. Validez. Vérifiez que la case du répertoire de modules externes supplémentaires est bien cochée (comme sur la Figure 11.3).**

5. **Cliquez sur OK. Refermez Photoshop Elements, puis lancez-le de nouveau. Vos nouveaux effets devraient apparaître dans le menu Filtre.**

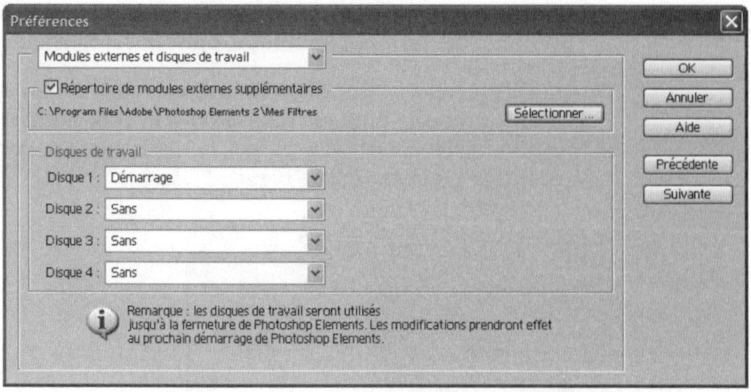

Figure 11.3 : Ajouter un dossier pour les filtres personnels.

La plupart des éditeurs proposent une méthode comparable pour l'ajout de filtres. A vous de vérifier ensuite si ces effets vous conviennent ou non.

TRUC

Vous êtes déçu d'un filtre ? Ouvrez votre dossier personnel et effacez le fichier correspondant (en règle générale, les noms sont suffisamment explicites pour ne pas se tromper). Vous vous contentez des filtres et effets fournis avec votre éditeur ? Désactivez l'option Répertoire de modules externes supplémentaires (et détruisez éventuellement le dossier contenant vos filtres). N'oubliez pas que les changements ne seront pris en compte que lors du prochain démarrage de Photoshop Elements.

Appliquer un filtre ou un effet

Rien de plus simple en règle générale que d'appliquer un filtre ou un effet :

1. **Si vous souhaitez appliquer le filtre à une partie de votre image, commencez par la sélectionner à l'aide de l'outil le mieux adapté (rectangle ou ellipse, baguette magique, lasso, etc.).**

TRUC

Il est parfois plus facile de sélectionner la portion de l'image que l'on ne veut *pas* modifier (par exemple, un fond relativement uni). Lorsque c'est fait, il vous suffit d'intervertir le résultat depuis le menu Sélection (ou en appuyant sur Ctrl-Maj-I). Toujours dans le menu Sélection, vous pouvez définir un léger contour progressif pour que l'effet appliqué se "fonde" mieux dans son environnement.

2. **Choisissez l'effet voulu dans le menu Filtre. A titre d'exemple, prenons les contours lumineux, dans la catégorie Esthétiques.**

3. **Le filtre propose généralement un aperçu. Vous pouvez vous servir des petits boutons plus (+) et moins (-) pour changer l'agrandissement et faire glisser la vignette d'aperçu pour recentrer l'image (voir la Figure 11.4).**

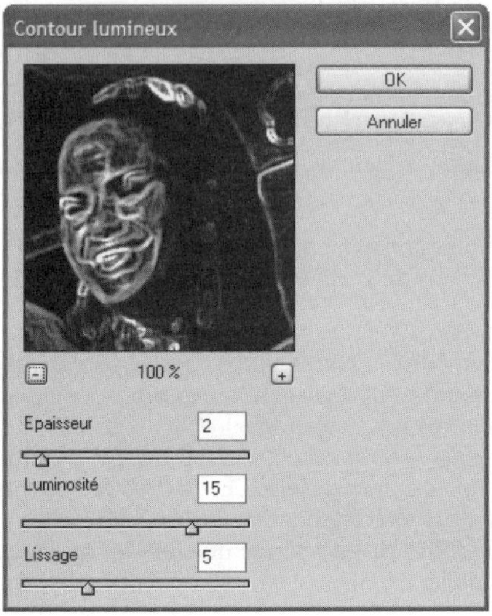

Figure 11.4 : Appliquer un filtre sous Photoshop Elements.

4. **La plupart des filtres proposent deux ou trois réglages qui définissent l'ampleur de l'effet. Essayez de trouver les valeurs qui vous conviennent le mieux.**

   Il ne vous reste plus qu'à cliquer sur OK, et c'est parti !

TRUC

Vous voulez revenir aux réglages par défaut ? Appuyez sur la touche Alt, puis sur le bouton Rétablir. Si la fenêtre contient une case Aperçu, l'effet est visible directement sur l'image. Cochez et décochez pour mieux juger du résultat. Vous n'êtes pas content ? L'option Annuler du menu Edition est faite pour cela. Vous voulez appliquer une seconde fois le même effet ? Appuyez sur Ctrl-F.

Reconnaissez-le franchement : les filtres et les effets forment un nouveau continent à découvrir et à explorer. Réveillez une fois pour toute l'artiste qui sommeille en vous !

Edition par pièces

Après tous ces filtres, dirigeons notre attention vers les joies de l'édition manuelle des images. Je vais vous montrer sur deux exemples simples comment copier et coller, et comment transformer les couleurs d'une partie de l'image.

Copier et coller (sans ciseaux)

Par copier et par coller, vous pouvez plus ou moins facilement ajouter, supprimer, multiplier ou détruire des éléments de votre image. Ou encore copier et coller des sujets d'une image vers une autre.

Photoshop Elements, comme la plupart des éditeurs graphiques, offre des outils plus ou moins sophistiqués pour sélectionné des portions d'images : rectangle, ellipse, lasso, forme, et ainsi de suite. Bref, une trousse pour pros. Trop complexe pour nous, simples mortels. Regardons ce qui est à notre portée (tout en réservant pour la fin un exemple plus poussé). Si vous avez envie d'aller plus loin, procurez-vous un ouvrage spécialisé et armez-vous de patience.

Voyons les étapes de base :

1. **Ouvrez le fichier d'image sur lequel vous voulez travailler.**
2. **Cliquez sur l'outil de sélection rectangulaire, en haut à gauche de la palette Outils.**
3. **Cliquez dans un coin de la zone que vous voulez sélectionner. Laissez le doigt appuyé sur le bouton de la souris. Faites glisser pour créer une de sélection (exactement comme pour numériser une partie d'un document original). Relâchez lors vous avez atteint le coin opposé : vous voyez la colonne de fourmis en marche ? La Figure 11.5 illustre cette technique.**

   TRUC

   Si la sélection ne vous convient pas, appuyez sur Ctrl-D pour l'annuler et recommencez.
4. **Ouvrez le menu Edition. Choisissez la commande Copier pour placer l'image sélectionnée dans presse-papiers.**
5. **Pour créer un double, il ne vous reste plus qu'à choisir la commande Coller, toujours dans le menu Edition.**
6. **Appuyez sur V pour activer maintenant l'outil de déplacement. Cliquez dans le cadre en pointillé et faites glisser votre**

objet vers l'emplacement voulu, comme sur la Figure 11.6. Cliquez en dehors du cadre pour terminer l'opération.

Figure 11.5 : Comment sélectionner la partie de l'image à copier.

Figure 11.6 : Appelez-le simplement le clone.

Pour améliorer le résultat, il convient d'avouer que l'entourage de l'enfant-clone a été grossièrement supprimé en l'aide de l'outil Gomme avant de tout fusionner.

Vous remarquerez qu'il est aussi possible de déformer l'image en faisant glisser les petits carrés, appelés *poignées*, qui se trouvent dans les coins et sur les bords du cadre délimitant ce que vous venez de copier. En éloignant très légèrement le pointeur de ce cadre, vous obtenez un outil de rotation pour faire tourner l'image sur elle-même.

Si vous voulez coller votre sélection dans une autre image, il vous suffit d'ouvrir celle-ci et de répéter exactement les étapes 5 et 6 ci-dessus. Vous pouvez également faire glisser votre sélection de la fenêtre de l'image source vers celle de l'image de destination.

Changer des couleurs (sans crayon)

Il y a toujours des pixels qui ne sont pas parfaits. Ce problème est le plus souvent lié aux couleurs. La nature des difficultés que vous pouvez rencontrer est assez vaste. Citons quelques exemples :

- L'image contient des éléments qu'il faudrait changer ou effacer (et un recadrage ne suffit pas). Il peut s'agir d'une ligne de texte dans un document comme d'un objet sur le fond d'une photographie qui gâche la vue.
- L'original peut présenter des imperfections : petites rayures sur une photographie, empreintes sur une carte de visite, etc.
- Des couleurs entières sont mal rendues ou procurent un effet désagréable (comme le tenue jaune et pourpre de la tante Juliette sur la photo de mariage).

Si vous voulez modifier des pixels individuels, vous disposez évidemment de l'outil Pinceau. Travail parfois indispensable, mais toujours fastidieux. En revanche, il est possible d'ajuster rapidement une série de couleurs ou de tons proches à l'aide d'une commande simple :

1. **Ouvrez l'image que vous voulez modifier.**
2. **Si nécessaire, sélectionnez la zone à modifier.**

   Vous devrez peut-être zoomer sur cette partie de l'image afin de voir précisément ce que vous faites. A défaut, la commande portera sur la totalité de l'image.

3. **Dans le menu Accentuation, cliquez sur Régler la couleur, puis choisissez l'option Remplacement de couleur.**

Vous affichez ainsi la boîte de dialogue illustrée sur la Figure 11.7. Déplacez-la sur l'espace de travail de façon à voir en même temps la fenêtre de l'image.

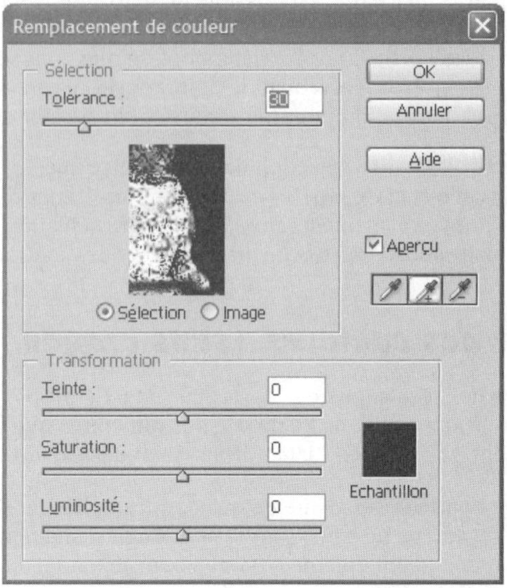

Figure 11.7 : Comment remplacer des couleurs.

4. **Choisissez une valeur de tolérance comprise entre 20 et 30.**

   Plus cette valeur est élevée, plus la gamme de tons sélectionnés s'étend. Vérifiez que la case Sélection est active. La sélection courante apparaît ainsi sous forme de niveaux de gris : le noir est totalement protégé, le blanc totalement modifié et les niveaux de gris indiquent une modification plus ou moins prononcée.

5. **A droite, vous voyez un petit outil qui représente une pipette. Activez-le. Cliquez ensuite sur un point de l'image à modifier.**

6. **Vous n'êtes pas satisfait ? Recommencez l'étape précédente.**

   Pour ajouter une gamme de teintes, choisissez l'outil Pipette suivi d'un signe plus. Pour restreindre la sélection, vous disposez aussi d'une pipette "moins". L'aperçu de la fenêtre vous permet de contrôler vos actions.

TRUC

Pour revenir au point de départ, appuyez sur la touche Alt. Le bouton Annuler devient Réinitialiser. Cliquez pour tout défaire.

7. **Si la sélection vous convient, faites glisser les curseurs jouant sur la teinte, la saturation et la luminosité.**

   La fenêtre d'image est automatiquement actualisée (si l'option Aperçu est cochée).

8. **Cliquez sur OK lorsque vous avez terminé.**

Naturellement, ces techniques de base ne donnent qu'une minuscule idée de tout ce qu'il est possible de faire avec un éditeur graphique aussi puissant qu'Adobe Photoshop Elements. En particulier, je vous laisse vous amuser avec les onglets Effets, Filtres ou encore Styles de calques (il vous suffit d'ouvrir l'une des ces palettes, puis de faire un double clic sur le modèle voulu, sachant que l'effet s'applique soit à l'image entière, soit à la sélection en cours).

Bref, encore une fois, ce livre s'intéresse aux scanners, pas aux éditeurs graphiques. Et il existe plein de livres extrêmement volumineux sur le sujet.

Cependant, Je vais vous montrer, pour terminer, une technique nettement plus avancée pour sélectionner avec précision une zone que vous voulez copier ou encore modifier.

Pour sélectionner comme un pro

Pour bien sélectionner un élément (objet, personnage, etc.), il est préférable qu'il se trouve sur un fond relativement neutre et uni. Le contraste entre le sujet et le fond est également déterminant. Pour travailler comme un champion, nous allons nous servir de plusieurs outils de Photohop Elements : les calques, le lasso magnétique et la forme de sélection. Tous les éditeurs graphiques n'offrent pas de telles fonctions. Mais nombre d'entre eux contiennent des outils qui leur sont spécifiques et qui ont pour vocation la création de sélections précises.

1. **Commencez par ouvrir l'image sur laquelle vous voulez opérer une sélection précise.**

2. **En haut et à droite de la fenêtre vous voyez une série d'onglets. Ce sont autant de palettes particulières.**

   Cliquez sur l'onglet appelé Calques, puis glissez-le sur votre espace de travail pour afficher la palette en permanence.

   Un *calque* est comme une feuille superposée avec le fond (ou arrière-plan). Il peut être plus ou moins opaque, comporter éventuellement des parties vides (transparentes) laissant apparaître l'arrière-plan et posséder un style qui sert à le combiner avec le fond grâce à une méthode mathématique (voir la Figure 11.8).

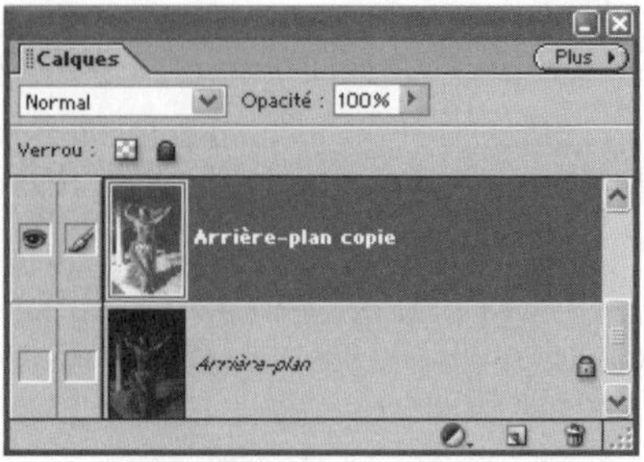

Figure 11.8 : La palette des calques.

Par défaut, un calque est créé en mode *Normal*. La liste située en haut de la palette Calques comporte de nombreux choix, pas tous évidents. Retenez tout de même qu'une copie du fond en mode Produit peut aider à corriger une surexposition. A l'inverse, le mode Superposition peut servir à compenser une sous-exposition. La dose appliquée est réglée par la valeur Opacité.

3. **Le bas de la palette propose trois boutons.**

   Faites glisser la ligne de l'arrière-plan sur le second bouton : Créer un nouveau calque. Vous dupliquez de cette façon le fond. La copie vient se superposer à l'original (qui est donc pour l'instant masqué par son double). Faites un double-clic sur la ligne intitulée *Arrière-plan copie*. Cela vous permet de personnaliser le nom du calque. Appelez-le *A* pour rester simple.

4. **Recommencez l'étape 3 pour obtenir une seconde copie (en appelant *B* cette reproduction). De cette façon, vous protégez totalement votre original.**

   En résumé, vous avez maintenant trois calques superposés : l'arrière-plan en bas, puis A, puis B tout en haut de la pile.

5. **Cliquez sur la copie B.**

   Vous voyez un petit symbole à gauche de la ligne. Il s'agit d'un œil qui indique que le calque est visible. Cliquez dessus : le symbole disparaît, le calque aussi. Faites de même avec l'arrière-plan. Seul A devrait apparaître.

6. **Cliquez maintenant sur A. Vous voyez le symbole du pinceau ? Il signale que A est le calque *actif*, celui sur lequel vous travaillez. Les autres calques ne seront pas touchés par vos actions.**

7. **Si nécessaire, effectuez un agrandissement autour de la partie que vous souhaitez sélectionner.**

   Si l'objet et le fond ne se détachent pas suffisamment, servez-vous par exemple du menu Accentuation pour adapter la luminosité et le contraste. Pas de panique : seule la copie (A) est concernée, pas votre original !

8. **Activez l'outil Lasso. Dans la barre d'outils, choisissez le mode Magnétique. Conservez les réglages par défaut. Ils sont trop compliqués pour nous (voir la Figure 11.9).**

Figure 11.9 : Les propriétés du lasso magnétique.

9. **Parfait.**

   Cliquez maintenant sur un point de l'image se trouvant au bord de la portion que vous voulez sélectionner. Déplacez ensuite *très* lentement le pointeur autour de la région voulue. Le lasso magnétique s'efforce de détecter les limites entre le sujet et ce qui l'entoure. Vous pouvez le laisser faire son travail sans intervenir, ou cliquer sur des points précis afin de fixer le contour.

10. **Petit à petit, le travail avance, comme sur la Figure 11.10.**

    Ne cherchez pas une précision absolue. Nous allons ensuite améliorer les choses. Revenez progressivement vers votre point de départ, toujours en suivant de près le contour. Pour terminer, appuyez sur la touche Entrée : la sélection se referme automatiquement, et la ligne du lasso redevient l'habituelle colonne de fourmis en marche.

    Vous avez donc une sélection encore imparfaite. Essayons de faire mieux.

Figure 11.10 : Le lasso magnétique sépare le sujet du fond.

11. **Dans la palette Calques, cliquez maintenant sur la ligne B pour choisir l'autre copie comme calque actif.**

    La sélection reste active. Comme vous n'avez pas changé le contraste et la luminosité de ce calque, il reste un double exact de l'original.

12. **Activez l'outil Forme de sélection.**

    Dans sa barre d'options, sélectionnez d'abord une forme de pinceau adaptée à votre image. Activez aussi le mode Masque (voir la Figure 11.11).

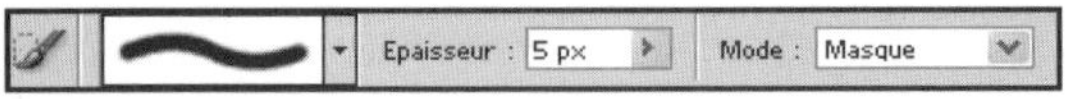

Figure 11.11 : Les options de la forme de sélection.

13. **Incroyable ! Tout ce qui est sélectionné s'affiche comme au travers d'un filtre rouge. Tout ce qui ne l'est pas est visible normalement.**

    Il ne vous reste plus qu'à *peindre* sur l'image pour étendre la sélection courante. Un petit coup de pinceau au bord, et vous ajoutez du rouge, autrement dit vous agrandissez votre sélection.

14. **Essayez d'affiner le masque en procédant par petites touches. Si vous débordez, appuyez immédiatement sur Ctrl-Z pour annuler.**

15. **Comment faire au contraire pour réduire le masque, et donc la sélection ? Simplement en intervertissant celle-ci.**

    Appuyez pour cela sur Ctrl-Maj-I. C'est le reste de l'image qui s'affiche en rouge, comme l'illustre la Figure 11.12. Un petit coup de pinceau, et c'est ajusté. Revenez ensuite à la sélection courante par la même combinaison, Ctrl-Maj-I.

Figure 11.12 : Jeu de masque.

16. **Content de vous ? Revenez au mode Sélection dans les options de l'outil Forme. Et revoilà les fourmis !**

17. **Pour mieux encore intégrer notre portion d'image dans son environnement, ouvrez le menu Sélection et choisissez la commande Contour progressif.**

    Prenez un rayon adapté à votre image, disons entre 2 et 5 pixels (voir la Figure 11.13).

18. **Ne prenons pas le risque de perdre cet épuisant labeur.**

    Dans le menu Sélection, choisissez l'option Mémoriser la sélection. Donnez un nom à votre convenance et validez. La région que vous venez de définir est sauvegardée.

19. **Nous n'avons plus besoin de nos copies.**

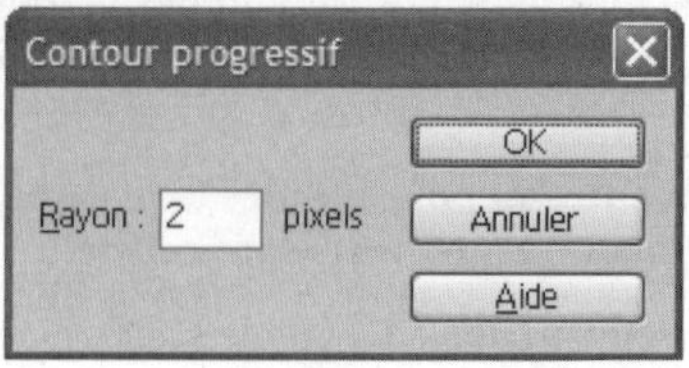

Figure 11.13 : Adoucir les bords de la sélection par un contour progressif.

Cliquez sur la ligne du calque B. Faites glisser, en bas de la palette, sur l'icône qui représente une poubelle. Jeté ! Recommencez avec le calque A. Parti ! Il ne reste plus que notre arrière-plan, donc l'image originale, et la sélection.

TRUC

Vous avez perdu votre colonne de fourmis en cours de route ? Ouvrez le menu Sélection et cliquez sur Récupérer la sélection. Choisissez dans la liste le nom donné lors de l'étape 18 en cochant la case Nouvelle sélection.

Il ne vous reste plus qu'à choisir un réglage, un filtre ou encore un effet pour transformer uniquement votre sélection. Ou encore à copier et coller ce morceau pour réaliser un montage efficace. La Figure 11.14 illustre l'efficacité du procédé.

Figure 11.14 : Pour cent briques de plus.

Pour conserver la présence de calques, vous devez enregistrer l'image au format PSD, celui de Photoshop Elements. Sinon, tous les calques seront fusionnés pour former l'image finale.

Assez travaillé pour l'instant. Prenez quelques jours de congés et amusez-vous à loisir avec votre éditeur graphique. Après quoi, vous serez paré pour revenir à notre sujet principal : le scanner.

Chapitre 12

Maintenir le scanner en bonne forme

Dans ce chapitre :

- Calibrer le scanner.
- Nettoyer le scanner.
- En cas de problème matériel.
- En cas de problème logiciel.
- A l'aide !

Comparé à d'autres matériels que vous pouvez connecter à votre ordinateur (imprimante, appareil photo numérique et ainsi de suite), la maintenance d'un scanner est, comment dire, presque une promenade de santé. Pas de batteries, pas de cartouche ou de papier à changer, pas de saletés dues à l'encre ou au toner, le rêve ! Un scanner à défilement peut certes connaître des bourrages résultants d'une mauvaise manipulation, mais un modèle à plat est pratiquement une unité scellée.

Pour autant, cela ne signifie pas que vous devez négliger votre scanner. Quelques règles à appliquer le maintiendront dans une forme olympique. Ce n'est pas parce que le prix de ce type de matériel s'est effondré qu'il faut le jeter au moindre ennui ! Parlons donc calibrage, maintenance, problèmes et assistance technique.

Calibrez, c'est gagné

Si vous songez qu'un scanner se doit de numériser avec précision des milliers de pixels à partir d'un original, vous comprendrez mieux pourquoi certains constructeurs recommandent de le *calibrer* régulièrement.

Calibrer un scanner, c'est un peu comme vérifier l'alignement des cartouches d'une imprimante à jet d'encre ou ajuster le ralenti du moteur de votre voiture. Cela permet de compenser le "décalage" qui peut se produire avec le temps pour revenir aux réglages d'usine.

D'ordinaire, seuls les scanners à défilement (ou les modèles intégrés) ont besoin d'être calibrés. Voilà un point à vérifier dans votre manuel. Certains anciens scanners à plat réclament aussi une procédure de calibrage. Vous n'êtes concerné par aucune de ces situations ? Vous avez le droit de passer directement à la section suivante.

Il y a calibrage et calibrage

En dehors du scanner, vous pouvez avoir à calibrer votre imprimante jet d'encre ou votre moniteur pour qu'ils reproduisent avec exactitude les couleurs de l'original numérisé. Généralement, les ordinateurs utilisent pour cela un système dit de *correspondance des couleurs.*

Mac OS s'appuie sur une technologie appelé ColorSync. Celle-ci propose un jeu de définitions pour chaque couleur supportée par chaque type de matériel compatible avec une palette universelle désignée sous le nom de standard CIE XYZ. La plupart des périphériques pour Macintosh sont livrés avec un profil ColorSync.

Sous Windows, le système pris en charge s'appelle ICM/ICC. Là encore, la plupart des matériels actuels (du moins ceux qui traitent les couleurs) sont fournis avec un profil qui est copié sur le disque lors de l'installation.

Il est vrai que la plupart d'entre nous n'a pas besoin de savoir si tel rose est reproduit fidèlement de l'original vers le moniteur, et du moniteur vers l'imprimante. Nous voyons que ce rose est "à peu près" bon. Bien sûr, les professionnels des arts graphiques et de l'édition ont des besoins autres. Il est essentiel pour eux de disposer d'un système de correspondance des couleurs extrêmement précis.

Si vous êtes toujours avec moi, c'est que votre scanner à défilement à besoin d'un calibrage périodique. Quand intervenir ?

- Il y a des rayures noires ou blanches sur les images numérisées.
- Des pixels sont perdus vers les marges, même si l'original est parfaitement aligné.
- Il y a des trous dans les graphiques ou les textes.

Calibrer son scanner au moins une fois par an est une bonne idée, surtout dans un environnement bureautique.

Les étapes exactes à suivre varient selon le constructeur et le modèle. Donnons donc une idée de la procédure générale :

1. **Lancez le programme de contrôle de votre scanner. Choisissez la commande Calibrer.**

   Dans le cas d'un appareil multifonction, cette commande peut se trouver sur le panneau avant de la machine.

2. **Chargez une feuille de papier blanc au format A4 dans le chargeur du scanner (ou la page de calibrage préimprimée fournie avec votre appareil).**

3. **L'imprimante va sortir une page de test.**

4. **Introduisez cette sortie dans le scanner. Celui-ci va la numériser, comparer le résultat avec des valeurs prédéfinies, puis adapter ses réglages pour rétablir les bons paramètres.**

La petite fée du scanner

J'ai déjà signalé que des poussières, des traces de doigt ou des tâches peuvent salir votre scanner. Et donc créer des défauts dans les images que vous numérisez ! Quelques minutes tous les mois devraient suffire à nettoyer le dispositif, pour le plus grand bonheur de vos images.

Ne démontez jamais une pièce du matériel informatique si votre manuel (ou le support technique) ne vous donne pas des instructions spécifiques à ce sujet. Ouvrir le ventre d'un scanner, c'est au mieux annuler votre garantie, et au pire risquer de le détruire. De toute façon, il n'y a rien à l'intérieur d'un scanner moyen qui soit suffisamment accessible pour être nettoyé !

Voyons quelques règles de base pour le bon entretien de votre scanner (et plus largement de votre équipement informatique).

Côté extérieur

Je connais de nombreuses personnes qui pensent que le boîtier de leur ordinateur ainsi que leurs périphériques sont indestructibles. Ce qui explique l'aspect "art moderne" de leur installation. J'ai même vu quelqu'un se plaindre que le plateau du lecteur de CD-ROM n'était pas à la taille de son verre ! Traces de café et miettes sont le lot quotidien de bien des ordinateurs. Tant que la ventilation et le tiroir du lecteur de CD-ROM ne sont pas entièrement recouverts de Post-it, tout va bien (personnellement, je tape mes notes sur l'ordinateur, si vous voyez la différence).

N'utilisez jamais de solvants !

Lorsqu'il faut jouer le technicien de surface, vous allez rapidement vous apercevoir que votre ordinateur et votre scanner sont, disons, trop humains ! Le capot du scanner est sans aucun doute en plastique, et vous risquez de le décolorer ou de l'endommager avec la plupart des produits d'entretien courant.

Il existe dans le commerce des chiffons antistatiques spécialement conçus pour les ordinateurs. Ils n'agressent pas le matériel et aident à éviter les dépôts de poussières. En revanche, évitez comme la peste les aérosols. Je vais y revenir.

Employez le bon outil

Rien ne vaut, pour nettoyer le capot de votre scanner (comme de votre ordinateur), un chiffon doux, qu'il s'agisse d'un produit conçu pour cela ou simplement d'un vieux tee-shirt.

Si une tâche résiste (cette manie de boire du café en travaillant !), vous pourrez probablement vous en défaire à l'aide d'une feuille d'essuie-tout légèrement mouillée.

Côté intérieur

Ce qui suit ne s'adresse par à tous les possesseurs de scanners. Un modèle à main, par exemple, est définitivement clos. Mettez votre tablier et votre fichu. Que pas une trace ne subsiste !

Les abrasifs sont à proscrire !

Cet avertissement semble évident, mais j'y insiste : si vous utilisez le mauvais type de produit, vous risquez de rayer la vitre de votre scanner à plat. Et le résultat n'est pas forcément moins grave qu'une glace brisée, car cette rayure peut apparaître systématiquement quand vous numérisez avec une résolution élevée. D'autant plus qu'elle n'est généralement pas toute seule.

Traitez votre scanner avec tous les égards dus à l'appareil de précision qu'il est, à l'égal de votre téléviseur ou de l'objectif de votre caméra ! A ce propos, les chiffons vendus pour les objectifs photographiques conviennent parfaitement aux scanners.

Ne pulvérisez jamais de liquide !

C'est un avertissement impératif ! J'ai déjà vu les dégâts produits sur une vitre de scanner par un nettoyant à vitres en aérosol. Le liquide s'est faufilé entre les bords de la glace et le boîtier. Et si aucun incident électronique n'est survenu cette fois-là (autre possibilité !), il est résulté une condensation suffisante pour provoquer un effet de brume chaque fois que la température de la pièce changeait de quelques degrés ! Tous ceux qui ont pris leur voiture par un matin froid comprennent ce que je veux dire. Inutile dans ces conditions d'essayer de numériser quoi que soit.

Que faire dans ce cas ? Ouvrir ? Faire réparer ? Soyons sérieux ! Autant racheter tout de suite un nouveau scanner !

La morale de cette histoire : éloignez tout liquide (y compris l'eau) en quantité un tant soit peu importante de l'intérieur de votre scanner. Si vous devez appliquer un produit liquide pour nettoyer la vitre, humectez un chiffon doux, puis frottez doucement.

Tant que vous y êtes, profitez-en pour nettoyer aussi le dessous du couvercle du scanner.

Simple, c'est bien

Est-ce qu'il y a une méthode simple pour entretenir la vitre du scanner ? La réponse est oui. Faites comme moi : utilisez une lingette antistatique pour écran d'ordinateur.

L'avantage est double : rien d'abrasif là-dedans, et il y a juste assez de liquide pour supprimer poussières et traces de doigts sans risquer d'inonder l'appareil.

Nettoyer un scanner à défilement

Je l'ai déjà indiqué : les scanners à défilement bas de gamme sont scellés, clos, fermés : le papier entre et il ressort. Fin de partie. En revanche, les modèles plus sophistiqués, de même que les appareils multifonction, *peuvent* être ouverts et même *doivent* l'être régulièrement pour inspection et nettoyage de l'intérieur. Que veut dire *régulièrement* ? La réponse se trouve sans doute dans votre manuel. Non ? Alors disons environ un fois par trimestre.

Comme je l'ai expliqué dans le Chapitre 1, les scanners à défilement déplacent l'original sur une tête de lecture stationnaire, ce qui les rend plus sensibles à la poussière et aux pellicules de papier que leurs cousins à plat.

Naturellement, la façon d'ouvrir la machine est expliquée dans le manuel du constructeur. Il peut y avoir un poussoir pour ouvrir le capot à l'avant (ou à l'arrière), à moins qu'il ne faille retirer entièrement celui-ci.

Ce qu'il faut nettoyer dépend du modèle et du constructeur. Par exemple, un appareil avec impression jet d'encre demande moins d'entretien qu'un système équivalent de type laser : la poudre de toner est salissante.

Autre élément à prendre en compte : le système d'entraînement du papier. Dans certains cas, il existe deux chemins : un pour le scanner, un pour la partie imprimante. Dans d'autres, le papier suit un chemin unique. Ce système a tendance à s'encrasser plus vite et demande donc un entretien plus régulier.

Les principaux éléments à nettoyer dans un scanner à défilement sont essentiellement ceux-ci :

- **Les rouleaux d'entraînement.** Ce sont vos premiers clients. Les documents que vous numérisez laissent des traces, des poussières, des minous de papier et ce sont ces rouleaux qui les récoltent en priorité. Si de petits débris de papier sont coincés ou tombés en bas de la caisse, retirez-les à l'aide d'une pince à épiler. Servez-vous d'un coton-tige *légèrement* imbibé d'une solution alcoolisée pour nettoyer les traces visibles sur les rouleaux. Frottez, toujours légèrement, dans le sens de la longueur, comme l'illustre la Figure 12.1. Changez régulièrement de coton.
- **La lentille.** Dans un scanner à défilement, le système optique se présente sous la forme d'une mince paroi de verre ou de plastique qui se trouve sur l'un des côtés du chemin d'entraînement. Procédez avec la même prudence que pour la vitre d'un scanner à plat. Là encore, un produit pour écran d'ordinateur sera votre meilleur allié.
- **Les détecteurs de papier.** Ces détecteurs sont de petites languettes en matière plastique qui indiquent à l'unité qu'une feuille a été introduite dans le scanner, puis qu'elle en est

ressortie. Comme ils sont au contact direct des documents, il faut les nettoyer de la même façon que les rouleaux.

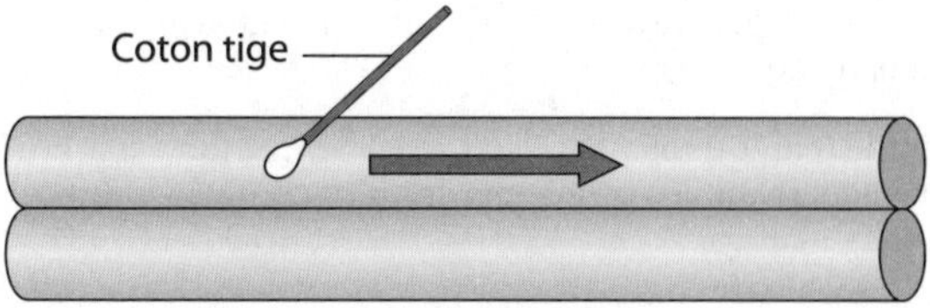

Figure 12.1 : L'art de nettoyer les rouleaux.

Pour entretenir au mieux l'intérieur de votre scanner à défilement, je vous recommande vivement l'acquisition d'une bombe d'air comprimé (en vente au rayon informatique ou photographie). Rien de tel pour chasser les poussières des endroits les plus inaccessibles de votre scanner, comme de votre clavier, du ventilateur de l'ordinateur, et ainsi de suite. Et cela sans aucun risque pour les composants électroniques.

Eloignez ce type de bombe des enfants. Entre leurs mains, cet objet inoffensif peut devenir une arme dangereuse !

Halte aux cauchemars matériels

L'impensable se produit : votre scanner devient soudain silencieux ou se met à réagir étrangement. Que faire ? Bondir chez le vendeur, téléphoner aux urgences ? Non : réfléchir.

Dans cette section, nous allons nous intéresser aux problèmes matériels les plus courants et aux solutions dont vous disposez. Dans la plupart des cas, les suggestions qui suivent devraient vous épargner le recours à un professionnel.

Ne paniquez pas !

Voici la règle numéro un : si vous scanner n'est pas en train de fumer ou de brûler, prenez le temps de réfléchir pour diagnostiquer la cause du problème. La plupart des composants d'un système informatique sont assez simples (surtout quand on les compare à une feuille d'impôts). Si vous vous y prenez méthodiquement, vous avez de sérieuses chances de trouver à la fois la nature du problème *et* sa solution.

Le manuel est fait pour cela

Je vais essayer d'être aussi complet que possible, mais je ne connais pas votre modèle de scanner. Ou alors, il faut m'inviter à passer le week-end chez vous.

Avant de tenter quoi que ce soit, commencez donc par lire la partie du manuel décrivant les problèmes les plus courants et les solutions correspondantes.

Une autre source précieuse d'informations se trouve (certainement) sur le site Web du constructeur. Consultez la rubrique consacrée au support technique, sans oublier les fameuses FAQ (en bon français, Foire Aux Questions). Après tout, d'autres utilisateurs ont pu rencontrer le même problème que vous. Pourquoi réinventer la roue ?

A vous de jouer

Avec les deux conseils précédents en tête, regardons de plus près les dérèglements matériels auxquels vous pouvez être confronté. Si rien de ce qui suit ne répond à la question, il ne vous restera plus qu'à réclamer des secours.

Rien ne marche !

Pas de lumière, pas de son, aucun signe de vie du scanner. Voici quelques pistes :

- **L'alimentation est débranchée.** Le rouge de la honte vous monte déjà au front. Rassurez-vous : même les technogourous les plus expérimentés ont déjà vécu ce calvaire ! Et ils ont survécu.
- **L'adaptateur est grillé.** De nombreux scanners utilisent un adaptateur de type AC (transformateur donnant un courant en 12 ou 24 volts). C'est en soi un appareil électrique qui peut donc rendre l'âme. Si vous suspectez le vôtre, essayez d'emprunter un modèle équivalent. Vous pouvez aussi acheter un adaptateur universel permettant de régler le voltage et offrant une série de fiches pour le branchement.
- **Votre multiprise est coupable.** Qu'elle soit simple ou qu'elle intègre régulateur de tension, parafoudre et ainsi de suite n'y change rien. Si aucun appareil électrique ne marche, c'est la prise multiple qui est coupable. Vérifiez tout de même qu'elle est allumée et branchée (sinon, gare au rouge de la honte).

Vérifiez le système de coupure du circuit (une surtension a pu se produire). S'il y a un fusible, changez-le. Votre problème est-il résolu ?

Supposons maintenant que vous ayez une superbe machine multifonction, avec un joli bouton à tout faire. Là encore, vous êtes en panne sèche. En plus des causes précédentes, voici plusieurs pistes à explorer :

- **Pas d'icône sur la barre des tâches.** Lorsque vous appuyez sur l'un des boutons de votre scanner, celui-ci envoie un signal à l'ordinateur. Pour reconnaître le signal, ce dernier doit exécuter un programme spécial qui a été installé en même temps que le scanner. Sous Windows, vous devez voir une icône à droite de la barre des tâches. Cette icône est bien là ? Cliquez dessus avec le bouton droit de la souris pour vérifier si le programme est actif. Vous ne voyez rien ? Essayez de réinstaller le logiciel du scanner.
- **Scanner non connecté.** Votre scanner est allumé. Mais est-il correctement relié à l'ordinateur ? C'était tout bête...
- **Le bouton est coincé ou cassé.** Le problème peut aussi venir du bouton lui-même. S'il est simplement coincé en position basse, vous pouvez peut-être le débloquer facilement. Sinon, le retour au service après-vente s'impose.

Pour tout problème lié au logiciel ou au pilote du scanner, prière de se reporter plus bas à la section correspondante.

Quand le papier bourre

Pas besoin de diagnostic particulier ici : un bourrage de papier, cela se voit ! Deux solutions peuvent s'offrir à vous :

- **Le document est toujours visible.** Vous avez de la chance. Attrapez la feuille par les deux angles du haut et tirez-la tout droit dans la direction opposée au scanner (souvent vers le bas, parfois vers le haut). N'essayez pas de tordre le papier pour l'extraire : tirez franchement vers vous.
- **Le document se trouve dans le scanner.** La situation est pire. Suivez les instructions données dans le manuel pour ouvrir le boîtier. Localisez le levier qui sert à dégager le papier. Avec un appareil multifonction, vous devrez le cas échéant retirer la cartouche de toner. Après quoi, la feuille devrait vous suivre sans résistance. Refermez-le tout comme indiqué dans le manuel.

Les bourrages de papier se produisent de temps à autre, presque inéluctablement. Mais si vous êtes sans cesse confronté à ce type de problème, il y a vraiment quelque chose d'anormal. Vérifiez l'écartement et l'inclinaison des lamelles qui guident le papier vers les rouleaux. Pensez à nettoyez ces derniers. Evitez de numériser des documents trop épais. Si le bourrage se produit régulièrement lors de l'impression, changez de papier.

La tête du scanner ne bouge pas

Les scanners à plat sont moins sujets aux pannes. Cela ne signifie pas pour autant qu'ils soient parfaits ! Si l'unité est allumée, mais que la tête de lecture ne se déplace pas lorsque vous essayez de numériser quelque chose, il y a plusieurs raisons possibles :

- **Le système de blocage est enclenché.** La plupart des scanners disposent d'un levier de verrouillage permettant de bloquer la tête lors des transports. Si ce levier a été actionné par erreur, vous risquez en insistant de détruire le mécanisme d'entraînement. C'est donc le premier point à vérifier !
- **La courroie est cassée ou mal alignée.** Le déplacement de la tête par le moteur est souvent effectué à l'aide d'une courroie. Prenez une lampe pour éclairer l'intérieur du scanner afin de vérifier l'état de cette courroie. Il est déconseillé de tenter vous-même la réparation !
- **La vis sans fin ne tourne plus.** Dans certains modèles, la courroie est remplacée par une vis sans fin. Celle-ci est peut-être coincée ou endommagée. Même méthode que ci-dessus et même conclusion !
- **Les rails sont bloqués.** Quel que ce soit le mécanisme d'entraînement, le déplacement de la tête du scanner est guidé par deux rails. Si le scanner est tombé ou a été abîmé lors d'un transport, il est possible que l'alignement de ces rails soit faussé : la tête vient se coincer entre eux. Parfois, un peu d'huile peut suffire à les dégripper, mais cela nécessite une ouverture du boîtier !
- **Le problème est logiciel.** Reportez-vous à la section suivante.
- **Le moteur est grillé.** Situation sans espoir et diagnostic difficile. Vérifiez le comportement du moteur lorsque vous mettez l'appareil sous tension. La plupart des modèles se calibrent automatiquement lors de la mise en route. Si vous êtes sûr de vos connexions et de vos logiciels, vérifiez ce qu'en dit le programme de test du scanner.

La lumière ne s'allume pas

Une lumière doit s'allumer lorsque vous mettez votre scanner à plat sous tension (quoi que certains modèles désactivent l'illumination en attendant une commande de l'ordinateur). Si rien ne s'allume lorsque la tête se déplace, recherchez le coupable à l'aide des conseils suivants :

- **Un câble est perdu.** La tête du scanner communique avec le monde extérieur via un câble. A l'aide d'une lampe électrique, vérifiez que celui-ci est correctement branché.
- **Les cellules sont grillées.** Ou il est possible de les remplacer, ou votre scanner est bon pour le musée.

Scanner sur port parallèle

Si votre scanner est branché sur un port parallèle et que votre ordinateur n'arrive pas à s'y connecter, vérifiez les points suivants :

- **D'abord le câble.** Comme toujours, il peut simplement s'agir d'un câble mal connecté. Vérifiez chaque prise.
- **Ensuite le chaînage.** Si vous chaînez plusieurs appareils sur le même port parallèle, il est possible que le logiciel et le pilote ne détectent pas le scanner. Essayez d'inverser l'ordre de branchement, de relier le scanner seul ou d'utiliser un autre port parallèle.
- **Quel est le mode du port ?** Votre port parallèle doit être configuré dans un mode appelé ECP/EPP. Sinon, le scanner et l'ordinateur ne pourront pas communiquer. Cette configuration s'effectue à partir du BIOS de l'ordinateur. Si vous savez comment faire (appuyez selon le cas sur F1 ou sur Suppr au démarrage du PC), contrôlez ce point. Sinon, appelez votre technogourou habituel.
- **C'est le port qui ne va pas.** Cela peut aussi arriver. Sous Windows, vous devez activer l'icône Système depuis le Poste de travail afin d'afficher la fenêtre du Gestionnaire de périphériques (voir la Figure 12.2). Vérifiez d'abord la présence du port parallèle (ou port imprimante). L'affichage d'un point d'interrogation jaune ou d'une croix rouge signale un problème avec le port. Direction : votre revendeur ou votre technogourou favori.

Comme Windows détecte les caractéristiques du port parallèle lors du démarrage, vous devez toujours relancer l'ordinateur après réparation du problème.

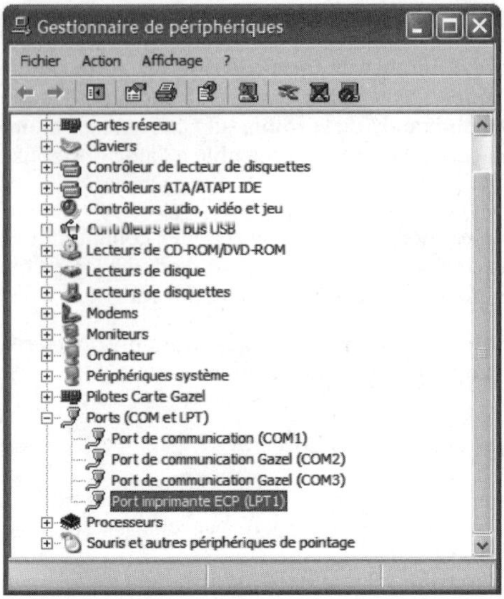

Figure 12.2 : Le Gestionnaire de périphériques de Windows.

Tester le scanner

Votre scanner est probablement livré avec un programme servant à tester la connexion entre lui et l'ordinateur. En cas de doute sur ce point, commencez par exécuter ce programme. Il vous fournira peut-être des informations précieuses sur les causes du dysfonctionnement (comme l'illustre la Figure 12.3).

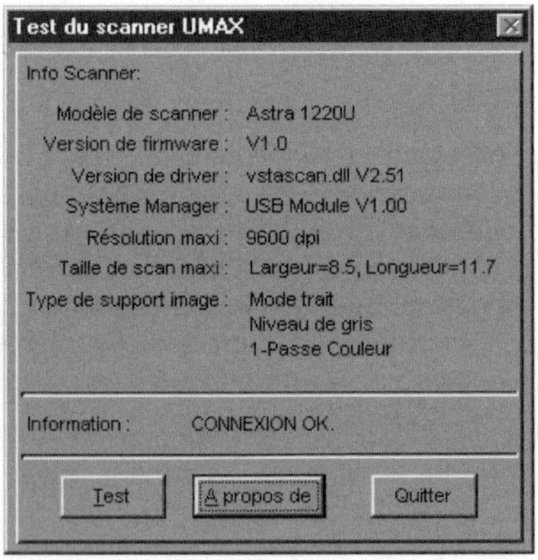

Figure 12.3 : Le test est passé !

Cas d'un port USB (ou FireWire)

Les problèmes et solutions possibles sont identiques dans les deux cas. Le programme de test peut vous informer en particulier des situations suivantes :

- **Mauvaise connexion.** Vérifiez vos câbles et branchements (voir la Figure 12.4). Au cas où.
- **Pilote de périphérique.** Les appareils USB et FireWire nécessitent des pilotes spécifiques. Il peut arriver que ceux-ci soient supprimés ou remplacés par accident (il suffit que vous chargiez sur Internet une nouvelle version qui se révèle inadaptée à votre modèle). Réinstallez le logiciel fourni avec le scanner.
- **Problème de bus.** Rien à voir avec les transports en commun ! Si plusieurs dispositifs USB ou FireWire sont chaînés et que l'un d'entre eux est éteint, il est possible que les suivants ne soient pas reconnus. Allumez tous les appareils et relancez l'ordinateur, ou au contraire déconnectez tous les autres dispositifs en ne laissant que le scanner.
- **Verrouillage actif.** Votre programme de test est peut-être capable de vous indiquer cette erreur de manipulation, comme sur la Figure 12.5. Débloquez immédiatement le scanner !

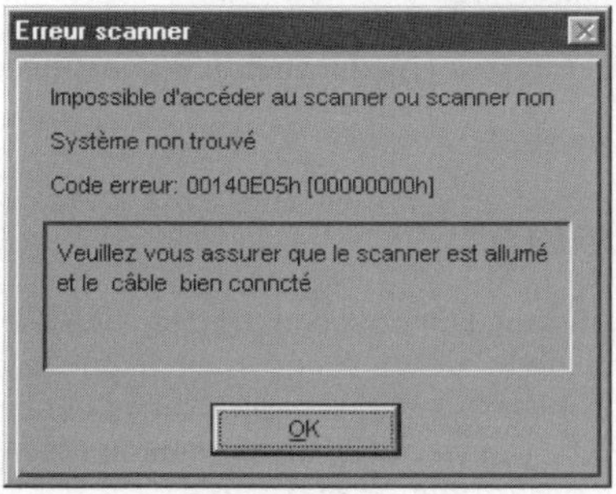

Figure 12.4 : Sans doute un problème de connexion.

Cas d'un port SCSI

En cas de dysfonctionnement du port SCSI, tous les dispositifs qui lui sont attachés (internes ou externes) sont affectés. Il se peut donc que votre système se bloque totalement tant que le problème de configuration n'est pas résolu.

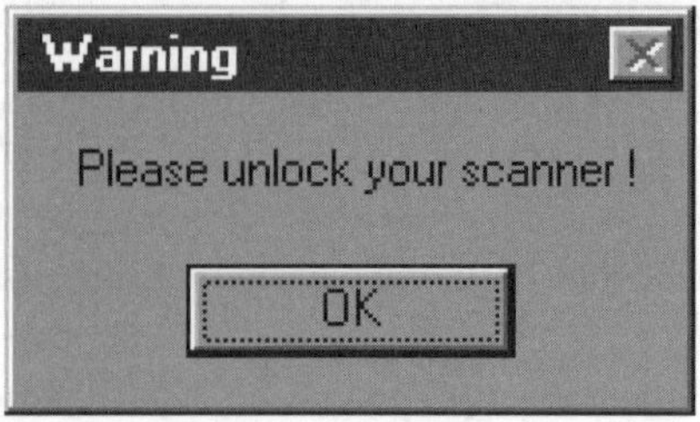

Figure 12.5 : Le levier de verrouillage a été activé par erreur.

Dans ce cas, ne traînez pas : courez lire ou relire le Chapitre 4. Vous y trouverez les informations dont vous avez besoin.

Halte aux cauchemars logiciels

J'ai une bonne et une mauvaise nouvelle. Commençons par la mauvaise : les problèmes logiciels sont plus difficiles à diagnostiquer. Et mon expérience me prouve qu'ils sont plus fréquents.

En voici maintenant la bonne nouvelle : la solution est généralement plus facile à trouver, car les problèmes logiciels se traduisent le plus souvent par l'apparition d'au moins un message d'erreur qui vous oriente dans la bonne direction.

Gardez cela présent à l'esprit et voyons quelques situations classiques.

Boutez et reboutez !

En premier lieu et avant tout, suivez le conseil d'un vieux de la vieille : redémarrez votre ordinateur ! Cela ne concerne pas que le scanner, mais vaut pour tout problème. Si j'avais touché un billet chaque fois que j'ai entendu dire "Oh, ça marche !", simplement après avoir relancé un ordinateur, ma fortune serait assurée !

Pourquoi cette méthode fonctionne-t-elle aussi bien ? Diverses raisons peuvent être invoquées :

- Un logiciel peut parfaitement "planter", qu'il s'agisse de celui qui pilote votre scanner ou d'un autre. Et une désactivation manuelle (via la combinaison Ctrl-Alt-Suppr) ne suffit pas toujours. Redémarrer l'ordinateur permet aussi de relancer les applications.

- Certains dispositifs externes, en particulier ceux qui sont branchés sur un port parallèle, peuvent être perturbés si votre ordinateur communique en même temps avec plusieurs appareils. L'exemple classique est celui d'un scanner et d'un disque de type Zip. Si vous essayez d'enregistrer un fichier tout en numérisant un document, ils peuvent perdre jusqu'au souvenir de leur existence.
- Windows, comme Mac OS, peut aussi "planter" tout seul. Je sais que vous ne me croyez pas, mais j'ai déjà entendu parler de victimes et de dégâts collatéraux.

Redémarrer l'ordinateur peut donc permettre à tout ce petit monde de revenir à son état normal. Pensez-y avant de prendre une pilule contre les cauchemars !

Mettez à jour votre logiciel !

Voici une autre astuce qui vaut pour tous les périphériques connectés à votre ordinateur, y compris donc votre scanner : ayez des pilotes à jour. Regardez régulièrement sur le site Web du constructeur : une mise à jour est peut-être disponible. Chargez-la (sans vous tromper ni de modèle ni de système d'exploitation) et installez-la.

Ce conseil vaut notamment pour les gens qui changent régulièrement de système d'exploitation ou de matériel. Un pilote conçu pour Windows 98 n'est plus adapté à Windows XP, voire à Windows Me !

ATTENTION !

Le passage à Windows XP peut entraîner des surprises douloureuses. En effet, la plupart des constructeurs ne prennent pas la peine de développer un nouveau pilote pour les matériels qui commencent à dater. Et l'âge de la retraite est parfois d'un an seulement !

En plein cauchemar logiciel

Relancer n'aide pas et vous utilisez les dernières versions des pilotes. Le manuel ne dit rien sur vos ennuis. Le site Web du constructeur ignore votre problème. Vous êtes en plein cauchemar logiciel. Tentons de trouver la bonne réponse.

Le logiciel du scanner ne se charge pas

Si rien ne se passe lorsque vous lancez le logiciel du scanner, vérifiez les points suivants :

- **Le scanner n'est pas en ligne.** Vérifiez une nouvelle fois que le scanner est allumé et correctement connecté.
- **Il manque un programme ou un pilote.** Vous avez exécuté une application chargée de "nettoyer" votre disque dur et elle a trop bien fait son travail. Ou encore, vous avez effacé par accident des fichiers importants. A moins qu'un virus ne ce soit infiltré. Commencez par contrôler votre disque à l'aide d'un bon antivirus (ce qui est de toute façon un réflexe à acquérir). Réinstallez le logiciel de votre scanner. Selon les dommages subis, vous devrez peut-être réinstaller également d'autres logiciels et/ou pilotes pour rétablir votre système.
- **Incompatibilités logicielles.** Avez-vous installé un nouveau programme ou mis votre système d'exploitation à jour depuis la dernière utilisation du scanner ? Essayez d'abord de réinstaller le logiciel du scanner. Si cela ne suffit pas, le problème se cache vraisemblablement dans les entrailles du système d'exploitation. Il est alors préférable de s'adresser à un service après-vente ou de faire appel au meilleur technogourou du coin.

Le logiciel ne reconnaît pas le scanner

Le logiciel se lance, mais il vous envoie un message disant, par exemple, que vous devriez acheter un scanner, que vous allez voir comme c'est bien, et ainsi de suite. Pendant ce temps, le scanner dort profondément. Ce sont toujours les mêmes histoires.

- **Vérifiez les branchements et connexions pour la dixième fois.**
- **Réinstallez encore le logiciel du scanner.** Vous avez peut-être récemment ajouté ou modifié quelque chose !
- **Vérifiez votre configuration USB, FireWire ou SCSI.** Vous n'avez pas oublié de relancer l'ordinateur ? Vous avez inversé des matériels ? Le logiciel doit rechercher le scanner à son ancien emplacement. Vous avez un *hub* avec plusieurs ports USB ? Contrôlez aussi sa connexion ! Les systèmes USB ou FireWire sont censés être totalement automatiques. L'expérience prouve que ce n'est pas toujours vrai.

Le scanner s'arrête en plein travail

Si votre scanner se bloque au milieu du chemin et que votre système vous lâche, diverses causes peuvent entrer en jeu :

- **Une incompatibilité logicielle.** Vous avez compris le truc. Réinstallez le logiciel du scanner. Vérifiez que vos pilotes sont à jour, et ainsi de suite.
- **La mémoire qui flanche.** N'oubliez pas que la numérisation d'une grande image en haute résolution peut consommer une quantité impressionnante de puissance de traitement, de disque dur et de mémoire vive (ou RAM). Si ces ressources viennent à manquer, il est tout à fait possible que Windows ou le logiciel (voire les deux) se bloquent. Du coup, le scanner reste en panne sèche au milieu de la route. Vérifiez dans votre manuel les recommandations concernant la quantité de mémoire et l'espace disque disponibles dont le scanner a besoin. Vous avez peut-être besoin d'ajouter de la RAM ou de faire de la place sur votre disque.
- **Un conflit matériel.** Votre scanner fonctionnait parfaitement avant que vous n'installiez un nouveau matériel ou que vous ne changiez la configuration d'un périphérique. Il est tout à fait possible que les deux composants entrent en conflit parce qu'ils tentent d'utiliser les mêmes ressources système. Vous pouvez essayer de retirer le nouveau matériel ou de revenir à la configuration précédente. Mais ce n'est sans doute pas votre objectif. Trouver l'IRQ à changer demandera sans doute l'aide du SAV ou d'un technogourou.

Quand il y a un problème de ressources système sous Windows, le coupable s'appelle en général IRQ. Il s'agit d'une sorte de feu de signalisation qui permet de réguler la circulation des données. Si deux dispositifs tentent d'utiliser la même IRQ, l'accident (autrement dit le blocage du système) est pratiquement inévitable. Ce type de conflit peut survenir non seulement avec un scanner, mais aussi avec un modem, une carte son ou encore un adaptateur SCSI. En règle générale, Windows 98 ou XP se débrouillent plutôt bien avec les IRQ, mais à l'impossible nul n'est tenu.

A l'aide !

Vous avez tout vérifié et revérifié. Toutes les solutions proposées dans ce chapitre ont été tentées, et d'autres aussi. Mais rien de tout cela ne marche.

A ce stade, vous n'avez plus qu'à vous tourner vers votre revendeur (en souhaitant qu'il soit compétent) ou vers le SAV du constructeur (disons plutôt de l'importateur) en espérant vivement qu'il ne vous traitera pas par le mépris.

Dans tous les cas de figure, vous devez collecter un certain nombre d'informations qui aideront le technicien à répondre au problème que vous rencontrez. En voici une liste relativement complète :

- le nom, le numéro de votre modèle ainsi que son numéro de série ;
- le type d'interface connectant le scanner à votre système ;
- la version du système d'exploitation que vous utilisez ;
- la version du pilote de votre scanner ;
- même chose pour son logiciel, sans oublier son numéro de série ;
- la marque de votre ordinateur et la liste des périphériques que vous avez ajoutés ;
- les messages d'erreurs qui ont pu s'afficher ;
- ce que vous faisiez exactement au moment de l'incident et ce que vous avez fait immédiatement après.

Et n'oubliez pas : il arrive qu'un appareil ou qu'un composant termine brusquement son existence. Ce sont les aléas de la vie.

Chapitre 13

Quelques projets pour scanners malins

Dans ce chapitre :

- Imprimer une étiquette pour une bouteille de vin.
- Créer un tee-shirt personnalisé.
- Créer un album.
- Utiliser un programme d'OCR.
- Faxer une image numérisée.

La plupart des gens achètent un scanner avec un objectif concret, généralement lié à la numérisation d'images ou de texte, la motivation pouvant être personnelle, professionnelle ou encore éducative. Mais le champ d'application d'un scanner peut être bien plus large.

De nos jours, on trouve assez facilement des boutiques dont on ressort avec un tee-shirt personnalisé, un CD-ROM rempli de photographies, des cartes de vœux pour la tante Henriette, un calendrier aux armes de l'entreprise ou encore un tapis de souris illustré d'une photographie coquine. Et quel est le matériel de base pour réaliser tout cela ? Un simple ordinateur, un scanner, un appareil photo numérique et une bonne imprimante à jet d'encre. Pourquoi ne pas vous y mettre ? Je suis certain que vous êtes capable de faire aussi bien.

Etiquette grand cru

Vous voulez épater vos amis en leur faisant croire que ce petit vin de pays est un vrai grand cru ? Rien de bien difficile si vous avez une imprimante à jet d'encre (du moins, tant qu'il n'ont pas goûté le vin, mais là je ne peux rien pour vous).

Un peu de papier collant double face, des ciseaux et un cutter ainsi que quelques feuilles de papier glacé en qualité photo, voilà tout ce dont vous avez besoin comme matériel supplémentaire. En route !

1. **Ouvrez dans votre éditeur graphique (pour nous, Adobe Photoshop Elements) l'image numérisée que vous voulez utiliser pour votre étiquette.**

2. **Mesurez la taille de l'étiquette actuelle de la bouteille.**

   Ajoutez environ un centimètre de chaque côté pour être certain de cacher l'ancienne appellation.

3. **Dans le menu Image, choisissez Redimensionner, puis Taille de l'image.**

   Entrez la résolution voulue ainsi que les dimensions que vous avez mesurées dans les champs Largeur et Hauteur (sous la section Taille du document, comme sur la Figure 13.1). Si le rapport hauteur/largeur ne convient pas, vous devrez annuler et recadrer l'image. Sinon, il reste possible de désactiver l'option Conserver les proportions et de définir manuellement les valeurs.

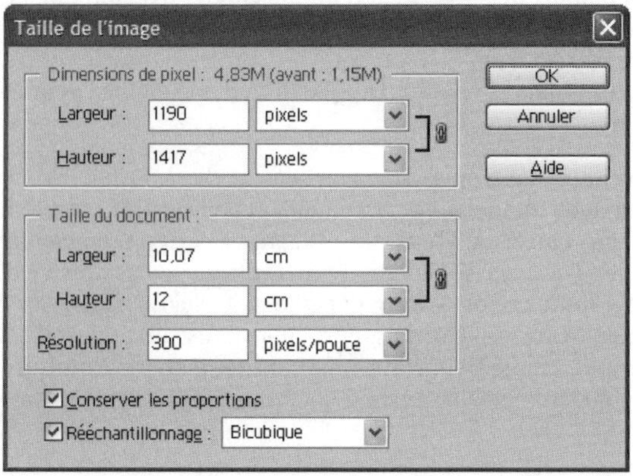

Figure 13.1 : Redimensionner l'image numérisée.

TRUC

Pour obtenir le format correct, activez le rectangle de sélection. Dans sa barre d'options, choisissez le style Proportions fixes. Entrez ensuite la largeur et la hauteur dans les deux autres champs (voir la Figure 13.2). Cliquez sur l'image et faites glisser pour définir la boîte de sélection. Faites glisser cette dernière pour la placer avec précision.

Figure 13.2 : Définir un rapport hauteur/largeur fixe pour la sélection.

ATTENTION !

Lors d'un redimensionnement, Photoshop Elements peut changer le nombre de pixels de l'image. C'est généralement sans danger. Sinon, choisissez le mode pourcentage dans les champs du haut et ajustez la résolution pour obtenir les dimensions voulues tout en conservant un taux de 100 % pour les dimensions.

4. **Cliquez sur l'outil Texte horizontal (ou appuyez sur la touche T).**

   Choisissez de préférence tout de suite les options du texte, comme sur la Figure 13.3 : style, police de caractères, taille, gras, italique ou autre, justification du paragraphe, couleur, etc.

Figure 13.3 : Choisir le style du texte.

5. **Cliquez sur l'image, à la position de départ de la légende.**

   Saisissez ensuite normalement le texte à ajouter sur l'étiquette (appuyez sur la touche Entrée du clavier principal pour passer à la ligne). Photoshop Elements permettant de travailler comme dans un vrai petit traitement de texte, vous pouvez éditer votre étiquette à loisir.

TRUC

Si l'image est sombre, le texte peut être difficile à voir. Dans la palette des calques, déjà évoquée dans un précédent chapitre, désactivez le symbole de l'œil pour la photographie de fond, en ne laissant visible que le calque du texte (comme sur la Figure 13.4). Remarquez qu'un cadre de texte possède des poignées qui permettent de le déplacer, déformer ou faire tourner. De plus, Photoshop Elements offre un module de déformation du texte, presque à droite de la barre d'options de cet outil. N'oubliez pas de rétablir l'affichage de l'image.

Figure 13.4 : La légende de l'étiquette.

6. **Quand vous êtes satisfait, insérez une feuille de papier dans l'imprimante.**

   Activez ensuite la commande Aperçu avant impression, dans le menu Fichier. Tout va bien ? Cliquez sur Imprimer.

7. **Dans la fenêtre Impression, choisissez votre imprimante jet d'encre.**

   Utilisez le bouton Propriétés pour sélectionner la meilleure qualité possible (sans oublier d'indiquer le type de papier). Il ne reste plus qu'à confirmer.

8. **Une fois l'image imprimée, découpez le papier aux dimensions voulues.**

Pour simplifier la découpe, cliquez sur Afficher plus d'options dans la fenêtre Aperçu avant impression. Cochez alors la case Traits de coupe. Des lignes seront imprimées autour de chaque coin.

9. **Collez un petit morceau d'adhésif double face au dos de chaque coin.**
10. **Centrez l'étiquette sur la bouteille de façon à ce qu'elle recouvre totalement l'ancienne. Appuyez.**
11. **Terminez par un coup de chiffon sur l'étiquette, en allant du centre vers les bords.**

Pour étiqueter une bouteille neuve, vous pouvez même réaliser l'impression sur un papier plus ordinaire. Le truc consiste alors à tremper le papier dans du lait avant de le coller sur le verre. Passez un chiffon puis laissez sécher.

Créer un tee-shirt personnalisé

Personnaliser son tee-shirt (ou tout autre objet dont la matière est adaptée à ce type de réalisation) est un amusement pour les petits et les grands. Il vous faut juste savoir manier le fer à repasser et acheter du papier spécial pour transferts.

Je vous recommande de choisir un vêtement en coton pur, ou, à défaut, fabriqué dans un mélange coton/polyester, voire en toile. En plus du fer à repasser, du papier et de votre matériel informatique, vous aurez besoin de ciseaux et d'un linge.

Les enfants et les fers à repasser ne font jamais bon ménage ! La surveillance d'un adulte s'impose.

Etape 1 : La préparation

Vous devez d'abord préparer le tee-shirt pour le transfert.

1. **Lavez le vêtement à l'eau froide (sinon, il risque de déteindre par la suite).**
2. **Essorez-le à température normale (sans assouplissant ni autre produit).**
3. **Uns fois sec, vous pouvez le repasser, mais sans vapeur ni amidon !**

Laissez le vêtement prendre la température ambiante avant d'appliquer le transfert.

Etape 2 : L'impression

Dans le principe, l'opération est la même que pour créer une étiquette, si ce n'est que l'impression doit s'effectuer à l'envers.

1. **Importez votre image numérisée. Effectuez les corrections qui vous semblent nécessaires, ajoutez du texte si vous le souhaitez, et ainsi de suite. Enregistrez l'image sous un nouveau nom.**

   N'importe quel programme capable d'imprimer en couleur peut servir à préparer le transfert. Avant de lancer une sortie, vérifiez si votre imprimante possède une option du style Miroir ou Retourner horizontalement. Si oui, activez-la. Dans le cas contraire, l'inversion doit être faite manuellement. Photoshop Elements, par exemple, vous propose la commande Symétrie d'axe horizontal (menu Image, puis Rotation). Il existe des applications spécialisées dans l'impression de transferts qui font tout cela à votre place.

   N'essayez pas de créer un transfert sur une imprimante laser ! Le papier utilisé pour cette opération risquerait d'endommager votre jouet de luxe.

2. **Imprimez une page de test sur du papier ordinaire pour contrôler la disposition de l'image.**

   Il vaut mieux laisser quelques centimètres sur les bords. Vérifiez aussi que le transfert ne débordera pas dans le dos du vêtement ! En cas de besoin, redimensionnez votre image et imprimez une nouvelle page de test.

3. **Il est temps de passer aux choses sérieuses. Engagez le papier pour transfert en le plaçant sur quelques feuilles de papier ordinaire.**

   Normalement, le papier devrait comporter un marquage indiquant le côté à imprimer. Toutes les informations utiles devraient figurer sur l'emballage.

4. **Activez la commande d'impression depuis le menu Fichier (généralement, le bouton Imprimer de la barre d'outils ne vous demande pas votre avis).**

N'oubliez pas, si c'est possible, de demander l'inversion horizontale de l'image. Sélectionnez le type de papier le mieux adapté à la situation avec la meilleure qualité possible pour la sortie.

5. **Il ne vous reste plus qu'à envoyer l'impression.**

6. **Pour terminer, coupez les bords inutiles avec des ciseaux ou un cutter.**

Pour faire un travail de pro, laissez une distance constante entre l'image et les bords. N'oubliez pas de laisser un coin vide pour retirer plus facilement la pellicule après transfert.

Etape 3 : Le coup de fer

Faites bien attention à ceci : selon la provenance du transfert, la température et la durée d'application du fer à repasser changent ! Lisez bien les instructions données sur l'emballage avant de vous lancer.

Cela étant précisé, voyons les étapes générales à suivre :

1. **Choisissez pour travailler un support lisse et solide (une table de cuisine devrait convenir). Ne vous servez pas d'une table à repasser (pour éviter des plis). Couvrez cette surface d'un drap épais ou d'une taie d'oreiller. Lissez les plis soigneusement.**

2. **Mettez votre fer à repasser en marche. Réglez la température au maximum. Laissez préchauffer au moins dix minutes.**

   N'oubliez pas : ni vapeur, ni amidon !

3. **Disposez le tee-shirt (ou l'objet à marquer) sur le drap. Côté à décorer au-dessus, évidemment.**

4. **Posez le transfert sur le vêtement en l'alignant correctement. Le côté imprimé doit se trouver en dessous. Comme l'image est renversée, le bon sens est ainsi rétabli (ce qu'illustre la Figure 13.5).**

5. **Appuyez doucement avec le fer à repasser en partant d'un bord et en vous déplaçant du haut vers le bas du transfert. Maintenez une pression constante. Le fer devrait rester en contact avec le transfert pendant au moins 30 secondes en tout.**

Moins le tissu est lisse et plus vous devrez appuyer fortement. Vous devez aussi laisser dépasser le bord de la feuille afin de bien plaquer celui-ci.

Figure 13.5 : Paré pour le transfert !

Ne laissez pas le fer plus d'une seconde ou deux au même endroit. Sinon, gare au roussi !

6. **Recommencez l'étape 5 pour les trois autres bords du transfert.**

   Respectez strictement cette procédure si vous voulez que le transfert survive au premier lavage.

7. **Après les bords, il est temps de s'attaquer au milieu. Déplacez le fer en cercle, restez toujours en mouvement et conservez une pression constante.**

8. **Bravo ! Vous allez pouvoir ôter la pellicule. Reposez soigneusement votre fer et débranchez-le. Retirez le transfert en partant du coin le plus large. Allez-y lentement mais fermement.**

Ne laissez pas le transfert refroidir avant d'enlever la pellicule ! Vous risqueriez de ruiner tous vos efforts et d'obtenir un tee-shirt tout juste bon pour bricoler à l'abri des regards ironiques.

9. **C'est fini ! Suspendez votre création à un cintre et asseyez-vous pour contempler le résultat.**

Un album de photos sur CD ou sur Internet

Dans le Chapitre 5, je vous ai déjà conseillé d'archiver vos images numérisées sur un CD-ROM. Ce support est également parfait pour la diffusion d'albums contenant des images et des documents prêts à être chargés sur un autre ordinateur, ou encore sur un site Web.

Mais vous n'avez aucune certitude si vous envoyez un CD-ROM plein d'images numérisées à un novice de la chose informatique (vous savez bien, c'est ce que vous étiez avant de devenir un vrai technogourou...). Est-ce que la personne peut voir ces images ? Est-ce qu'elle possède un éditeur graphique ? Est-ce qu'elle sait se servir de l'afficheur de Windows ? A vous de l'aider en créant un menu ou un diaporama personnalisé !

Il existe nombre d'outils spécialisés dans ce domaine, qu'ils soient professionnels, en shareware ou même totalement libres de droits. Bien entendu, la démarche et les procédures varient d'un logiciel à un autre. Mais il y a généralement une méthode conseillée pour débuter ce type de travail : regrouper dans un même dossier tous les fichiers à cataloguer.

Si vous disposez d'Adobe Photoshop Elements, vous avez à votre disposition une méthode finalement simple et élégante pour diffuser une collection d'images sur CD-ROM (ou sur un site Internet). Voyons cela de plus près :

1. **Lancez Photoshop Elements. Il n'est même pas nécessaire de charger une image.**

2. **Dans le menu Fichier, vous pouvez voir une commande appelée Créer Galerie Web Photo (l'intitulé est explicite, à défaut d'être en bon français). Cliquez dessus.**

   La boîte de dialogue illustrée sur la Figure 13.6 va apparaître.

3. **Dans la partie Site, vous avez la possibilité d'entrer une adresse Web (la vôtre si possible), de spécifier une extension de fichier (HTM convient très bien) et surtout de choisir un**

style prédéfini. Voilà de quoi vous valoriser à bon compte ! Pour faire simple, prenons le style Image horizontale.

Les modèles servant aux styles se trouvent dans le sous-dossier Paramètres prédéfinis\Galerie Web Photo de Photoshop Elements. Pourquoi un jour ne pas y ajouter un style personnel après avoir étudié la façon dont ces définitions sont conçues ?

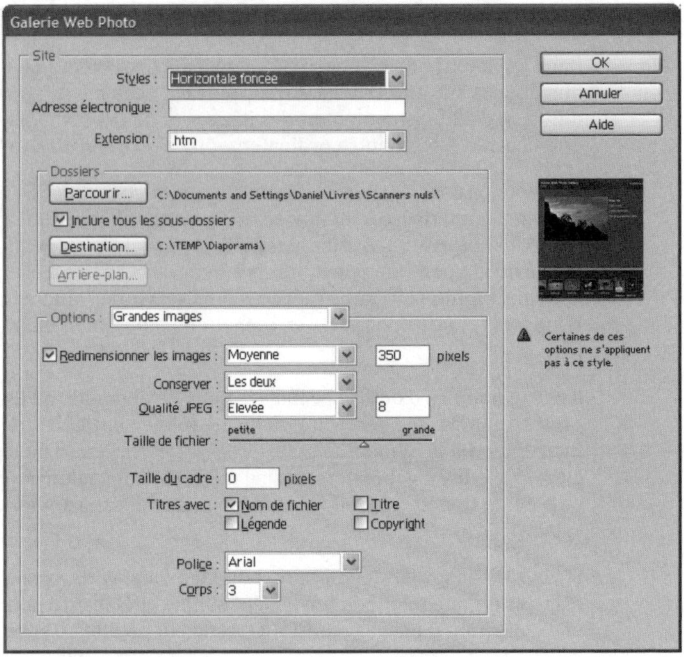

Figure 13.6 : Créer une galerie de photos sous Adobe Photoshop Elements.

4. **Vous devez maintenant sélectionner le dossier qui contient les images à placer dans la galerie. Servez-vous pour cela du bouton Parcourir.**

   Conservez si nécessaire l'option proposant d'inclure tous les sous-dossiers. Bien entendu, cela suppose que vous ayez suivi le conseil initial en copiant dans ce dossier toutes les images numérisées dont vous avez besoin !

5. **A l'aide du bouton Destination, il vous faut ensuite indiquer dans quel dossier la galerie doit être enregistrée.**

Vous pouvez à ce stade définir un emplacement existant ou en créer un nouveau. Dans ce cas, il vous suffit d'entrer un nom à votre convenance. Le diaporama y sera enregistré. La Figure 13.7 illustre ce choix. Dans cet exemple (sous Windows XP), un dossier appelé *Ma Galerie* a été ajouté aux images partagées.

Figure 13.7 : Définir le dossier de destination.

TRUC

A ce stade, autant enregistrer la galerie sur le disque dur. Vous pouvez toujours graver le dossier sur CD-ROM par la suite.

6. **Il vous reste encore à définir plusieurs séries d'options (disponibles dans la liste qui se trouve vers le milieu de la fenêtre).**

   Vous pouvez parfaitement conserver toutes les propositions par défaut. Mais autant éviter de se lancer dans l'édition Web en personnalisant au maximum l'affichage :

   - **Bannière :** définissez ici les éléments affichés dans le titre, en haut de la page Web (ou encore page HTML). Indiquez le nom donné à la galerie, vos coordonnées, la date, et ainsi de suite.
   - **Grandes Images :** ces options déterminent la façon dont les images sont affichées "grandeur nature". Vous pouvez leur donner un format et un taux de compression JPEG communs. Pour transmettre simplement vos œuvres sans autre modification, il vous suffit de ne pas cocher la case Redimensionner les images (comme sur la Figure 13.8).

Chaque image peut être entourée d'un cadre dont il est possible de définir l'épaisseur. Enfin vous pouvez ou non afficher certaines informations, comme le nom du fichier ou un titre.

Les renseignements concernant titre, légende ou copyright doivent être entrées au préalable à l'aide de la commande Informations du menu Fichier.

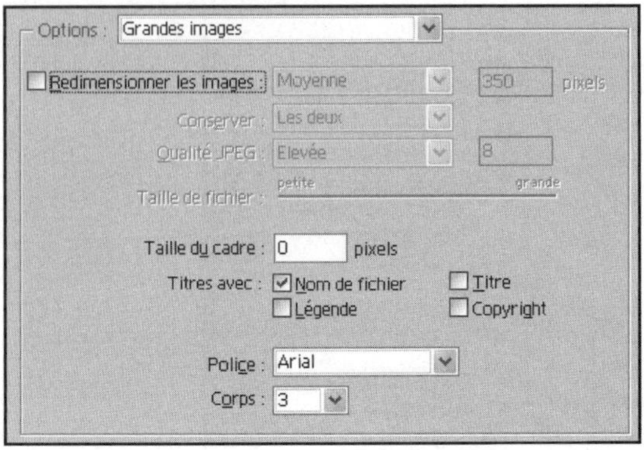

Figure 13.8 : Options pour l'affichage des images originales.

- **Vignettes :** le principe de la galerie Web est de proposer des vues en réduction (les vignettes) sur lesquelles il suffit de cliquer pour afficher les grandes images. Cette série d'options vous permet de définir facilement leur taille, disposition, cadre et légendes éventuelles. Un ou deux essai(s), et vous aurez vite compris le principe.
- **Couleurs personnalisées :** cliquez dans les godets pour personnaliser la couleur de certains éléments. Mais attention, cela ne sert à rien avec certains styles prédéfinis.
- **Protection :** spécifiez éventuellement ici la nature du message qui avertit les pirates et autres contrevenants qu'ils s'exposent aux foudres de la déesse Numéra en cas de copie illicite (on peut toujours faire semblant d'y croire). Ce texte sera affiché sur toutes les images de la galerie (si vous ne voulez pas faire peur à tante Henriette, ne mettez aucune protection).

7. **Lorsque toutes vos options sont prêtes, il ne vous reste plus qu'à cliquer sur OK.**

Et voilà. Patientez quelques minutes, le temps pour Adobe Photoshop de convertir vos images au format JPEG, de créer les vignettes, les légendes et d'enregistrer le tout dans le dossier de destination.

Une fois le travail terminé, la page Web devrait s'ouvrir dans votre navigateur Internet habituel (comme l'illustre la Figure 13.9).

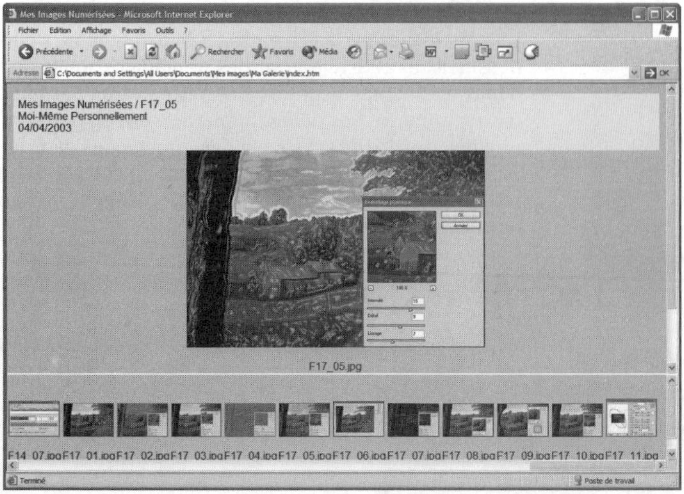

Figure 13.9 : La galerie n'a plus qu'à être publiée.

Votre galerie ne vous plaît pas ? Recommencez en modifiant certaines options. Tant que Photoshop Elements n'est pas refermé, il conserve en mémoire vos définitions.

Utiliser un programme d'OCR

Les lettres OCR, je vous l'ai déjà indiqué, signifient Optical Character Recognition. Autrement dit, reconnaissance optique de caractères. Il est temps maintenant de voir par vous-même le temps et les efforts que cette technologie peut (ou non) vous faire gagner. Le but est ici de récupérer un texte sous Microsoft Word en partant d'un texte original sur papier et d'un logiciel d'OCR relativement quelconque. Disons celui qui est fourni sur le CD-ROM de votre scanner. Si tout se passe bien, si l'original est bon et si le programme d'OCR fait correctement son travail, vous devriez obtenir le même texte sous Word que dans le document de départ !

1. **Lancez votre logiciel d'OCR à partir du menu des programmes.**

2. **Exécutez la commande qui lit le texte depuis le document original que vous avez inséré dans le scanner.**

   Dans notre exemple, il s'agit de l'option Depuis scanner, dans le menu Reconnaître. Mais tout peut changer d'un programme à l'autre.

   Comme le montre la Figure 13.10, le programme s'efforce de dessiner des cadres autour des principales zones de texte et d'image. Chacune peut être liée à la suivante par une flèche ou par un numéro. Ces délimitations servent en particulier à modifier l'ordre des textes et des graphismes dans le document. En règle générale, le programme connaît son travail et sait retrouver le sens ordinaire dans notre langue : de haut en bas et de gauche à droite.

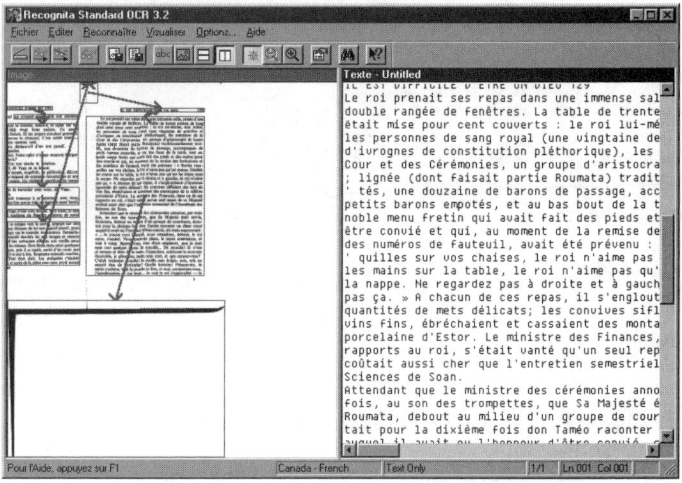

Figure 13.10 : Le texte a été retrouvé !

3. **Si votre programme essaie automatiquement de lire les caractères, laissez-le faire. Sinon cliquez sur l'option de reconnaissance du texte.**

   Dans le pire des cas, quelques instants d'attente devraient suffire. De quoi faire pleurer ceux qui, comme moi, ont découvert le monde des ordinateurs il y a... disons un certain nombre d'années. Bref, le document devrait être analysé en une poignée de secondes.

Vous vouliez un document Word ? Le problème devrait être facile à résoudre.

4. **La plupart des logiciels d'OCR permettent d'enregistrer directement le texte qui a été reconnu au format Word. Dans le pire des cas, sélectionnez-le en entier, lancez Word et copiez-collez votre sélection dans un nouveau document. Ou sauvegardez le document au format texte seulement (TXT), puis ouvrez-le dans Word.**

Bref, rien que de l'ordinaire. A la magie près : comment un vulgaire programme associé à un quelconque scanner est-il capable de lire aussi bien que vous une œuvre d'Honoré de Balzac, de Victor Hugo ou n'importe quel autre grand classique ? Mystère total.

Faxer une image numérisée

Dernier projet proposé dans ce chapitre : envoyer une image sous forme de télécopie. Plusieurs démarches sont possibles. Soit vous disposez d'un logiciel de télécopie capable de piloter directement votre scanner. Dans ce cas, vous n'avez pratiquement qu'à indiquer le numéro à appeler. Soit vous devez créer un document quelconque dans votre traitement de texte ou votre éditeur graphique puis l'envoyer vers une sorte d'imprimante particulière en spécifiant évidemment le numéro de votre correspondant.

Nous allons prendre à titre d'exemple l'outil incorporé dans Windows XP. Aux options près, la démarche est sensiblement la même dans n'importe quel autre logiciel de ce type :

1. **Si ce n'est fait, vous devez d'abord vous rendre dans le Panneau de configuration, pour ouvrir la fenêtre Imprimantes et télécopieurs.**

   Cliquez sur l'option qui vous propose d'ajouter un télécopieur. Répondez aux questions posées (elles concernent surtout vos propres coordonnées). Au bout de quelques instants, vous devriez disposer d'une nouvelle "imprimante" appelé *Fax* (renommez-la si vous le souhaitez). Vous pouvez ensuite refermer le Panneau de configuration.

2. **Préparez normalement le document à envoyer.**

Le logiciel importe peu. Il suffit qu'il possède une commande Imprimer. Si vous disposez de commandes servant à configurer l'impression ou à afficher un aperçu, profitez-en pour choisir immédiatement le dispositif de sortie. En l'occurrence, il s'agit de *Fax*.

TRUC

La résolution d'un fax étant limitée, l'expédition d'une image de trop haute qualité est sans intérêt. Sous Photoshop Elements, servez-vous (comme nous avons déjà appris à le faire) de la commande Redimensionner pour définir une résolution de 200 dpi (n'oubliez pas de rétablir une échelle de 100 % pour la largeur et la hauteur).

TRUC

Autre conseil. Vous connaissez la (mauvaise) qualité des télécopies ! Les images photographiques sont les premières à en en souffrir. Avant toute expédition, commencez donc par copier votre original, puis convertissez la copie (celle que vous allez faxer) en niveaux de gris. Vous pourriez aussi être tenté d'ajouter du grain à l'image pour simplifier la tâche du pilote de télécopie. Sachez que ce n'est généralement pas une bonne idée.

3. **Dans le menu Fichier, cliquez maintenant sur la Commande Imprimer. Si ce n'est fait, choisissez dans la liste du haut le modèle *Fax*. Confirmez.**

4. **Un assistant prend en charge la suite des événements. Cliquez sur Suivant. Entrez le nom et le numéro de fax de votre correspondant.**

   Vous pouvez également le choisir dans votre carnet d'adresses Internet (voir la Figure 13.11).

5. **Cliquez sur Suivant.**

   Vous pouvez maintenant ajouter une page de garde (celle qui annonce le document principal) et entrer un petit message personnel (voir la Figure 13.12). Quand vous avez fini, cliquez sur Suivant.

6. **Précisez que vous voulez expédier la télécopie tout de suite. Cliquez sur Suivant, puis sur Terminer.**

7. **Le moniteur de télécopie se met en route (voir la Figure 13.13).**

   Votre fax est prêt à partir (si votre ligne de téléphone est libre, bien entendu). Tante Henriette, la photo arrive !

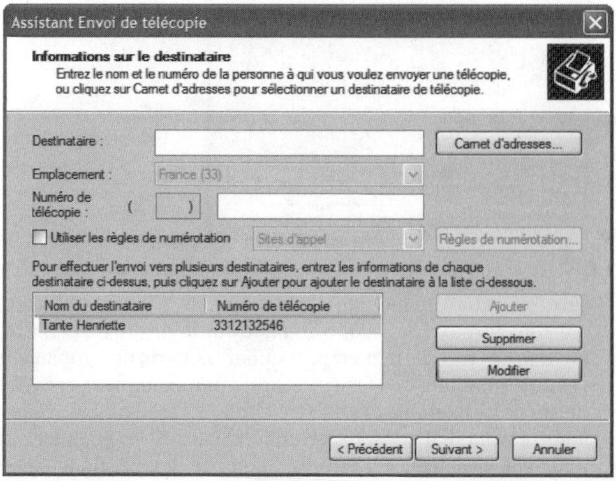

Figure 13.11 : Envoyer un fax à tante Henriette.

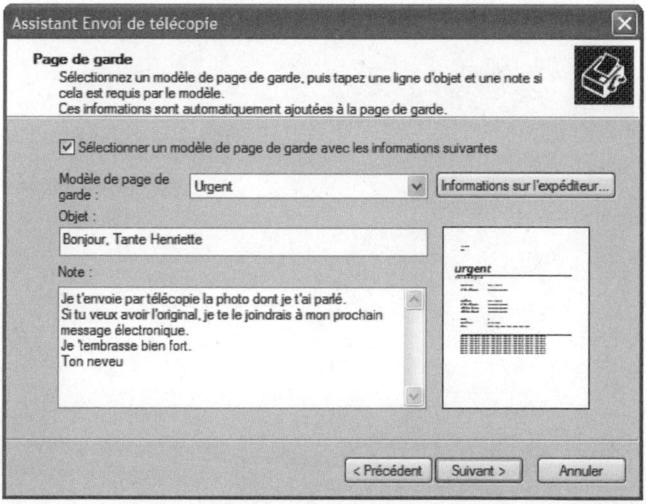

Figure 13.12 : Personnaliser le fax pour tante Henriette.

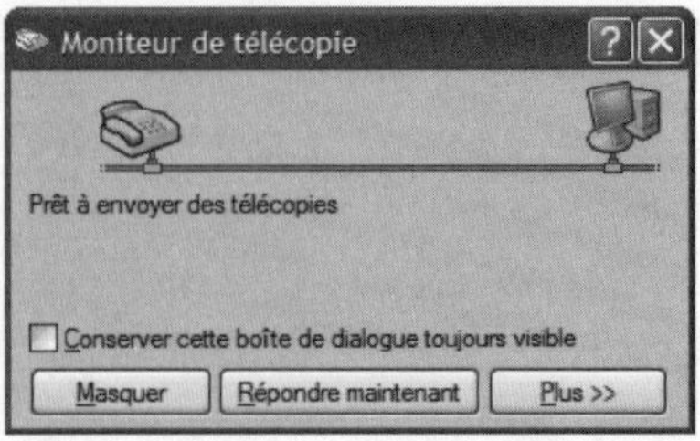

Figure 13.13 : Le moniteur de télécopie.

Une fois activé, le module de télécopie de Windows XP reste disponible sous forme d'une icône affichée sur la droite de la barre des tâches. Celle-ci permet en particulier d'ouvrir une console offrant une gestion complète des fax (y compris par exemple la création de pages de garde personnalisées). Cette console ressemble fortement à la fenêtre principale de MS Outlook Express. Si vous utilisez ce dernier pour vos messages sur Internet, vous ne devriez donc pas être dépaysé.

Cinquième partie

Les dix commandements

"Là, c'est moi avec Cindy Crawford. Et celle-là, c'est moi avec Madonna et Céline Dion."

Dans cette partie...

Vous trouverez ici des conseils et des astuces qui vous aideront à utiliser votre scanner avec plus de créativité et d'efficacité. Vous y apprendrez à reconnaître une numérisation réussie, ce qu'il faut éviter. Vous découvrirez également divers effets spéciaux.

Chapitre 14

Dix trucs et astuces pour mieux numériser

Dans ce chapitre :

- Rechercher des nouveaux programmes.
- Expérimentez !
- Optimisez votre mémoire.
- Restez à jour.
- Regardez dans les coins !
- N'oubliez pas la souris.
- Réorganisez votre disque dur.
- Devenez un expert du logiciel.
- Défragmentez votre disque dur.
- Agrandissez l'écran.

Pratiquement tous les trucs et astuces proposés dans ce livre concernent votre scanner, son logiciel et votre éditeur graphique. Rien d'étonnant à cela ! Sans une bonne connaissance de votre matériel et du logiciel qui l'accompagne, comment progresser ?

Si vous avez lu les autres chapitres, vous devriez être familiarisé avec ces éléments et vous sentir dans la peau d'un véritable vétéran de la numérisation. Dans ce chapitre, nous allons plutôt nous intéresser au reste de votre système : disque dur, mémoire, moniteur, etc.

Rechercher de nouveaux logiciels

Personnellement, je ne regarde jamais les feuilletons ou les séries télévisées. Mais des amis m'ont expliqué qu'il fallait suivre les épisodes au jour le jour. Sinon, on ne comprend plus rien à l'histoire.

C'est aussi vrai dans le monde du logiciel. Pas forcément pour savoir qui fait quoi à qui. L'intérêt est surtout de rester au contact des évolutions et des nouveautés. Et en particulier, pour ce qui nous intéresse dans ce livre, à propos des scanners. Ceux-ci se répandent à grande vitesse, ce qui entraînent une explosion des logiciels (commerciaux ou en shareware) d'édition graphique, d'outils dédiés à la numérisation, de plug-ins, et ainsi de suite. Même si votre scanner actuel peut fonctionner pendant plusieurs années, il serait dommage de passer à côté de ces innovations !

Comment suivre ces nouveautés ? Il existe de multiples revues mensuelles qui proposent des bancs d'essai, des critiques et des articles. Je ne citerai pas de nom : vous trouverez ces magazines chez votre marchand de journaux habituel.

Mais le premier agent de renseignement actuel est bien évidemment le Web. Il existe tellement de sites consacrés à ce type de sujet qu'il n'est même pas envisageable d'un citer un plutôt qu'un autre. Essayez de trouver ce qui vous intéresse le plus à l'aide d'un moteur de recherche, en saisissant des mots-clés tels que *scanner*, *image*, *graphique*, *logiciel*, *photographie*, *imprimante*, etc.

Juste un nom. Les véritables amateurs de photographie trouveront un grand nombre d'explications, de conseils et de liens (grands débutants s'abstenir !) sur :

```
www.galerie-photo.com
```

Vous pourrez en particulier y charger une mire couleur pour vous aider à calibre votre écran et votre imprimante.

Enfin, n'oubliez pas les forums de discussion (ou *newsgroups*). Configurez votre logiciel de messagerie pour parcourir ceux qui traitent en priorité des scanners et du graphisme. En voici quelques exemples :

```
comp.periphs.scanners, alt.comp.periphs.scanners,
alt.graphics.photoshop, comp.graphics.misc,
comp.graphics.apps.photoshop, comp.graphics.apps.paint-shop-pro
```

N'oubliez pas qu'il vaut mieux manipuler correctement l'anglais pour survivre dans la jungle de ces groupes !

Expérimentez !

Votre scanner est un outil fantastique. Tout au long de livre, j'ai fait de mon mieux pour vous donner un aperçu de ce qu'il peut faire, de ce qui est possible et de la façon de s'en servir.

Mais aucun livre ne peut remplacer vos yeux. Alors, servez-vous en ! Ouvrez votre éditeur graphique ou votre programme de manipulation d'images et essayez jour après jour de nouveaux filtres, de nouveaux effets, de nouvelles commandes. A moins de vouloir donner à votre image une apparence particulière, enfilez vos chaussons et expérimentez.

Lorsque, par exemple, j'essaie de créer un graphisme original pour une publication, j'essaie différents filtres sur la même image numérisée. C'est ce que je propose dans le Chapitre 17. Qu'il s'agisse de réchauffer ou de refroidir, d'éclairer ou de mettre de la fantaisie, de donner un ton naturel, techno, chromé ou vieilli, tout est envisageable à partir d'une seule image !

Mais prendre du plaisir avec la manipulation des images numérisées ne doit pas faire oublier quelques règles essentielles :

- **Ne perdez pas votre original.** Aussi satisfaisant que puisse être tel ou tel effet, prenez l'habitude de ne jamais remplacer l'original par une copie modifiée. A moins de faire volontairement une croix sur l'image initiale. Vous serez surpris de constater le nombre d'idées nouvelles qui peuvent surgir lorsqu'on commence à faire des expériences. Naturellement, c'est un argument de plus pour archiver vos images en les gravant sur CD-ROM. Vous disposerez de plein de place aussi bien pour votre original que pour vos créations successives.
- **N'oubliez pas la commande Annuler.** Désolé. Ce n'était pas l'effet recherché ! Heureusement, tous les éditeurs graphiques actuels ont une commande Annuler. Certains offrent même des niveaux d'annulation multiples (ce qu'Adobe Photoshop Elements appelle un *historique*) grâce auxquels vous pouvez remonter le temps.
- **Ne dégradez pas l'image.** Appliquer un filtre ou un effet artistique, c'est parfait. Veillez simplement à ne pas abîmer le contenu de l'image. Le sujet principal doit être reconnaissable, même si vous le vitrifiez, l'enflammez, le "pastellisez" ou le plastifiez. Changer trop l'image ferait perdre le message que vous voulez transmettre.

Le devoir de mémoire

La mémoire. Votre ordinateur en a besoin pour fonctionner. Elle enregistre les données pendant que votre microprocesseur effectue ses calculs et elle vous permet d'en voir les résultats puis de les enregistrer sur le disque dur. Vous savez probablement combien il y a de mémoire vive (ou RAM) dans votre ordinateur, mais savez-vous que votre système d'exploitation est capable d'en créer et d'en utiliser davantage ?

Cette pseudo-mémoire (appelée *mémoire virtuelle*) est bien cachée à l'intérieur de Windows comme de Mac OS. Mais elle est vitale. Sans elle, un ordinateur possédant 64 Mo de RAM serait incapable d'ouvrir une image de 40 Mo avec une application aussi gourmande que Photoshop.

Lorsque votre système commence à manquer de mémoire vive (par exemple quand les 64 Mo ont été remplis par le système d'exploitation lui-même, Photoshop et l'image de 40 Mo), il se sert de votre disque dur pour y placer les données en trop. Bien sûr, cette technique est moins efficace et moins rapide que le passage en RAM, mais elle vous permet de travailler confortablement.

Pour améliorer l'usage de la mémoire (et donc les performances de votre ordinateur), suivez le guide :

- **Installez au moins 256 Mo de RAM.** Plus vous avez de mémoire physique, moins l'ordinateur doit faire appel à de la mémoire virtuelle et plus votre système est rapide.

- **Libérez de l'espace sur le disque dur.** Sous Windows, la mémoire virtuelle (qui n'est rien d'autre qu'un fichier) s'étend ou diminue selon des demandes de vos programmes. Je vous recommande de toujours laisser un espace libre d'au moins 500 Mo (voire le double) sur le disque dur qui contient votre système d'exploitation.

- **Défragmentez votre disque dur.** Cette opération améliore (entre autres) les performances de votre mémoire virtuelle. Nous allons y revenir.

- **Définissez davantage de mémoire virtuelle.** Sous Windows, il est conseillé de laisser le système d'exploitation se débrouiller. Sous Mac OS 9, et si vous disposez d'au moins 256 Mo, il est possible d'accroître la mémoire virtuelle au bénéfice d'applications gourmandes, ce qui est le cas des éditeurs graphiques. A partir de 512 Mo, je vous recommande de désactiver cette mémoire virtuelle (tout cela se fait facilement à partir du menu des panneaux de contrôle).

Mettez-vous à jour !

J'ai insisté sur l'intérêt de suivre l'évolution des logiciels commerciaux ou en shareware. Mais disposer de la dernière version du programme et du pilote du scanner est encore plus important. Ce n'est pas la première fois que j'en parle. Vous êtes donc prévenu ! Ne me remerciez pas, c'est votre scanner qui le fera.

Visitez environ une fois par mois le site Web du constructeur. Chargez et installez les dernières nouveautés en date (en vérifiant évidemment qu'elles sont adaptées à votre modèle et à votre système d'exploitation). Une nouvelle version peut :

- ajoutez des fonctionnalités au programme de contrôle du scanner ;
- corriger des erreurs dans le pilote ;
- offrir une meilleure compatibilité avec le système d'exploitation.

Sauvegardez les fichiers chargés. Vous en aurez besoin pour rester à jour si vous devez réinstaller le logiciel du scanner à la suite d'un gros problème. Encore un réflexe que trop peu d'utilisateurs oublient !

Attention aux bords

La réalité est parfois dure. L'âge du scanner avance, il a été parfois un peu bousculé, le calibrage ne s'effectue plus parfaitement et du coup la numérisation devient moins bonne.

Si vous remarquez une barre plus sombre au bord de vos images, essayez de recommencer la numérisation en plaçant l'original vers le centre de la vitre. Ouvrez les deux images dans votre éditeur graphique. Si la seconde est meilleure, il est temps d'éviter les bords de la vitre du scanner.

Est-il possible de résoudre ce problème ? Cela dépend du scanner, de son ancienneté, de son entretien, et ainsi de suite. Si le programme de contrôle de l'appareil offre une procédure de calibrage prenant en compte cette situation, vous êtes peut-être sauvé. Sinon, contentez-vous d'éviter les bords en numérisant.

Balancez la souris

J'ai remplacé depuis bien longtemps ma souris par un *trackball.* C'est un peu comme une souris, mais placée sur le dos avec la roulette au-dessus (comme l'illustre la Figure 14.1). Le boîtier reste fixe et vous faîtes rouler la boule avec le pouce (il existe d'ailleurs des claviers dans lesquels le trackball est incorporé).

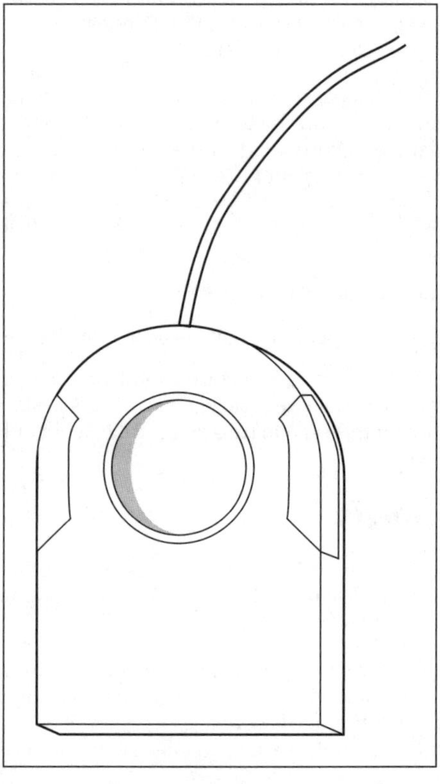

Figure 14.1 : Gentille, la bête !

Pourquoi changer la souris, alors qu'elle est fournie avec votre ordinateur ? Parce que, comparée au trackball, elle présente plusieurs défauts :

- **Elle est moins précise.** Sa résolution est insuffisante pour des travaux demandant une grande précision.

- **Elle fatigue votre poignet.** Le trackball sollicite moins votre poignet et votre avant-bras. D'où un risque limité de "mouse-elbow".
- **Elle est plus difficile à entretenir.** La plupart des souris utilisent une boule en caoutchouc et plusieurs roulettes internes. Ces roulettes attrapent la saleté et doivent être nettoyées régulièrement. Un système optique, donc sans roulettes (pas d'entretien), ne nécessitant pas de tapis est largement préférable.
- **Elle prend plus de place sur votre bureau.** Dès que vous vous déplacez un peu trop loin, il faut lever la souris, démêler le cordon, rapprocher le bras, etc. C'est pénible et fatiguant pour vos articulations. Un trackball ne bouge pas. Il prend donc moins de place et ne provoque pas de stress.

Si vous tenez tout de même à la souris, intéressez-vous aux modèles sans fil, ou optiques, ou encore à une combinaison des deux.

Soignez votre disque dur !

Je suis sûr que vous avez déjà constaté à quelle vitesse les images que vous numérisez remplissent votre disque dur ! Sans même parler des logiciels, des musiques, des vidéos, et ainsi de suite.

D'accord. Vous avez cassé votre tirelire pour acheter un scanner et vous n'avez plus d'argent pour un second disque dur. Comment alors vous aider à conserver un espace suffisant pour vos prochains travaux de numérisation ?

Commencez un nettoyage de printemps. Supprimez tous les fichiers de données dont vous êtes certain de pouvoir vous passer (comme des MP3 que vous n'écoutez plus). Pour retirer de vieilles applications, des sharewares décevants ou des démos limitées, servez-vous de la procédure standard de désinstallation (sous Windows, elle se trouve dans le Panneau de contrôle ou de configuration).

Certains fichiers peuvent être détruits sans grand risque. Citons en particulier :

- **Le contenu de la Corbeille ou de la Poubelle.** L'appellation peut changer selon le système d'exploitation. Mais n'oubliez pas qu'un fichier placé dans cet espace n'est pas détruit. Pensez à vider régulièrement votre Corbeille.

- **Les fichiers temporaires Internet.** Si vous voyagez régulièrement sur le Web, la mémoire cache de votre navigateur peut s'enfler très rapidement (elle stocke sur le disque dur les pages et les images des sites que vous visitez). Avec Internet Explorer, par exemple, ouvrez le menu Outils, puis choisissez Options Internet (voir la Figure 14.2). Cliquez sur le bouton Supprimer les fichiers pour faire le ménage.

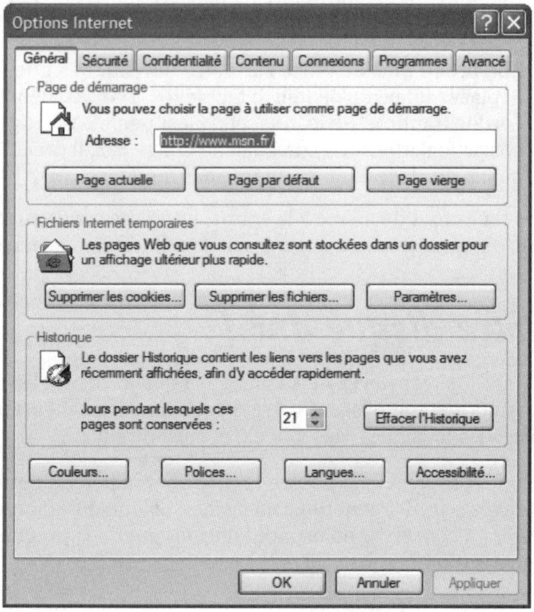

Figure 14.2 : Supprimer les fichiers Web temporaires.

- **Les fichiers temporaires de Windows.** Refermez toutes vos applications, ouvrez l'Explorateur afin d'accéder au dossier \Windows\Temp. Effacez son contenu (révisez ce qui est dit plus haut à propos de la Corbeille). Cette action élimine les fichiers temporaires créés par les programmes (du moins, ceux qui ne sont pas verrouillés par une application active à l'arrière-plan).

ATTENTION !

Avec Windows XP, la recherche du dossier temporaire peut être un peu plus longue. Regardez dans Documents and settings. Ouvrez le dossier qui porte votre nom d'utilisateur, puis Local Settings et enfin Temp.

Avec Windows 98 SE et ses successeurs, vous disposez d'un outil qui permet de rendre ce travail plus automatique. Dans le menu des programmes, ouvrez les Accessoires, puis les Outils système et choisissez enfin Nettoyage de disque. Un assistant va venir à votre secours (voir la Figure 14.3).

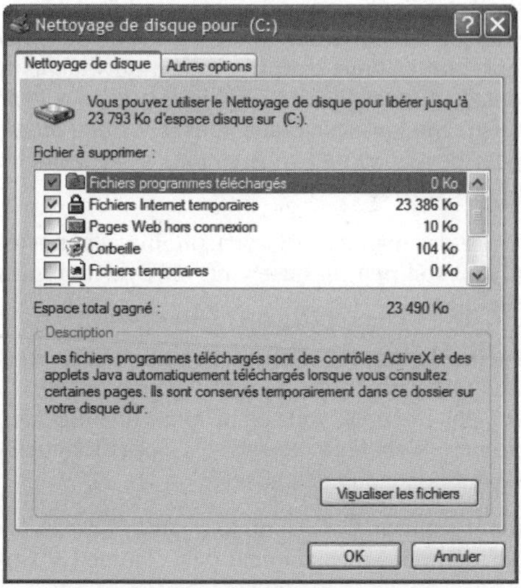

Figure 14.3 : Assistant pour nettoyage efficace.

Voici une autre bonne idée : réserver une unité de disque pour vos images numérisées. Les avantages sont évidents :

- Il est plus facile et plus rapide de retrouver les fichiers que sur le disque principal.
- Vous pouvez connaître précisément l'espace libre dont vous disposez.
- La sauvegarde d'une telle unité est plus simple. Vous savez que toutes vos images sont centralisées.

Vous n'avez qu'un seul disque dur ? Savez-vous qu'il est possible de le partager en plusieurs unités dites logiques ? Ces unités, que l'on appelle *partitions*, sont capables de transformer un bon gros disque C en plusieurs morceaux : le disque principal reste C. Vous avez en plus D, voire E, et ainsi de suite. Ce type d'opération réclame un utilitaire spécialisé (le plus connu étant Partition Magic), ou encore le passage à Windows XP Pro. Et de préférence l'aide d'un technogourou pour éviter de faire des bêtises irréparables.

Apprenez à vous servir de votre logiciel !

A quoi bon écrire des livres si tout le monde étudie le manuel ou le système d'aide des logiciels ? Mais tant pis. En toute honnêteté, je me dois de vous donner le conseil suivant : lisez la documentation !

Certes, la plupart des applications d'aujourd'hui sont conçues de façon à être immédiatement abordables. Il est *éventuellement* possible que vous compreniez en deux temps et trois mouvements la moitié des commandes du nouvel éditeur graphique que vous venez d'installer. Mais n'importe quel professionnel vous dira que *l'autre* moitié peut vous faire gagner beaucoup de temps et vous aider à améliorer sensiblement votre travail.

Même si la lecture des manuels est votre phobie, n'importe quelle application un tant soit peu sérieuse vous offre de multiples aides. Citons en particulier :

- **Les didacticiels.** Appelés également tutoriels, ils vous apprennent pas à pas à effectuer certaines tâches. Adobe Photoshop Elements, par exemple, vous en propose une dizaine, plus d'autres sur le Web. Mon conseil : lisez ces didacticiels. Ils vous apprendront beaucoup de choses.
- **Les trucs et astuces.** Conseil du jour, aide contextuelle, astuces... Les méthodes ne manquent pas, comme l'illustre la Figure 14.4. N'oubliez pas non plus la célèbre touche F1 !

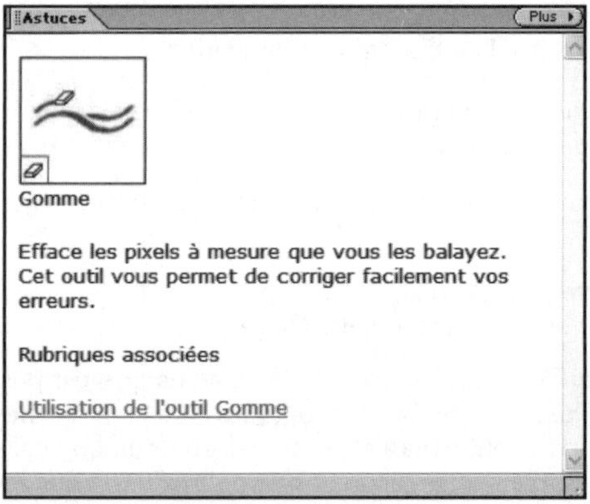

Figure 14.4 : Photoshop Elements propose une fenêtre d'aide et d'astuces.

- **Les aides en ligne.** Le site Web de l'éditeur propose certainement des informations supplémentaires auxquelles vous pouvez accéder depuis la fenêtre du programme ou son menu Aide. Bien souvent, le site offre en prime des bonus, des filtres ou des effets gratuits. Pourquoi s'en priver ?

- **Les FAQ.** Ces Foires Aux Questions sont une source précieuse de renseignements. Répondant aux questions des utilisateurs et conçues pour eux, ce sont souvent de vraies mines d'informations. Après tout, vous n'êtes certainement pas le seul à rencontrer tel ou tel problème !
- **Listes de diffusion et forums.** S'abonner à une liste de diffusion ou à un newsgroup consacré à votre programme favori est une bonne méthode pour progresser. En vous connectant à un groupe, vous pourrez poser la question qui vous tracasse, et il se trouvera bien quelqu'un pour vous répondre. En attendant de pouvoir, à votre tour, rendre service aux autres.

Défragmentez votre disque dur

Il est temps de vous demander si votre disque dur est *fragmenté*. C'est une bonne question, car ce phénomène le rend moins efficace et plus lent.

Lorsque vous supprimez des fichiers, que vous en ajoutez d'autres, que vous installez un programme, votre disque dur se fragmente. Les fichiers s'efforcent d'occuper l'espace libre tel qu'il se présente. Ils peuvent alors se morceler en dizaines de morceaux afin de boucher les trous. Votre ordinateur et le disque doivent alors effectuer un travail supplémentaire pour "recoller" ces fragments lorsque le fichier est ouvert. Ce processus est illustré sur la Figure 14.5.

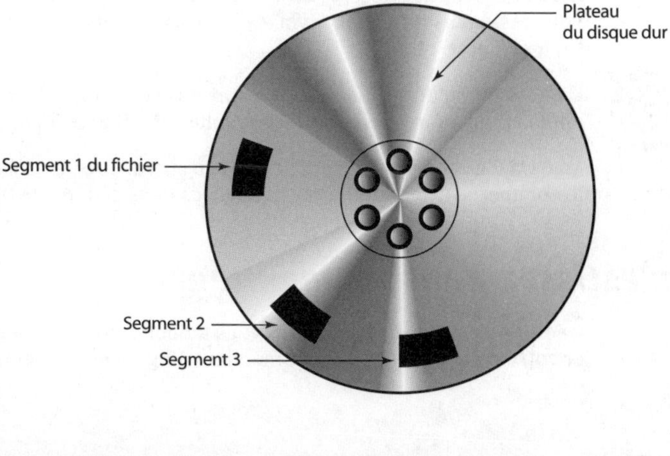

Figure 14.5 : La fragmentation éparpille les fichiers sur le disque dur.

Cette opération ne prend bien sûr qu'une fraction de temps, mais plus vous manipulez de fichiers et plus le système ralentit. Heureusement, il est possible d'inverser la tendance en réécrivant les fichiers dans des emplacements contigus. C'est justement ce que l'on appelle la *défragmentation*, dont le résultat est illustré sur la Figure 14.6. Lecture plus rapide, performances accrues, usure ralentie. Ce procédé n'offre que des avantages.

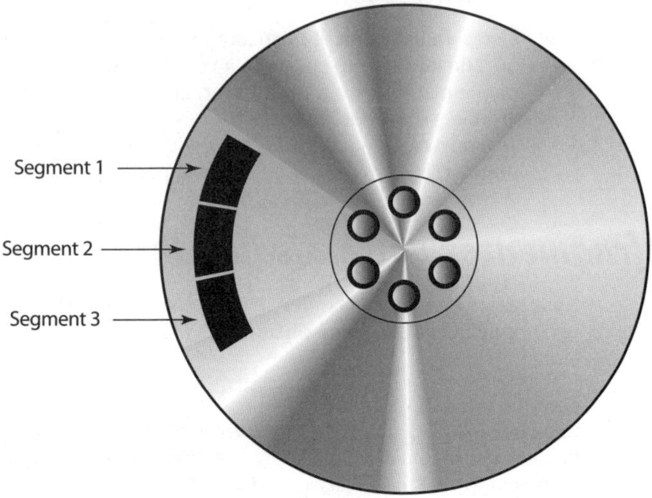

Figure 14.6 : Le même fichier, après défragmentation.

Si vous utilisez Windows, je vous conseille d'exécuter l'outil livré avec le système d'exploitation. Vous le trouverez dans la liste des programmes, sous le menu Accessoires, dans la rubrique Outils système. Il ne vous reste plus qu'à choisir votre disque et à cliquer sur Défragmenter (voir la Figure 14.7).

Une option du défragmenteur vous propose de réorganiser les applications pour quelles se lancent plus vite. Bonne idée.

Mac OS 9 n'est pas fourni avec ce type d'accessoire, mais il existe dans le commerce divers utilitaires spécialisés dans ce type de travail.

Investissez dans un moniteur

L'édition des images numérisées vous fatigue ? Vos yeux sont rouges et votre crâne résonne ? Votre moniteur 15 pouces est peut-être

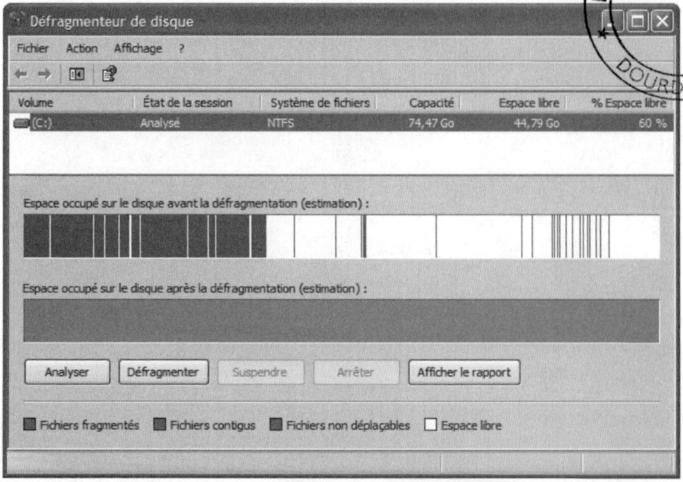

Figure 14.7 : Le défragmenteur de disque, ici en version XP.

responsable de ces maux. Si vous êtes obligé de coller votre nez à trente centimètres de l'écran pour voir un détail, il est certainement coupable.

Même si vous ne travaillez qu'une ou deux fois par semaine sur vos images, il y a tout le reste de votre activité informatique : traitement de texte ou tableur (pour les plus sérieux), jeux, Internet... Il est temps de choisir entre l'opticien et la boutique informatique du coin.

Le prix des moniteurs a fortement chuté ces dernières années. Un écran 17 pouces se trouve aujourd'hui à partir de 200 euros environ. Les écrans plats (qui émettent moins de radiations) se répandent rapidement. Entre baisse de prix et baisse de vision, faut-il hésiter ?

De plus, un écran large permet d'afficher une plus grande partie de vos images. Et donc de moins jouer des ascenseurs. Confort visuel, confort de travail... Bref, un investissement rentable.

Chapitre 15

Dix choses à éviter comme la peste

Dans ce chapitre :

- Les processeurs dépassés.
- Les scanners antiques.
- Les câbles du passé.
- Les occasions.
- Voler le travail des autres.
- Les vieux systèmes d'exploitation.
- Les formats graphiques exotiques.
- Les mini disques durs.
- Les disquettes.
- Les coups sur la vitre du scanner.

Tout ce qui va suivre est le fruit de mon expérience. Au cours de mes activités personnelles et professionnelles, j'ai trop souvent rencontré les situations exposées ici pour ne souhaiter à personne (même à mon pire ennemi) de les vivre. Evitez comme la peste ces dix choses et vous vivrez plus heureux avec votre scanner.

486 ou 68030 ?

Certes, les processeurs Intel 80486 et Motorola 68030 ont été de leur temps d'excellents composants. Je me souviens très bien de cette époque. Mais elle est totalement révolue depuis des années et des années. Je veux bien admettre qu'un ordinateur à base de 486 est *en théorie* capable de prendre en charge un scanner. Mais c'est mettre une gazelle sur le dos d'une tortue.

- **Vous avez moins.** Processeur lent, petit disque dur, affichage médiocre, mémoire vive limitée... Un système ancien (même amélioré au fil des ans) sera tout simplement incapable de traiter n'importe quelle image un tant soit peu évoluée. Attente interminable, blocages définitifs... Vous aimez tellement souffrir ?
- **Où sont les ports ?** Quid des ports USB sur un vieux système ? Vous pouvez sans doute ajouter une carte d'extension, mais cela en vaut-il la chandelle ? Vous voilà contraint de chercher un scanner sur port parallèle (déconseillé) ou SCSI (sensiblement plus cher). Et ce qui est vrai pour le scanner l'est tout autant pour d'autres matériels.
- **Oubliez la performance.** Installer une version relativement récente de Windows sur un 486, c'est au pire impossible, au mieux comme tracter un mobile home avec une quatre chevaux. Toutes vos applications "rament" comme des âmes en peine. Vous avez vraiment autant de temps à perdre ? J'en doute.

N'essayez même pas d'acheter un kit de mise à niveau du processeur. Cela vous reviendrait plus cher qu'investir dans un nouvel ordinateur. Voici donc un bon conseil : si votre matériel date de cinq ou six ans et si vous voulez véritablement vous lancer dans l'imagerie numérique, commencez par changer d'ordinateur. Et intéressez-vous au scanner seulement après.

Scanner sur imprimante

Lorsque je vois encore une imprimante utilisée comme scanner, je frémis. La situation est sans espoir. L'idée n'était pas mauvaise au temps ou les scanners restaient inabordables. Vous achetiez une imprimante à jet d'encre, plus une tête de numérisation qui venait s'insérer à la place de la cartouche. Et comme cette cartouche se déplace le long du papier, vous aviez un scanner à bon compte.

Cela fonctionne (du moins dans le principe), mais les défauts sont multiples :

- La résolution est limitée (au plus 360 dpi). La rapidité aussi. Le format des documents également. Et pas question d'insérer de petits objets et encore moins des objets épais.
- Bien entendu, il faut choisir entre numériser et imprimer. Et pour passer d'un à l'autre, il faut remplacer la tête pour la cartouche, et réciproquement.

- Enfin, la communication s'effectue uniquement par le port parallèle.

En résumé, vous avez tous les défauts des appareils multifonctions, sans aucun de leurs avantages. Laissez votre imprimante faire le travail pour lequel elle est conçue et offrez-vous un vrai scanner à plat.

Scanners en série

Un autre type de matériel devrait être rejeté dans les oubliettes de l'histoire, même s'il peut ressembler à un scanner à plat moderne. Je veux parler des scanners sur port série.

Je m'explique. Dans une connexion sur port série, les données sont envoyées l'une après l'autre. Donc, en série ! Avec le port parallèle, elles sont transmises simultanément sur chaque broche. Autrement dit, en parallèle ! Le langage est parfois bien fait.

Une liaison série est donc plus lente que n'importe quelle autre, du moins du point de vue du scanner. Même si je ne suis pas pour les scanners sur port parallèle, la version série est bien pire. Imaginez le temps nécessaire pour transmettre une numérisation à 600 dpi au format carte postale !

De surcroît, la configuration des ports série est un véritable casse-tête. Si vous utilisez un PC un peu âgé, dont la souris se branche sur ce type de prise, l'ajout d'un second périphérique série peut tout simplement bloquer le système.

La morale est donc simple. Pas de port série. Rien ne vaut une connexion USB (ou FireWire) simple, rapide, efficace et universelle. Souvenez-vous qu'il est possible de chaîner un grand nombre d'appareils sur un seul port USB !

Des câbles périmés

Revenons aux scanners sur port parallèle. Savez-vous qu'une connexion réalisée à l'aide d'un câble récupéré chez un copain ou dans un vieux stock peut ne pas fonctionner ? Et que le problème (qui peut concerner tout aussi bien un disque externe) est pratiquement impossible à localiser ?

Certes, on peut penser que tous les câbles pour imprimantes ont été créés égaux. Mais ce n'est pas vrai. Il y a ceux qui sont dits bidirectionnels (norme IEEE-1284) et les autres. Votre scanner doit pouvoir recevoir des commandes de l'ordinateur et lui renvoyer les données qu'il numérise. C'est *bidirectionnel*. Les câbles datant de l'antiquité sont seulement capables de recevoir des ordres, pas d'y répondre. Ils sont donc *unidirectionnels*.

Vous avez tout installé et correctement configuré, mais rien ne marche. Si vous n'avez pas le bon câble, il est possible que le scanner soit à l'écoute mais manque de voix. Vérifiez alors que le sigle IEEE-1284 est inscrit sur le cordon. Si c'est oui, le problème est à rechercher ailleurs.

Evitez les occasions

Je vais être tout à fait catégorique. Si on vous propose un scanner d'occasion ou un modèle reconditionné (c'est-à-dire qui est repassé en usine avant d'être revendu), refusez !

Au prix actuel du neuf, l'opération ne présente aucun intérêt. De plus :

- Vous ne disposez pratiquement d'aucune garantie sérieuse. En cas de panne, vous risquez fort de vous retrouver avec un objet juste bon pour décorer votre bureau.
- L'objet vient certainement du bout du monde. A-t-il bien supporté le voyage ? Vous ne le saurez qu'en l'essayant. En cas de problème, relisez la remarque précédente.
- Vous n'êtes pas assuré de la qualité du reconditionnement. Avez-vous la preuve que le matériel a été réellement réparé, nettoyé et testé ? Pas du tout.
- Une seule chose est à peu près sûre : ce scanner a eu un problème. Sinon, pas besoin de réparation. Mais quel est ce problème ? Vous n'en savez rien.

Evitez d'avoir à avouer que c'était trop beau pour être vrai. Achetez un *vrai* scanner.

Attention aux droits d'auteur

Je me suis déjà expliqué sur le sujet. Numériser une image créée par un autre pour son usage personnel, je peux le comprendre. Mais pourquoi voler le travail d'autrui si vous comptez le diffuser ? Ce serait immoral !

En fait, il y a pire : présenter quelque chose que l'on a copié comme s'il s'agissait d'un original et essayer d'en tirer profit. Il y a des lois pour cela, ainsi que des avocats tenaces.

Pour éviter de passer pour quelqu'un de vieux jeu et de borné, je m'en tiendrai là. N'oubliez pas qu'en tant qu'auteur, je vis de droits et que ma famille a besoin de manger.

Windows 95 ou System 7 ?

J'ai débuté ce chapitre par une tirade sur les processeurs du passé. Les mêmes arguments valent aussi pour les systèmes d'exploitation qui datent du milieu des années 1990.

Pourquoi changer de système d'exploitation rien que pour votre scanner ? Bonne question. Et les réponses ne manquent pas.

- **Vous avez dit USB ?** Pourquoi se passer de ce sigle magique ? Les premières versions de Windows 95 et de System 7 sont antérieures à l'apparition de l'USB. Rien à faire : ils ne le reconnaîtront jamais.
- **Des formats trop limités.** La section qui suit revient sur les formats graphiques. Mais souvenez-vous que Windows 95 ne reconnaît que les fichiers de type BMP (votre éditeur graphique, c'est autre chose).
- **Des performances décevantes.** Les systèmes d'exploitation plus récents gèrent mieux les disques et la mémoire virtuelle. D'où un gain de rapidité déterminant aussi bien pour la numérisation que pour l'édition d'images.
- **Plus de mises à jour.** Windows 95 et System 7 ont terminé leur carrière commerciale depuis longtemps. Les constructeurs et les programmeurs le savent parfaitement. Depuis des années, ils ne proposent plus ni mises à jour, ni nouveautés.
- **Nouveau, c'est mieux.** Le dernier cri de la technologie, c'est tout de même plus tentant. Vous ne trouvez pas ?

Tôt ou tard, vous changerez de système d'exploitation. Pourquoi attendre ? Vraisemblablement parce que vous achèterez l'ordinateur qui va avec.

Des formats exotiques

Quelqu'un vous dit qu'il peut vous envoyer le document que vous cherchez au format FIE. Mais avez-vous un programme capable de lire ce genre de fichier ?

C'est quoi, au fait, un fichier FIE ? C'est une image numérisée enregistrée sous ce que l'appelle le Format d'Image Exotique. Personne sur cette Terre n'utilise ce format. Sauf le type qui vous envoie le fichier dans une pièce attaché à un message. Et il est le seul à croire que tout le monde peut afficher l'image.

Ne vous y trompez pas : il m'arrive aussi d'utiliser des formats graphiques obscurs, comme le TGA (pour des rendus graphiques en 3D) ou le PICT (pour capturer des écrans sur Macintosh). Sans même parler des fichiers produits par des logiciels de dessin technique et autres outils dédiés aux professionnels ou aux technogourous.

Même si vos amis vous veulent du bien, méfiez-vous en particulier des fichiers MAC (format MacPaint, si antique qu'il craque en se copiant), FPX (proposé sur CD-ROM pour vos photos de vacances, que personne ne regarde) ou encore IFF (il fut célèbre au temps glorieux de l'Amiga, mais vous ne connaissez même pas ce nom).

Heureusement pour moi, j'ai une panoplie complète d'éditeurs graphiques qui me donnent accès à tous les formats, même les plus exotiques. Moi, oui, mais tante Henriette ? Elle est restée fidèle à ce bon vieux Windows 95 et en sait à peu près autant sur les images numériques que sur la physique nucléaire. Il n'est pas nécessaire de la traumatiser ou de lui expliquer comment charger et installer tel ou tel super programme en shareware. Elle ne vous comprendra pas.

Suivez mes recommandations du Chapitre 10 et tenez-vous-en aux formats reconnus par tout le monde.

Disques et disquettes : évitez les tailles de guêpe !

Avec votre nouveau scanner, vous avez envie de créer des images superbes. Et donc poids lourd. Impossible de vous contenter encore d'un disque dur de 4 ou 8 Go (ce qui était la norme il n'y a pas si longtemps).

En supposant même une configuration "légère" (Windows 98 avec sa mémoire virtuelle, Microsoft Office en version standard, quelques jeux, ce qu'il faut pour naviguer sur Internet, une série de fichiers MP3, le logiciel du scanner et votre éditeur graphique), vous frôlez déjà l'apoplexie.

Le temps de numériser quelques images, d'en enregistrer quelques versions retouchées et votre disque dur est plein. Incroyable comme il se remplit vite !

Ne tentez pas le diable en essayant vous-même de faire le ménage (en dehors de ce qui a été expliqué dans le Chapitre 14). Aux prix actuels, il est préférable d'acheter et d'installer (ou mieux, de faire installer) un second disque dur de 80 Go. Ou encore de se procurer un disque externe sur port USB ou FireWire.

Cela étant posé, intéressons-nous aux disquettes. Et oui, il reste encore des gens qui, sous prétexte que des images GIF ou JPEG prennent peu de place, continuent de les sauvegarder sur ce vénérable support. Certes, on peut comprendre cette logique : les disquettes se ramassent à la pelle et tout PC ou presque possède un lecteur. Mais c'est une *très* mauvaise idée.

- **Manque de fiabilité.** Les disquettes sont certainement le support le moins fiable qui soit. Elles craignent la proximité des champs magnétiques (exemple, les haut-parleurs) et les têtes du lecteur ont tendance à fatiguer. Autrement dit, il est impossible de leur faire confiance.
- **Trop d'erreurs.** Une disquette enregistrée sur un ordinateur peut fort bien ne pas être lue par un autre. Simplement parce que le calibrage des têtes de lecture/écriture diffère très légèrement entre les deux machines.
- **Les virus rôdent.** Les virus adorent les disquettes car elles les aident à voyager facilement (les messages électroniques aussi). Si vous recevez une disquette, vérifiez que la languette de protection en écriture est activée. Ayez un antivirus récent pour tester son contenu. Au moindre doute, prévenez votre correspondant que son ordinateur est peut-être infecté et jetez la disquette à la poubelle (les virus informatiques fondent dans les incinérateurs).

Que ce soit clair et net : oubliez les disquettes ! Passez à l'ère du graveur de CD-ROM. Espace, fiabilité et sécurité seront au rendez-vous. Le Chapitre 5 vous en dit plus sur le sujet.

A ne jamais numériser

Dans le Chapitre 12, j'ai expliqué ce qu'il fallait faire (et ne pas faire) pour nettoyer un scanner. De nombreux objets risquent aussi d'endommager la vitre et bien des gens le comprennent quand il est déjà trop tard. N'oubliez pas qu'une minuscule rayure peut suffire à polluer vos numérisations en haute résolution.

Voici quelques exemples de matériaux à proscrire :

- le cuir, la toile grossière, bref tout tissu rêche ;
- les objets métalliques, qu'il s'agisse de pièces de monnaie, de bijoux, de clés, et ainsi de suite ;
- les CD-ROM ;
- tout ce qui peut être huileux, peint, insuffisamment sec, et bien tendu toute forme liquide abrasive ;
- des objets trop lourds susceptibles de briser la glace.

Réfléchissez avant de numériser ! Avant de poser un objet sur la vitre du scanner, vérifiez s'il ne tombe pas dans une des catégories ci-dessus. De plus, posez et retirez vos originaux avec un maximum de précautions.

J'espère sincèrement que vous ne serez jamais concerné par le contenu de ce chapitre. Très sincèrement. Dans le cas contraire, retour immédiat au Chapitre 12 !

Chapitre 16

Dix tests pour une numérisation réussie

Dans ce chapitre :

- Restez droit.
- Couper une image pour l'améliorer.
- Accentuez la netteté.
- Rabattre le couvercle du scanner.
- Résoudre les problèmes de transparence.
- Préparer l'original.
- Original, première génération.
- Sélectionner la taille adaptée.
- Equilibrer les couleurs.
- Choisir le format correct.

Dans les autres chapitres de ce livre, nous nous sommes penchés sur des méthodes spécifiques : ce qu'il faut faire dans certaines situations, quand éditer les images, comment atteindre un résultat étape par étape, etc. Ce qui est, entre nous, l'esprit même de cette collection !

Mais nous allons changer notre fusil d'épaule et examiner le Top 10 des conditions d'une numérisation réussie. Pas besoin d'entrer dans tous les détails (ils sont traités dans le reste du livre). Nous nous intéressons uniquement aux critères que doit remplir toute image, quel qu'en soit le sujet et quelle que soit l'application visée.

Restez droit

Evidemment, une image numérisée n'est pas parfaite si elle est de biais. Croyez-moi : l'œil humain est tout à fait capable de détecter les choses qui ne sont pas droites ! J'ai déjà expliqué dans le Chapitre 6 qu'il est essentiel d'aligner correctement l'original avec les bords de la vitre du scanner. De plus, vous pouvez éviter une étape supplémentaire lors de l'édition en repérant bien le "haut" de la vitre, ou en changeant l'orientation de l'original avant de le numériser.

Même en alignant et en orientant parfaitement l'original, cela ne signifie pas que tout soit résolu. A titre d'exemple, la Figure 16.1 illustre le cas d'un document dans lequel je veux capturer du texte (vous avez remarqué, c'est la couverture du livre original !). Or, justement, ce texte est penché.

Figure 16.1 : Un texte à redresser

Tout éditeur qui se respect dispose d'une commande de rotation. Ainsi, vous disposez dans Adobe Photoshop Elements d'une option Rotation dans le menu Image. Celle-ci vous propose tout un choix d'options, dont une rotation personnalisée (il suffit d'entrer une valeur d'angle) ou manuelle (on fait glisser l'image selon l'orientation souhaitée).

TRUC

Le menu Rotation de Photoshop Elements offre également deux autres options pour "désincliner" automatiquement une image. Excellente idée, mais qui ne donne pas toujours satisfaction.

Après avoir fait tourner l'image pour rectifier l'inclinaison du texte, c'est tout le reste du document qui est de biais. D'où l'obligation de sélectionner ensuite la partie sur laquelle on veut concentrer l'attention et de recadrer (ou rogner) l'image. C'est ce qu'illustre la Figure 16.2.

Figure 16.2 : Rotation et recadrage pour aligner le texte.

En résumé : préparez-vous toujours à recadrer une image après rotation.

Découpez pour gagner

Puisque nous en sommes au découpage, on ne peut pas considérer le travail comme terminé s'il reste des détails superflus ou du texte. Non seulement ces éléments affaiblissent l'impact de l'image, mais ils alourdissent inutilement le fichier. Même s'il s'agit simplement d'un coude sur le bord du canapé, ou d'un titre de paragraphe en bas du document, prenez le temps de recadrer l'image pour l'améliorer.

L'exemple proposé sur la Figure 16.3 présente-il des failles ? Après tout, la photographie est presque centrée (ou du moins le regard du bébé est-il dirigé vers le centre), le sujet principal occupe l'essentiel de l'espace et rien ne semble venir déranger cette belle ordonnance. Mais, aux yeux du photographe que je suis, il y a trop d'objets sans intérêt autour du sujet et celui-ci semble comme flotter au milieu de l'espace environnant.

Figure 16.3 : Une photographie familiale typique.

La Figure 16.4 propose un découpage qui conserve le centrage ainsi que le rapport 4:3 de l'image, mais fait perdre une petite partie du sujet. Sur la Figure 16.5, tout est conservé, mais au prix d'un léger recadrage. Quel est le bon choix ? Tout dépend de vos propres goûts et préférences, ainsi que des réactions des personnes à qui vous pouvez demander leur avis.

Ayez l'air net

Je suis un véritable fan des filtres de renforcement de la netteté, outils obligatoires dans tout éditeur graphique moderne. Pratiquement toute photographie a besoin d'un peu plus de netteté, y compris les textes. Cela permet d'améliorer les détails et de mettre vos sujets en valeur (en particulier si le contraste entre zones claires et sombres de l'image est insuffisant).

Regardez par exemple la Figure 16.6. Sur cette prise de vue, la distance entre l'objectif et les ombres projetées par le soleil est trop élevée.

Figure 16.4 : Recadrer et recentrer.

Figure 16.5 : Le sujet principal est intact.

A contre jour, certains détails n'apparaissent donc pas de façon suffisante.

Figure 16.6 : Un sujet qui a besoin d'être accentué.

En appliquant sous Photoshop Elements le filtre de renforcement appelé *Plus net*, les courbes deviennent plus franches, plus faciles à voir. Les détails sont mieux rendus. C'est ce qu'illustre la Figure 16.7.

TRUC

Les éditeurs proposent souvent plusieurs niveaux de renforcement : Net, Plus, Encore plus net. Voici mon conseil. Sélectionnez une partie significative de l'image et effectuez un zoom sur cette région. Appliquez le filtre le plus puissant. Notez le résultat. Annulez, puis recommencez de même avec les autres variantes. Lorsque vous avez trouvé le niveau le mieux adapté, annulez la sélection et appliquez le filtre sur toute l'image.

Ne vous laissez pas entraîner sur une pente risquée. Je vous recommande fermement de ne jamais appliquer plus d'un niveau de renforcement sur une image numérisée. N'oubliez pas que cette technique peut améliorer ce qui existe, mais qu'elle n'invente pas des détails supplémentaires.

La Figure 16.8 illustre ce qui peut se passer si l'on accentue plusieurs fois la netteté. La lumière prend un aspect artificiel. La photographie devient piquetée, comme vieillie. Bref, ce qui avait été amélioré est maintenant dégradé. Mauvais réflexe, donc à proscrire.

Figure 16.7 : Un renforcement de la netteté améliore l'image.

Figure 16.8 : Trop de netteté nuit !

Plat, c'est aussi bien

Dans le Chapitre 6, je vous ai conseillé de toujours rabattre le couvercle du scanner car la plupart des originaux ne peuvent être numérisés correctement qu'à condition d'être parfaitement plats (disons, aussi plats que possible). Evidemment, cette remarque ne concerne pas les scanners à défilement !

La Figure 16.9 illustre ce qui peut arriver lorsqu'on numérise un livre couvercle relevé. La Figure 16.10 rectifie le tir : le couvercle a été baissé et ajusté en appuyant dessus avec la main (évitez tout de même de demander à votre éléphant apprivoisé de poser une patte sur le scanner !).

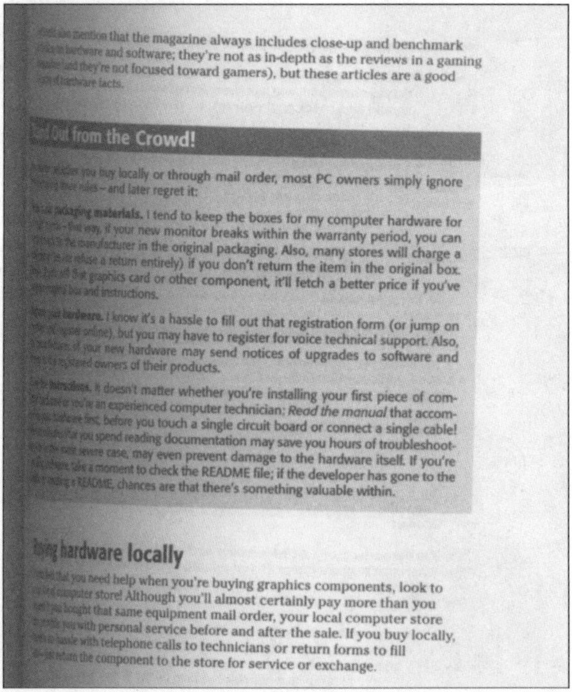

[illegible] mention that the magazine always includes close-up and benchmark [illegible] hardware and software; they're not as in-depth as the reviews in a gaming [illegible] they're not focused toward gamers), but these articles are a good [illegible] hardware facts.

[illegible] from the Crowd!

[illegible] you buy locally or through mail order, most PC owners simply ignore [illegible] — and later regret it:

[illegible] packaging materials. I tend to keep the boxes for my computer hardware for [illegible] — that way, if your new monitor breaks within the warranty period, you can [illegible] the manufacturer in the original packaging. Also, many stores will charge a [illegible] refuse a return entirely) if you don't return the item in the original box. [illegible] that graphics card or other component, it'll fetch a better price if you've [illegible] box and instructions.

[illegible] hardware. I know it's a hassle to fill out that registration form (or jump on [illegible] online), but you may have to register for voice technical support. Also, [illegible] of your new hardware may send notices of upgrades to software and [illegible] registered owners of their products.

[illegible] instructions. It doesn't matter whether you're installing your first piece of com[illegible] you're an experienced computer technician: *Read the manual* that accom[illegible] first, before you touch a single circuit board or connect a single cable! [illegible] you spend reading documentation may save you hours of troubleshoot[illegible] severe case, may even prevent damage to the hardware itself. If you're [illegible] take a moment to check the README file; if the developer has gone to the [illegible] a README, chances are that there's something valuable within.

[illegible] hardware locally

[illegible] that you need help when you're buying graphics components, look to [illegible] computer store! Although you'll almost certainly pay more than you [illegible] bought that same equipment mail order, your local computer store [illegible] you with personal service before and after the sale. If you buy locally, [illegible] with telephone calls to technicians or return forms to fill [illegible] return the component to the store for service or exchange.

Figure 16.9 : Sans couvercle, la reliure du livre rend le texte illisible.

Il est évident que la qualité d'ensemble de l'image ainsi que la lisibilité du texte n'est pas du tout la même dans les deux cas. Si vous envisagiez d'utiliser la première version sous un logiciel de reconnaissance de caractères, je serais obligé de confisquer votre mulot !

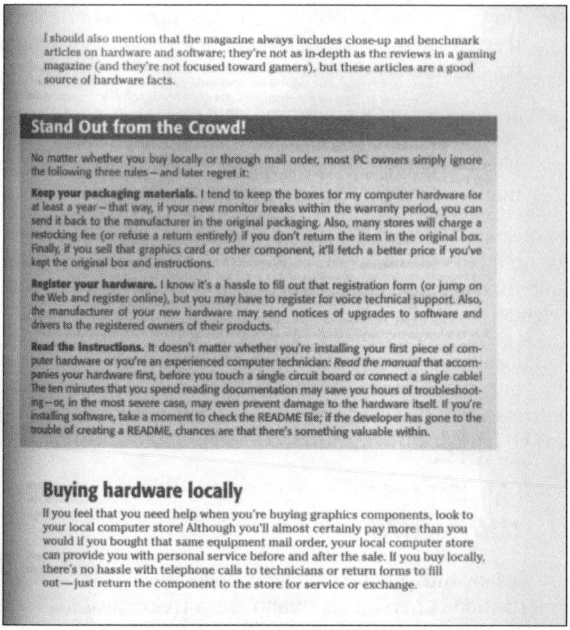

I should also mention that the magazine always includes close-up and benchmark articles on hardware and software; they're not as in-depth as the reviews in a gaming magazine (and they're not focused toward gamers), but these articles are a good source of hardware facts.

Stand Out from the Crowd!

No matter whether you buy locally or through mail order, most PC owners simply ignore the following three rules—and later regret it:

Keep your packaging materials. I tend to keep the boxes for my computer hardware for at least a year—that way, if your new monitor breaks within the warranty period, you can send it back to the manufacturer in the original packaging. Also, many stores will charge a restocking fee (or refuse a return entirely) if you don't return the item in the original box. Finally, if you sell that graphics card or other component, it'll fetch a better price if you've kept the original box and instructions.

Register your hardware. I know it's a hassle to fill out that registration form (or jump on the Web and register online), but you may have to register for voice technical support. Also, the manufacturer of your new hardware may send notices of upgrades to software and drivers to the registered owners of their products.

Read the instructions. It doesn't matter whether you're installing your first piece of computer hardware or you're an experienced computer technician: *Read the manual* that accompanies your hardware first, before you touch a single circuit board or connect a single cable! The ten minutes that you spend reading documentation may save you hours of troubleshooting—or, in the most severe case, may even prevent damage to the hardware itself. If you're installing software, take a moment to check the README file; if the developer has gone to the trouble of creating a README, chances are that there's something valuable within.

Buying hardware locally

If you feel that you need help when you're buying graphics components, look to your local computer store! Although you'll almost certainly pay more than you would if you bought that same equipment mail order, your local computer store can provide you with personal service before and after the sale. If you buy locally, there's no hassle with telephone calls to technicians or return forms to fill out—just return the component to the store for service or exchange.

Figure 16.10 : Les résultats sont bien meilleurs lorsqu'on appuie sur le couvercle.

Tellement... transparent

Numériser correctement un document transparent, c'est un peu comme tenter d'attraper à mains nues un poisson fraîchement pêché. Cela demande une certaine pratique de cette activité.

- Nombre de scanners utilisent un revêtement noir pour masquer la partie inférieure du couvercle. Cela ne pose aucun problème si votre original est opaque (cela facilite de plus la reconnaissance des bords du document). Mais si l'objet à numériser est transparent, il y a de fortes chances pour que vous n'obteniez à l'arrivée qu'un grand rectangle noir (inutile de proposer une illustration, vous risqueriez de vous tâcher les doigts en tenant le livre).

- Même si le dos du couvercle est recouvert d'une film blanc, celui-ci risque de jaunir au fil du temps, provoquant ainsi des effets de bord indésirables.

- Un transparent réfléchit la lumière provenant de la rampe d'éclairage du scanner. Ceci peut provoquer des halos sur l'image numérisée.
- Si le document a été produit sur une imprimante à jet d'encre, certaines couleurs peuvent être elles-mêmes partiellement transparentes. D'où un manque de contraste dans l'image numérisée.

Le conseil est donc très simple. Si vous voulez numériser un document plus ou moins transparent, placez toujours au-dessus une feuille de papier parfaitement blanche et d'un format au moins égal à celui de l'original.

Il est possible que votre scanner soit conçu pour recevoir un adaptateur pour transparents (films, diapositives ou négatifs). C'est là un investissement à envisager sérieusement si vous voulez vous lancer dans ce type de numérisation.

Original, mon ami

Cela va sans dire, mais c'est mieux de le préciser : la qualité de la numérisation dépend de la qualité de votre original. Les trois sections qui suivent concernent toutes ce thème.

Tous les documents n'offrent pas des conditions idéales de reproduction. Une ancienne photographie de famille, par exemple, pose un vrai défi comparé au tirage fraîchement sorti de votre imprimante laser. Mais vous pouvez toujours prendre des mesures préalables pour obtenir le meilleur résultat possible à partir d'un original qui a connu des jours plus gais :

- Supprimez agrafes et trombones. Ces objets représentent un double danger. D'abord, ils apparaissent sur l'image numérisée, et il faut donc les supprimer dans l'éditeur graphique. Ensuite, ils risquent de rayer la vitre du scanner.
- Défroissez si c'est possible. Dans la plupart des cas, vous pouvez replier l'original dans le sens inverse du pli pour l'aplatir (autres techniques : glisser le document sous un gros livre et le laisser quelques heures, ou encore passer un coup de fer tiède si le support le permet). Dans le cas où l'original est trop fragile, ou si la pliure est décolorée, vous devrez faire de votre mieux pour récupérer les pixels endommagés sous votre éditeur graphique (sous Photoshop Elements, l'outil le mieux adapté à ce travail est le tampon de duplication).

- Roulez pour déchiffonner. Pour numériser un document papier qui a été chiffonné, roulez-le dans un tube, puis recommencez en inversant le sens. De cette façon, l'original perdra une partie de ses collines et de ses vallées, d'où une numérisation de meilleure qualité (n'oubliez pas aussi le bien refermer le couvercle du scanner).

L'original, le vrai

Voici un bon conseil pratique. Evitez les types de documents suivants chaque fois que c'est possible :

- **Les photocopies.** Les machines à recopier sont un miracle du génie humain. Posez la question à un moine copiste du Moyen-âge ou à scribe égyptien, et vous verrez ce qu'il en pense. Mais numériser une photocopie fait perdre en qualité par rapport à l'original lui-même. S'il s'agit simplement d'envoyer un fax, le problème est évidemment moins sensible. Dans ce cas, mais uniquement dans celui-là, vous avez le choix.
- **Les tirages sur imprimante à jet d'encre (ancien modèle).** Si votre imprimante offre une résolution inférieure à 600x600 dpi, que ce soit en noir et blanc ou en couleurs, il est temps de passer à un modèle plus récent (ou au laser). La numérisation en haute résolution d'une photographie imprimée en 300 dpi produira probablement un résultat très décevant. Même à l'œil nu, elle ressemblera à une image en demi-teintes. Ce qui est toujours un mauvais signe !
- **Les télécopies standard.** Si c'est possible, demandez à vos correspondants de vous envoyer des fax en mode "fin" ou "super fin". La résolution est d'environ 200 dpi dans le premier cas et de 300 dpi dans l'autre. Contrairement à une sortie sur imprimante à jet d'encre, 300 dpi est parfait pour une transmission par fax. En mode standard, le document peut être lisible par un être humain, mais un programme de reconnaissance de caractères n'y comprendra rien !

La taille, c'est important

Lorsque l'on numérise, moins par moins ne font *jamais* plus ! Vous pouvez certainement redimensionner l'image numérisée dans votre éditeur graphique, mais cela ne revient en quelque sorte qu'à "étirer" les pixels. Les détails qui n'existent pas ne peuvent pas être inventés, même si certains programmes prétendent le contraire. A titre d'analogie, imaginez un ballon sur lequel un logo est imprimé. Plus vous gonflez le ballon, plus la taille du logo augmente et plus il se déforme.

Naturellement, si le but du jeu est d'insérer un original dans un autre document tout en conservant ses dimensions d'origine, le problème n'existe plus. Inutile de redimensionner l'image. Vous prenez une échelle de 100 % et vous oubliez le reste.

Appliquée aux scanners, la règle est simple : essayez toujours d'utiliser un original d'un format au moins égal à celui d'un tirage de film 35 mm typique. Sur la Figure 16.11, une image de la taille d'un timbre poste a été agrandie jusqu'à une résolution de 1024x768 (celle que devrait avoir votre moniteur). Inutile de préciser que la qualité n'est pas au rendez-vous. Il n'y a tout simplement pas assez de pixels dans l'image pour éviter une perte de netteté et l'apparition de lignes en zigzag lors de l'agrandissement.

Figure 16.11 : Agrandir une image numérisée à partir d'un petit format, c'est une perte de qualité garantie.

La Figure 16.12 en revanche a été numérisée à partir d'un tirage photo classique. Cette fois, pas de problème pour redimensionner l'image en 1064x768. En fait, il serait possible de multiplier cette résolution par trois ou quatre avant de voir sa qualité se dégrader sensiblement.

Que faire si vous *devez* numériser un original de petite taille ? Voici mon conseil : augmentez la résolution du scanner de 100 à 200 dpi. Vous obtiendrez davantage de pixels et l'éditeur fera un bien meilleur travail. Mais en contrepartie, le fichier sera bien plus gros !

Figure 16.12 : Avec un original plus grand, la numérisation est réussie.

Balancez les couleurs

L'équilibre et la correction des couleurs sont des sujets qui ont déjà été traités dans d'autres chapitres. Je m'en tiendrai donc ici à l'essentiel.

Je voudrais vous rappeler qu'il est indispensable de prendre un peu de temps avant de numériser un original pour détecter d'éventuels problèmes de balance des couleurs (ou d'équilibre ou encore de dominante). Les professionnels n'agissent pas autrement ! Recherchez en particulier :

- Des visages (pour ne pas dire des chairs) trop pâles ou au contraire trop rouges, trop saturées.
- Des éléments de l'image qui devraient être dans une couleur "pure" (comme un panneau Stop) mais dont la teinte semble délavée.
- Une sorte de halo autour des zones éclairées de l'original, souvent provoqués par des lumières colorées ou des lampes fluorescentes.

A l'inverse, vous ne devriez jamais (je dis bien *jamais*) corriger la balance des couleurs dans le cas de photographies prises lors d'un spectacle ou d'un concert. Les éclairages y sont en effet calculés pour créer certains effets (à moins de vouloir affaiblir volontairement leur impact).

Choisir le bon format

Dernier signe d'une numérisation parfaitement réussie, qui fera date dans les annales du graphisme : le choix du format le mieux adapté lors de l'enregistrement du fichier. Même si votre document prouve l'existence d'une vie extraterrestre, un format inadapté peut empêcher les spécialistes, vos amis, vos correspondants ou les visiteurs de votre site Web de le constater (en fait, tout le monde *veut* voir cette image, sans avoir à s'occuper de cette question de format et le JPEG est le plus rapide à charger sur le Web).

Ce sujet a été largement traité dans d'autres chapitres de ce livre. Mais il est utile de rappeler quelques notions essentielles :

- **Traitement de texte et importation.** Si vous voulez importer votre image numérisée dans un traitement de texte, dans une feuille de calcul ou dans une présentation, je vous recommande d'utiliser le format TIFF ou BMP (celui de Windows).

- **Impression et affichage.** Pour des images destinées à être imprimées ou affichées sur un écran, les formats BMP (pour les systèmes Windows) et TIFF (pour tout le monde) conviennent parfaitement. La minceur n'est pas au rendez-vous, mais seule la qualité compte.

- **OCR et télécopie.** Les formats les mieux adaptés à ce type d'application sont le JPEG ou le TIFF. Consultez néanmoins l'aide de votre application, celle-ci pouvant fort bien exiger un format spécifique.

- **Web et e-mail.** Selon la profondeur de couleurs et la taille souhaitées, choisissez l'un des formats GIF ou JPEG. Souvenez-vous que le premier convient mieux à des sujets graphiques relativement simples, comme des dessins ou des vignettes, le second étant idéal pour les photographies.

- **Archivage.** Pour sauvegarder des images sur CD-R ou disque Zip, optez de préférence pour le format TIFF, ou encore BMP (sous Windows). Pour gagner de la place, n'oubliez pas que le TIFF dispose d'une variante compressée (sans perte de qualité).

Vous pouvez également effectuer un compactage des fichiers à l'aide d'un utilitaire tel que WinZip.

Certains éditeurs graphiques proposent des formats qui leur sont personnels. C'est le cas par exemple pour Paint Shop Pro et surtout pour Adobe Photoshop Elements. Le format PSD de celui-ci permet de conserver tous les objets incorporés dans un document, en particulier les calques. Il est donc idéal pour l'édition des images numérisées. Lorsque vous voulez communiquer le résultat de votre travail, il vous suffit d'en enregistrer une copie au format le mieux adapté (TIFF, JPEG, etc.).

En résumé, utilisez un format offrant une bonne dose de compression dès lors qu'il s'agit d'un fichier à transmettre (notamment sur Internet). Inversement, évitez cette compression si la place n'est pas un problème ou pour conserver la qualité maximale de l'image.

Chapitre 17

Mes dix effets préférés

Dans ce chapitre :

- Choisir un exemple d'image.
- Appliquer des filtres et des effets.

Prenons le temps de nous faire plaisir (disons, encore plus plaisir que dans les autres chapitres). J'ai déjà parlé de filtres et d'effets dans le Chapitre 11. Regardons maintenant comment dix effets (parmi mes préférés) peuvent transformer une image numérisée sous Adobe Photoshop Elements. Non, non, non. Je ne vous demande pas de *tous* les appliquer d'un seul coup. N'oubliez pas que le sujet principal doit rester cohérent et reconnaissable. Le but n'est *jamais* d'obtenir un assemblage de pixels colorés tirés au hasard.

La plupart des dix effets et/ou filtres proposés dans ce qui suit ont aussi été choisis à cause de leur nature relativement universelle. Vous pourrez reconnaître la plupart d'entre eux si votre éditeur graphique s'appelle Paint Shop Pro ou encore PhotoImpact (sans oublier le grand frère, Photoshop en personne !). Quel que soit le logiciel que vous utilisez, vous devriez donc être à même d'obtenir chez vous des résultats comparables. Bien sûr, je vais m'en tenir à une description simple des principaux réglages que vous trouverez en cours de route. Sinon, il faudrait doubler le nombre de pages du livre !

Sur la ligne de départ

En avant ! Ouvrez votre éditeur graphique, chargez une de vos images numérisées et réveillez l'artiste qui est en vous !

Pour vous aider à suivre, j'ai choisi comme exemple la photographie de la Figure 17.1. Désolé, ce n'est pas moi qui ai pris ce cliché. Il provient du CD-ROM d'Adobe Photoshop Elements. Mais c'est bien une image numérisée. Cet exemple a l'avantage d'offrir une bonne variété d'éléments et de détails, des contrastes également variés, ainsi que de multiples nuances dans les tons rouges, verts et bleus (ce qui ne se voit pas dans le livre, hélas).

Figure 17.1 : Un beau paysage d'automne.

N'OUBLIEZ PAS

Les effets décrits dans ce qui suit s'appliquent aux images en 24 bits et, pour l'essentiel, aux documents en niveaux de gris. A défaut, vous devrez augmenter manuellement le nombre de couleurs. Sous Photoshop Elements, ouvrez le menu Image, puis Mode et choisissez Couleurs RVB.

Ne perdons plus de temps !

Crayon de couleur

Ce premier effet se trouve (sous Photoshop Elements) dans la rubrique Artistiques du menu Filtre. Il appartient à une catégorie d'effets dont le but est de donner à l'image un aspect peint ou dessiné. Vous trouverez d'ailleurs ces filtres dans différentes catégories.

La Figure 17.2 illustre le résultat que peut produire ce filtre, ici à partir de valeurs par défaut.

La plupart des effets proposés dans ce chapitre peuvent être configurés avant de les appliquer. Chaque fois que ce sera possible, la boîte de dialogue servant à définir ces réglages sera affichée dans un

Figure 17.2 : Dessin aux crayons de couleur.

coin de la figure. Une vignette en réduction (dont vous pouvez modifier le grossissement à l'aide des petits boutons + et -, et le positionnement en faisant glisser la zone affichée) aide à juger du résultat en temps réel. Certains filtres proposent également une case Aperçu. Celle-ci montre l'application du filtre dans l'image elle-même. En activant et désactivant cette case, vous améliorez encore votre contrôle sur l'effet.

TRUC

Sous Photoshop Elements (comme dans d'autres éditeurs graphiques) un effet ne s'applique qu'au calque actif et à l'intérieur de celui-ci à la sélection active, pour autant qu'il en existe une.

TRUC

Vous êtes perdu dans votre réglages ? Appuyez sur la touche Alt. Le bouton Annuler devient Rétablir. Cliquez dessus pour revenir aux valeurs initiales.

Dans le cas du filtre Crayon de couleur, vous disposez de trois réglages :

- **Epaisseur :** contrôle évidemment l'épaisseur de la mine du crayon.
- **Pression :** vous êtes supposé appuyer plus ou moins fort sur ce crayon.
- **Clarté du papier :** les zones qui ne sont pas crayonnées peuvent être plus ou moins blanches.

Placage de textures

Le menu Textures, c'est une véritable boîte de Pandore : quand vous avez commencé à l'ouvrir, la magie opère. Impossible de savoir quand vous vous déciderez à refermer la boîte !

Dans le principe, une texture sert à donner l'impression que l'image a été tirée sur une surface particulière (souvent un genre de toile ou de tissu). Le filtre Placage de texture est celui qui offre le plus de latitude. Il propose en effet quatre modes prédéfinis, et une infinité de variations en chargeant un fichier quelconque (mais au format PSD de Photoshop Elements). La Figure 17.3 illustre cet effet en donnant ici l'illusion d'un support toilé.

Figure 17.3 : Impression sur toile.

Les paramètres sur lesquels vous pouvez jouer sont les suivants :

- **Texture :** choisissez une texture prédéfinie ou une image de votre collection (ce qui permet par exemple de créer des incrustations sans perdre les couleurs de l'image).
- **Echelle :** définit l'agrandissement de la texture appliquée.
- **Relief :** détermine l'amplitude de l'incrustation.
- **Lumière :** choisissez dans cette liste la direction de l'éclairage, autrement dit celle des reliefs de la texture.

Estampage

L'estampage (qui se trouve dans la catégorie Esthétiques) procure un effet de relief et en même temps de dispersion des couleurs de base. En photographie traditionnelle, le résultat est un peu comparable à la superposition d'un positif et d'un négatif avec un léger décalage. On peut aimer ou non l'exemple illustré sur la Figure 17.4, mais sachez que cette méthode est à la base de bien des effets spéciaux (voir l'astuce ci-dessous).

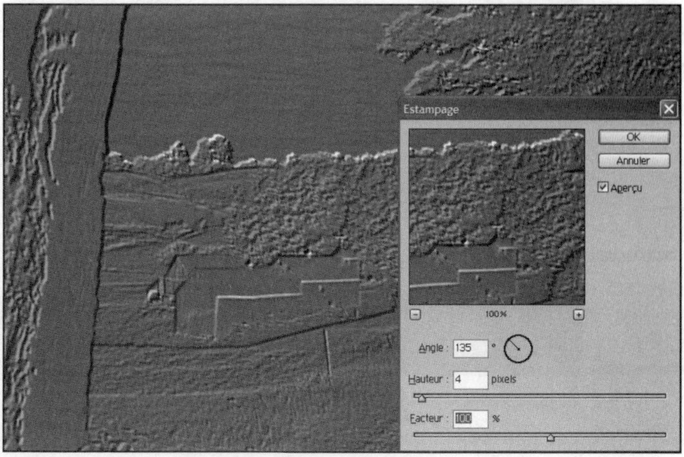

Figure 17.4 : Estamper une image.

Vous disposez des réglages suivants :

- **Angle :** définit la direction de l'estampage ou de la gravure.
- **Hauteur :** joue sur l'amplitude du relief.
- **Facteur :** cette échelle définit l'intensité de l'estampage.

TRUC

Avec Photoshop Elements, l'estampage peut servir à donner davantage de profondeur, de netteté et de relief à une image. Il faut pour cela se servir du système de calques dont nous avons déjà parlé. Ouvrez la palette Calques. Faites glisser la vignette de l'image source sur le second symbole, en bas de la palette. Vous dupliquez donc votre calque d'image. Appliquez le filtre Estampage à cette copie. Revenez à la palette des calques et placez le double en mode Incrustation. Diminuez éventuellement l'opacité. Le tour est joué (même si toutes les images ne profitent pas de cette technique) ! Amusez-vous, comme il se doit, avec tous ces réglages !

Emballage plastique

Dans la catégorie des effets artistiques, en voilà un qui porte bien son nom et qui donne souvent des résultats amusants et convaincants, à condition du moins de rester dans des limites acceptables (voir la Figure 17.5).

Figure 17.5 : Une image plastifiée.

Vous pouvez jouer sur trois réglages :

- **Intensité :** définit la dose de "matière plastique" appliquée sur l'image.
- **Détail :** détermine la netteté des soufflets plastifiés.
- **Lissage :** fusionne plus ou moins le matériau dans l'image.

TRUC

Avec Photoshop Elements, vous pouvez ajouter un nouveau calque au-dessus de l'image, remplir entièrement celui-ci de noir par la combinaison Alt-Retour arrière (par exemple) et appliquer le filtre Emballage plastique. Il suffit ensuite de placer ce calque en mode Superposition pour créer un effet de halo lumineux. L'outil Déplacement permet de finaliser le travail en positionnant ce halo au bon endroit. Répéter plusieurs fois l'effet tout en jouant sur le mode de superposition des calques peut procurer des résultats encore plus forts.

Fluidité

Sous la rubrique Déformation, l'option Fluidité active une sorte d'assistant dans lequel une série entière d'outils vous permet d'étirer des parties de l'image dans toutes les directions (voir la Figure 17.6).

Figure 17.6 : Donner de la fluidité à l'image.

Encore des effets remarquables et amusants en perspective, à condition de ne pas oublier la règle d'or : conserver une image lisible, compréhensible tout en gagnant en sens artistique !

Contours lumineux

Voilà encore un filtre esthétique que j'aime beaucoup. Il prend un négatif de votre image auquel il applique un effet de lampe au néon. Comme l'illustre la Figure 17.7, le résultat est joli tout en restant reconnaissable.

Vous pouvez faire varier trois paramètres :

- **Epaisseur :** c'est bien sûr la taille des lignes colorées.
- **Luminosité :** fonctionne comme un variateur de tension.
- **Lissage :** indique la dureté de l'effet.

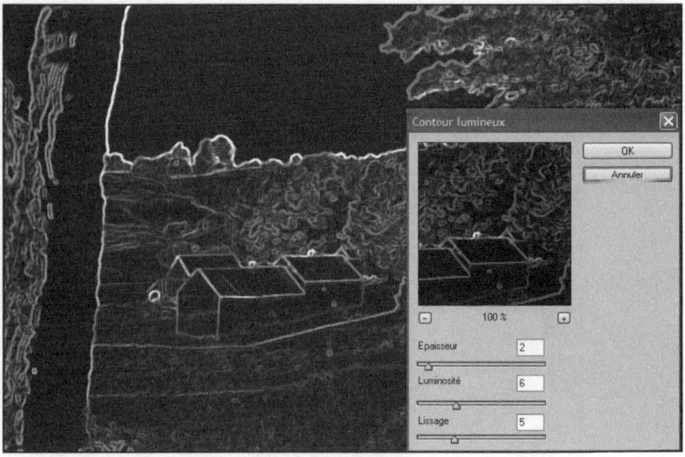

Figure 17.7 : Les contours lumineux donnent un aspect surréaliste à l'image.

Flou gaussien

Ce filtre d'atténuation semble moins intéressant (et moins amusant) à priori, puisqu'il ne fait que procurer du flou à l'image, démarche qui semble en contradiction avec les conseils donnés jusqu'ici (voir la Figure 17.8).

Figure 17.8 : Un flou très gaussien.

Le seul réglage possible concerne l'intensité du flou appliqué.

Mais méfiez-vous de l'eau qui dort : vous serez bien content de trouver ce filtre lorsque vous voudrez atténuer le grain ou le tramage d'une image numérisée dans un magazine. De plus, c'est un outil essentiel pour la fusion d'objets dans un photomontage. Mais silence : c'est là un thème à découvrir dans un livre spécialisé !

Sphérisation

Plus drôle que le précédent, ce filtre de déformation vous permet de provoquer une explosion ou à l'inverse une implosion de l'image (voir la Figure 17.9). L'effet sphérique est destiné à mimer le comportement d'un très grand angle en photographie classique (c'est ce que l'on appelle l'effet "œil de poisson").

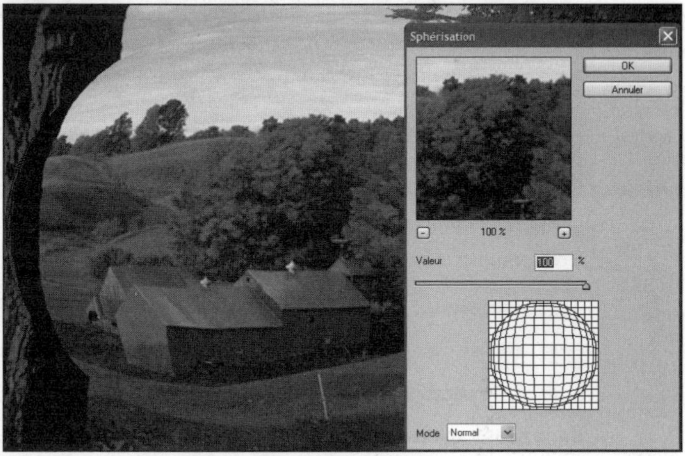

Figure 17.9 : Paysage vu par un poisson dans son bocal.

Deux réglages sont disponibles :

- **Valeur :** joue sur l'intensité de l'effet.
- **Mode :** normal ou limité à une direction donnée (ce qui est moins intéressant).

Aérographe

Voilà un effet qui remporte un grand succès auprès d'un grand nombre d'amateurs et de professionnels. A juste titre d'ailleurs, puisqu'il vous permet de jouer à bon compte les peintres pointillistes voire même fauvistes (comme l'illustre la Figure 17.10).

Figure 17.10 : C'est moi qui ait peint ce tableau !

Trois valeurs déterminent le degré d'application de cet effet :

- **Longueur :** c'est la longueur du coup de pinceau, évidemment.
- **Rayon :** c'est la largeur, ou l'épaisseur, de ce même pinceau.
- **Direction :** celle dans laquelle le pinceau trace les traits.

En prenant une longueur nulle et en jouant sur le rayon, vous passez du pointillisme au tachisme...

Eclairage

Le dernier filtre que je vous propose est tout à fait spécifique à la famille des éditeurs graphiques conçus par Adobe. Il se trouve dans le menu Rendu et s'appelle Eclairage. Il faut reconnaître qu'il est assez complexe à aborder. Et il sollicite tellement la mémoire qu'il refuse parfois de fonctionner. Cependant, il permet de créer des effets de relief efficaces, ou encore de donner un caractère théâtral aux images.

La Figure 17.11 illustre la boîte de dialogue associée à ce filtre. Vous disposez à droite d'une série de réglages :

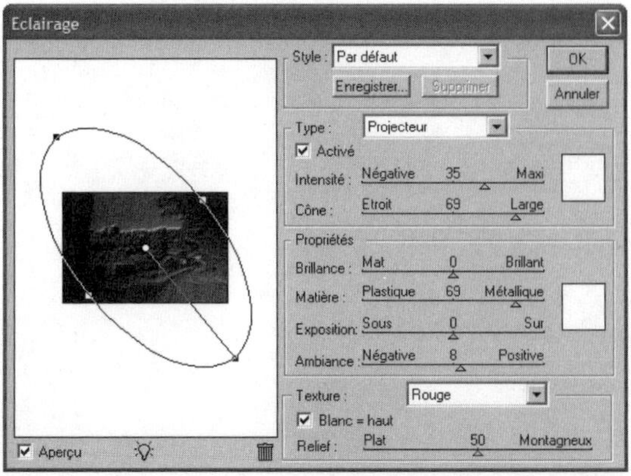

Figure 17.11 : Le filtre Eclairage.

- **Style :** choisissez dans cette liste une configuration prédéfinie pour l'éclairage.
- **Type :** vous pouvez choisir ici la nature des "lampes" ainsi que leur intensité, leur largeur et leur couleur.
- **Propriétés :** les valeurs spécifiées dans ce cadre jouent sur le style d'ampoule éclairant la scène (éclairage brillant ou mat, métallique ou non, plus ou moins puissant, etc.).
- **Texture :** c'est une donnée importante, puisqu'elle détermine en particulier le relief appliqué par le filtre. Vous pouvez opter pour une couche de couleur (rouge, vert ou bleu) ou pour une sélection existante. Cette dernière solution, plus complexe et demandant de l'expérience, est en même temps la plus intéressante.

A gauche, vous voyez une vue en réduction de l'image ainsi que l'emplacement des lampes qui éclairent la scène. Il est possible de faire glisser les points de contrôle pour modifier cette disposition, et même d'ajouter et de supprimer des éclairages.

N'hésitez pas à passez du temps avec ce filtre étrange. Mieux vous le maîtriserez, mieux vous comprendrez la technique des sélections et plus vous serez à même de créer des images artistiques et personnelles.

Chapitre 18

Dix sigles et dix mots utiles

Dans ce chapitre :

- Dix sigles à connaître.
- Dix mots à comprendre.

Pour terminer ce livre, je vous propose un inventaire qui, sans être à la Prévert, pourra vous être utile en cas de doute sur la signification d'un sigle ou le sens d'un mot. Restons-en à l'indispensable, sans sortir bien entendu de notre petit monde, celui des scanners.

Dix sigles enfin décodés

Même si l'emploi d'un vocabulaire spécialisé est réduit au minimum dans ce livre, il n'est pas possible de toujours y échapper. Autant alors connaître les sigles les plus importants et les plus courants. Juste pour ne pas se sentir stupide lorsque les copains se mettent à parler de leur ordinateur.

Pour chaque sigle, je vous donnerai la version développée (en anglais dans le texte, *of course*) et une rapide explication.

- **BIOS :** *Basic Input Output System*. Il gère les fonctions de bas niveau du PC. C'est avec lui que l'on peut par exemple configurer le port parallèle.
- **bps :** *Bits per second*. La vitesse des modems se mesure dans cette unité, ou plus exactement avec ses multiples de 1000 : 56 Kbps (environ 7 000 octets par seconde, ou 24 Mo à l'heure) pour un modem standard, 512 Kbps (soit neuf fois plus) pour un modem ADSL moyen.

- **CPU :** *Central Processing Unit*. C'est le fameux microprocesseur, le "cerveau" de votre ordinateur, celui qui traite les commandes des programmes que vous exécutez (peut-être même ceux de votre lave-linge). Les constructeurs les plus connus sont Intel, AMD et Motorola.
- **dpi :** *Dots per inch*. Mesure le nombre de points par pouce sur une ligne d'image. C'est une unité importante pour les scanners, ainsi que pour votre imprimante ou votre moniteur. Retenons que le pouce vaut pratiquement 2,54 cm. Exemple : 600 dpi représentent un peu plus de 230 points par centimètre.
- **FAQ :** *Frequently Asked Questions*. Ces questions fréquemment posées sont devenues en français Foire Aux Questions. On trouve couramment sur les sites Web des constructeurs une FAQ qui permet de répondre aux problèmes rencontrés par les utilisateurs.
- **GIF :** *Graphics Interchange Format*. C'est un format compressé servant à l'échange de graphiques en 256 couleurs, très répandu sur le Web.
- **Go :** *Giga octet*. En informatique, le kilo pèse 1024, le méga 1024 fois plus et le giga encore 1024 fois plus. De quoi désespérer votre boucher.
- **JPEG :** *Joint Photographic Experts Group*. C'est le format graphique le plus répandu sur le Web pour la transmission de photographies. Il est aussi couramment produit par les scanners. Plus les images sont compressées, plus leur qualité se dégrade.
- **OCR :** *Optical Character Recognition*. Un logiciel de reconnaissance optique de caractères associé à un scanner est capable de lire du texte dans un document imprimé et d'envoyer le résultat vers un traitement de texte. En espérant obtenir autre chose que du chinois version cyrillique.
- **RAM :** *Random Access Memory*. Cette mémoire à accès aléatoire est plutôt appelée mémoire vive. C'est elle qui reçoit les programmes et les données en cours. Un ordinateur moderne devrait contenir au moins 256 Mo de RAM (pour éviter de ramer, justement).
- **SCSI :** *Small Computer Systems Interface*. Cette technologie a eu son heure de gloire car elle permettait de relier entre 8 et 15 périphériques internes ou externes, chacun étant repéré par un numéro unique. Depuis, USB et FireWire l'ont envoyé peu ou prou au oubliettes.

- **TIFF :** *Tagged Image file Format*. C'est le format préféré de nombreux amateurs et professionnels de la photographie et des arts graphiques réunis. Voir aussi OCR.
- **TWAIN :** *Technology Without An Interesting Name*. Cette technologie sans nom intéressant est l'antisigle par excellence ! Ce standard permet de faire communiquer sans souci des matériels (comme les scanners) et des logiciels (par exemple celui qui contrôle le scanner).
- **USB :** *Universal Serial Bus*. C'est la petite prise sur laquelle vous pouvez brancher jusqu'à 127 dispositifs différents. Aujourd'hui, elle sert à peu près à tout et permet notamment d'ajouter un nouveau matériel sans éteindre l'ordinateur. Rapide, simple, efficace, bref le meilleur de l'informatique. La version 2 de l'USB, bien plus rapide encore, commence à se répandre largement.

Il y avait plus de dix sigles dans la liste ? Il faut croire que certaines personnes sont payées uniquement pour en créer de nouveaux tous les jours !

Dix mots enfin expliqués

Le langage des ordinateurs est bien souvent particulier. Mais pas plus que dans n'importe quel autre domaine technique. Vous comprenez ce que vous dit votre docteur ? Pas toujours. C'est simplement quand il vous tape sur l'épaule en disant "mon pauvre vieux" que vous vous sentez *vraiment* mal... Evitez les grandes douleurs, connaissez au moins les termes de base.

- **Application :** c'est un autre mot pour *programme* ou pour *logiciel*. Au choix. On parle plutôt d'application quand le programme a pour vocation d'effectuer une tâche précise (comme contrôler le scanner).
- **Binaire :** une suite de 0 et de 1. C'est le langage de base qui sert aux ordinateurs à travailler et à communiquer. Numériser, c'est traduire une donnée au format binaire.
- **Bitmap :** se dit d'une image formée de points (ou *pixels*), par opposition à une image vectorielle, contenant des définitions mathématiques d'objets. Ce mot s'applique aussi au format graphique de base sous Windows, également appelé BMP. Tiens, encore un sigle !
- **Bus :** c'est un connecteur de votre carte mère qui reçoit une carte d'extension. La plupart de ces connecteurs sont de type

PCI. Il y aussi le bus AGP, réservé à votre adaptateur vidéo. Et deux sigles de plus ! Notons que ces cartes ont perdu beaucoup de terrain depuis l'apparition de l'USB.

- **Carte mère :** c'est la plaque pleine de circuits électroniques qui se trouve au fond du boîtier de l'ordinateur et qui reçoit le CPU, la RAM ainsi que toutes les extensions installées.

- **Compression :** on peut dire aussi *compactage*. Elle réduit la taille des fichiers en faisant appel à des formules mathématiques complexes. On peut parler de compression avec perte de qualité dans le cas des images JPEG, ou sans perte de qualité dans d'autres cas (images GIF ou TIFF, archives ZIP, etc.).

- **Format :** un format définit la façon dont les données sont enregistrées dans un certain type de fichier. Les formats graphiques les plus courants sont : BMP, GIF, JPEG et TIFF. Le format DOC, celui de MS Word, est également très répandu, de même que le format PDF d'Adobe pour l'échange de documents sur le Web.

- **Interface :** ce mot désigne en général tout ce qui permet de relier deux entités de nature différente. Exemple : l'ordinateur et un périphérique ont besoin d'une interface pour communiquer. Un scanner peut ainsi utiliser une interface USB (qui n'a besoin que d'un port et d'un câble) ou SCSI (avec une carte d'extension, un câble et une terminaison).

- **Modem :** en version longue, c'est modulateur-démodulateur. Son rôle consiste à convertir des signaux analogiques en valeurs numériques et réciproquement. Le modem est donc l'interface privilégiée pour se connecter sur Internet à partir d'une ligne de téléphone. Au rythme où se répand le tout numérique, on peut penser que son avenir est derrière lui.

- **Numériser :** c'est transformer une information classique, analogique ou encore continue en une donnée binaire, numérique, discontinue. Le numérique est le pain et le sel de la terre pour les ordinateurs et les scanners.

- **Octet :** il y a l'élément binaire de base (un 0 ou un 1) que l'on appelle *byte*. Huit bytes mis bout à bout font un octet. C'est l'unité de base pour le travail des ordinateurs. Après, il y a les multiples qui croissent à des rythmes exponentiels.

- **Parallèle :** quand les données sont échangées en même temps sur plusieurs lignes. S'oppose à série. Le port parallèle de l'ordinateur sert surtout d'interface aux imprimantes (quoique celles-ci se branchent de plus en plus sur un port USB).

- **Périphérique :** on peut aussi dire composant, extension, matériel, et ainsi de suite. Bref, tout appareil qui peut venir s'ajouter à la configuration de base de votre ordinateur.
- **Pilote :** un ou plusieurs programme(s) fourni(s) par le constructeur permettant au système d'exploitation de communiquer avec un certain périphérique.
- **Pixel :** c'est un point unique dans une image. Par exemple, l'écran de votre ordinateur affiche des pixels.
- **Plug and Play :** branchez et jouez ! Se dit d'un périphérique qui est automatiquement reconnu et configuré par le système d'exploitation. En théorie, vous n'avez plus besoin de mettre la main dans le cambouis ! La plupart des périphériques USB se conforment au standard Plug and Play.
- **Plug-in :** c'est un petit programme qui peut être installé avec un logiciel donné. La plupart des éditeurs graphiques sont capables de recevoir des plug-ins afin de proposer des effets supplémentaires.
- **Port :** désigne une prise, un connecteur, permettant de brancher quelque chose. Un scanner peut se connecter selon le cas à un port USB, parallèle ou encore SCSI.
- **Résolution :** ce mot est à double sens. Il désigne d'abord le nombre de pixels affichés par l'écran ou présents dans une image. Exemple : le moniteur est configuré dans une résolution de 1024x768. Il représente ensuite le nombre de pixels par pouce lisibles ou imprimables (voir aussi dpi). Exemple : une imprimante laser a une résolution de 600x600 dpi, soit 600 pixels par pouce dans chaque sens.
- **Scanner :** ce périphérique convertit un graphisme, un texte ou un objet en une image numérique qui peut être enregistrée et traitée par l'ordinateur. Si vous lisez cette définition, c'est que vous avez déjà acheté un scanner !

Vous avez pu remarquer dans ce livre que j'utilise systématiquement les mots scanner pour désigner l'appareil, et numériser pour parler de son action. Je préfère cela au nom numériseur et au verbe scanner. Après tout, nul d'entre nous ne postule pour rentrer à l'Académie Française !

- **Série :** C'est quand les données sont envoyées l'une après l'autre sur un seul fil. Renvoie à parallèle. Un port série est toujours très lent.

Vous aussi, vous avez remarqué qu'il y avait largement plus de dix mots dans cette série de définitions ? Décidément, il est temps que je me numérise avec mon scanner pour mieux me compresser en écrivant. Allez, c'est parti !

Index

D

G

H

I

O

P

R

S

T

U

V

W

Y

Z

Titre	ISBN	Code
Vidéo numérique Poche pour les nuls (la)	2-84427-396-3	65 3493 7
Visual Basic .net Poche pour les Nuls	2-84427-336-X	65 3386 3
Visual Basic 6 Poche pour les Nuls	2-84427-256-8	65 3300 4
Windows 98 Poche pour les Nuls	2-84427-460-9	65 3609 8
Windows Me Poche pour les Nuls	2-84427-937-6	65 3199 0
Windows XP Poche pour les Nuls (2e éd.)	2-84427-398-X	65 3523 1
Word 2000 Poche pour les Nuls	2-84427-965-1	65 3230 3
Word 2002 Poche Pour les Nuls	2-84427-257-6	65 3301 2